柔性化环境下的供应链治理机制

冯 华 戴 宾 著

国家自然科学基金项目（72171178，71202119）

科学出版社
北 京

内 容 简 介

笔者以供应链柔性为切入点，从建模分析、实证分析与概念框架三个层面，分六章对柔性化环境下的供应链治理机制进行探讨，研究发现，正式控制、社会控制这两种治理机制既独立对供应链绩效产生积极或消极影响，又作为一个整体作用于供应链绩效。此外，正式控制与社会控制之间存在着复杂的相互作用关系，供应网络柔性化架构、信息技术能力、信息共享、供应网络节点间的依赖关系、产业链供应链安全风险等均可能以不同形态对治理机制与供应链绩效之间的相互作用关系产生直接或间接影响。本书可为供应链绩效、供应链能力相关话题的理论与实证研究提供参考借鉴。

本书可供物流、供应链管理领域的本科生、硕士生、博士生，以及从事供应链研究的学者、企业高层管理人员和政策研究者阅读借鉴。

图书在版编目（**CIP**）数据

柔性化环境下的供应链治理机制 / 冯华，戴宾著. -- 北京：科学出版社, 2025.4. -- ISBN 978-7-03-079770-4

Ⅰ．F279.23

中国国家版本馆 CIP 数据核字第 2024GH9527 号

责任编辑：陈会迎 / 责任校对：王晓茜
责任印制：张 伟 / 封面设计：有道设计

科 学 出 版 社 出版
北京东黄城根北街 16 号
邮政编码：100717
http://www.sciencep.com

涿州市般润文化传播有限公司印刷
科学出版社发行 各地新华书店经销

*

2025 年 4 月第 一 版　开本：720×1000　1/16
2025 年 4 月第一次印刷　印张：12
字数：240 000
定价：136.00 元
（如有印装质量问题，我社负责调换）

前　言

　　日益激烈的竞争降低了利润边界，从而促进了动态供应链管理理念的发展，在这个前提下，供应链柔性展现出了其在缩短供应链提前期、确保生产能力，以及提供多样化的产品以满足顾客期望过程中的魅力。无论是在战略层面还是在运作层面，高效的供应网络都为供应链应对不同的产品生命周期、根据不同的生产速度转换生产步伐，以及根据对需求的变化预期来选择最合适的供应商或供应商组合提供了更大的柔性。通过识别各个节点企业在流程、信息、创新、关系管理中的贡献，并据之构建高效协同的伙伴关系，动态供应链的价值可以得到极大程度的增值。"满足顾客特定需要的柔性"被看作一个重要的战略绩效指标。随着供应链管理的重心从运作效率性向顾客驱动和合作伙伴同步化方向转变，节点企业的价值与供应链整体的核心竞争力、组织结构、管理制度以及供应链活动等因素的关系也日益紧密，节点企业乃至供应链整体的价值增值需要由这些关联因素共同创造。

　　为了应对环境挑战而结成供应链合作伙伴的企业多为利益相对独立的个体，这些经济个体可能会为了追求自身利益而采取损害供应链绩效（supply chain performance，SCP）的机会主义行为。为了抑制供应链成员的机会主义行为，并促进供应链节点企业之间的信息共享（information sharing，IS），必须采取有效的治理机制来管理供应链。供应链治理机制即为了协调供应链合作伙伴间的目标冲突，抑制信息不对称情况下的机会主义行为，促进供应链成员的长期投入和协同合作，从而保证整条供应链的持续、稳定运行，并产生联合效益而采取的一系列应对措施。对此，相关学者提出了两种基本的治理机制——正式控制（formal control，FC）和社会控制（social control，SC），合理运用基于信任的社会控制机制可以在一定程度上对基于严格的契约条款的正式控制机制进行有益补充。与此同时，管理实践也面临严峻的挑战，即在动态环境下，当供应网络架构发生变化后，供应网络柔性化架构下正式控制与社会控制之间存在的交互作用对供应链合作模式及各合作伙伴的行为取向会产生怎样的影响？当供应网络架构以及供应链成员之间的关系发生变化后，究竟应该如何对供应链进行适当的柔性架构，以应对动态的环境变化？如何在供应链柔性架构与供应链绩效、供应链能力之间搭建起桥梁，为供应链实践提供思路？

　　一方面，正式控制、社会控制这两种治理机制既独立对供应链绩效产生积极或消极影响，又作为一个整体作用于供应链绩效；另一方面，正式控制与社会控制之间也存在着复杂的相互作用关系。供应网络柔性化架构、信息技术能力、信息共享、供应网络节点间的依赖关系、产业链供应链安全风险等均可能以不同形态对治理机制与供应链绩效之间的相互作用关系产生直接或间接影响。笔者以供应链柔性为切入点，从建模分析、实证分析与概念框架三个层面，分六章对柔性化环境下的供应链治理机制进行探讨，以期为供应链绩效、供应链能力相关话题的理论与实证研究提供参考借鉴。

首先，通过建模分析探讨柔性化环境下的分层供应网络组织架构（第1章）。笔者聚焦于按订单生产（make to order，MTO）模式运作、面临交货时间-价格敏感性需求的供应商-制造商供应网络，通过探讨上游供应商的战略性转移定价承诺与下游制造商的投资创新之间的交互作用，探析这种交互作用对最优的交货时间设定、转移定价决策以及渠道内各合作伙伴的行为取向的影响。继而，从两级供应网络架构延伸至多级柔性化供应网络架构，以战略性转移定价承诺策略下的供应商选择柔性为核心关注点，通过考虑供应链柔性的不同层次[没有柔性（no flexibility，NF）、部分柔性（partial flexibility，PF）、完全柔性（full flexibility，FF）]，将静态环境下的交互作用与不同柔性层次下的动态供应网络架构相结合，来探讨完全转移定价承诺策略下的整体供应链的四级路径柔性，并通过示例仿真方法对相应绩效指标进行仿真分析。

其次，运用实证研究对柔性化环境下的供应链治理机制相关话题进行探讨（第2章至第5章），包括四个研究主题：①以供应链成员之间的基于关系治理（relationship governance，RG）和信息技术能力（information technology capability，ITC）的网络关系为切入点，构建以供应链柔性为中介变量的供应网络关系对供应链绩效产生影响的概念模型，并探讨供应链整合（supply chain integration，SCI）对整个模型的调节作用；②以正式控制为切入点，构建正式控制、社会控制、信息共享、信息技术能力和供应链绩效等变量之间的相互作用概念模型，并提出将正式控制、社会控制以及信息技术能力作为调节变量的研究思路；③从"信息获取+信息处理"这一结合视角探究跨组织信息系统投资（cross-organizational information system investment，CISI）与财务绩效（financial performance，FP）之间的复杂关系，通过对其中的过程"黑箱"进行探究，为组织评估跨组织信息系统投资的影响机制和实施控制机制（control mechanism，CM）、管理投资风险提供指导；④构建依赖、供应商整合与运营绩效之间的相关关系模型，分别从联合依赖（joint dependence，JD）、焦点企业依赖优势（core-enterprise dependence advantage，CEDA）和供应商依赖（supplier dependence，SD）优势这三个维度来分析依赖对运营绩效所产生的影响，进而对供应商整合实践在其中的中介效应和社会控制的调节效应进行剖析。

最后，借助框架设计探讨供应链韧性与重点产业链供应链联动治理机制设计（第6章）。基于产业链供应链结构与要素，剖析新发展格局下的产业链供应链安全风险五大特征及相应的五大风险类型，进而提出治理框架设计、联动治理机制以及定期评估与激励机制等方面的措施。通过前瞻性探讨，搭建起柔性化、供应链韧性、产业链供应链联动治理研究框架。

本书得到了国家自然科学基金项目——"产能约束下考虑消费者策略行为的零售平台供应链渠道决策、产能分配及定价优化研究"（72171178）和"柔性与供应链能力：基于供应网络的理论与实证研究"（71202119）的支持。本书的撰写得到了许多学术界与实际应用领域的专家学者的关心与支持，他们在柔性化环境下供应链治理机制研究领域的独到见解为本书的案例分析与实证研究提供了丰富的素材。在撰写本书的过程中，我们翔实列举了参考的国内外文献与著作来源，在此对各位专家学者的宝贵研究成果深表感谢！疏漏之处，还请及时提出！

本书第1章～第5章由武汉大学经济与管理学院冯华副教授撰写，硕士生梁亮亮、聂蕾、韩金蓉、魏娇娇在文献收集、数据分析、案例收集等方面做了大量辅助工作；本书第6章由武汉大学经济与管理学院戴宾教授撰写，博士生杨茜在文献收集、文字整理等方面做了大量辅助工作。全书由戴宾教授负责总体逻辑和框架设计。全书由冯华副教授负责统稿并对书稿的完整性负责。敬请读者批评指正，共同促进该领域的深入研究。

目　录

第1章　柔性化环境下的分层供应网络组织架构研究 1
　1.1　引言 1
　1.2　战略性转移定价承诺策略与投资创新决策之间的交互影响研究 2
　1.3　完全转移定价承诺策略下供应链的四级路径柔性研究 11
　1.4　结论与展望 23

第2章　供应网络关系与供应链绩效之间的相互作用关系 26
　2.1　引言 26
　2.2　研究假设与理论模型 28
　2.3　问卷设计与调查 35
　2.4　数据统计分析与假设检验 36
　2.5　结论与展望 49
　　本章附录调查问卷 55

第3章　供应链治理机制与供应链绩效之间的相互作用关系 61
　3.1　引言 61
　3.2　研究假设与理论模型 62
　3.3　样本与变量测度 67
　3.4　回归模型与假设检验 74
　3.5　结论与展望 82
　　本章附录调查问卷 86

第4章　跨组织信息系统投资对财务绩效的影响研究 90
　4.1　引言 90
　4.2　研究假设与理论模型 92
　4.3　考虑信息处理能力中介效应的跨组织信息系统投资与财务绩效的关系 103
　4.4　考虑控制机制一致性的跨组织信息系统投资与财务绩效的关系 114
　4.5　结论与展望 121
　　本章附录调查问卷 127

第5章　组织间依赖对供应链运营绩效的影响研究 130
　5.1　引言 130

5.2　研究假设与理论模型 …………………………………………… 132
　　5.3　问卷设计与调查 ………………………………………………… 140
　　5.4　统计分析与假设检验 …………………………………………… 141
　　5.5　结论与展望 ……………………………………………………… 149
　　本章附录调查问卷 ……………………………………………………… 156
第 6 章　重点产业链供应链安全风险特征识别与联动治理机制设计 ……… 159
　　6.1　引言 ……………………………………………………………… 159
　　6.2　重点产业链供应链安全的内涵 ………………………………… 160
　　6.3　重点产业链供应链安全风险的特征 …………………………… 163
　　6.4　重点产业链供应链安全风险的类型 …………………………… 164
　　6.5　重点产业链供应链安全风险的联动治理机制 ………………… 165
　　6.6　结论与展望 ……………………………………………………… 168
参考文献 ………………………………………………………………………… 169

第1章 柔性化环境下的分层供应网络组织架构研究

1.1 引 言

柔性化战略通过整合优化供应链上各节点企业的内外资源，使节点企业及其供应链上的各项业务活动与顾客需求无缝对接，从而对汽车、服装、食品等众多制造供应链企业降低不确定性起到了重要的缓冲作用。例如，上海通用汽车在金桥基地建有中国第一条具有国际先进水平的柔性化生产线，而东风日产则正寻求一场自内而外的转变，提出了"柔性化生产助推'大格局'"的战略架构，使其能适应外部市场的变化以迅速满足新产品的加工需求，这一战略架构也表现出了其在出现干扰等不能正常工作情况下的动态调整能力。与这种柔性化战略相适应，基于供应网络节点柔性化架构的供应链路径柔性受到了广泛而深入的关注。NF、PF 和 FF 是人们在探讨柔性时普遍使用的术语，与之相适应，大量的理论框架、模型与测量研究应运而生。

除此之外，效率是企业在当前经营环境中赢得生存的另一个关键因素，供应链中某个节点企业通过投资提高其运营效率将会为供应链整体带来利益，如 Corbett 和 Tang（1999）对一个面临价格敏感性需求，且供应商不知道分销商内部成本的供应链进行研究，发现分销商提高效率可以抬高批发价格或降低供应商对分销商的资金补偿。但是正如 Gilbert 和 Cvsa（2003）所说，创新可以降低成本或增加需求，然而溢出效应（收益的外部性）以及供应商的机会主义行为阻碍了下游分销商的创新行为。如果不存在市场风险，供应商可以通过转移价格承诺来鼓励分销商进行投资创新，但是，如果市场风险很大，这种承诺就需要付出成本。van Mieghem 和 Dada（1999）认为，批发价格弹性是市场风险的一个重要缓冲工具，因此对供应商来说，保留转移价格弹性可以缓解市场风险，但同时也降低了下游分销商进行投资创新的动力，供应商需要在这两者之间权衡利弊。传统模型认为需求只是价格的函数，而假定其他变量既定，这样，企业间的竞争仅仅是价格竞争。事实上自 1980 年以来，日本准时生产（just-in-time，JIT）理念的成功使得缩短交货期日益成为人们关注的焦点，速度成为继价格之后又一个重要的竞争要素。杨文胜和李莉（2005）探讨了供应链企业的交货期相关定价最优决策策略，其分析结论可以为基于交货期竞争的供应链企业提供有益指导，令人遗憾的是其研究未考虑供应商和制造商之间的交互作用，也未考虑效率在企业赢得竞争优势中所发挥的重要作用。此外，冯华等（2006）对上游供应商的战略性转移定价承诺策略与下游制造商投资创新决策之间的交互作用进行了探讨，不过，该研究假定外部环境与供应链合作对象既定，针对静态环境下的交互作用进行初步探讨。在动态环境下，当供应网络架构发生变化后，供应网络柔性化架构下的这种交互作用对供应链合作模式及各合作伙伴的行为取向会产生怎样的影响呢？当供应网络架构以及供应链成员之间的关系发生变化后，究竟应该如何对供应链进行适当的柔性架构，以应对动态的环境变化呢？

1.2 战略性转移定价承诺策略与投资创新决策之间的交互影响研究

立足于传统的双边垄断市场，笔者借鉴杨文胜和李莉（2005）所建立的供应链企业交货时间相关定价模型，并将下游制造商通过投资降低运作成本以提高供应链运作效率作为变量纳入决策模型，对上游供应商的战略性转移定价承诺策略与下游制造商投资创新决策之间的交互作用，以及这种交互作用对供应链合作伙伴的利润、交货时间及其行为取向等所产生的影响进行探讨。

1.2.1 模型提出

以一个由单个零部件供应商（component supplier，CS）和单个装配制造商（assembly manufacturer，AM）组成的供应链为研究对象，这两个企业按照按订单生产模式运作，信息完全共享，双方通过转移定价合作。为简化模型，不妨假设 AM 生产一件产品只需 CS 提供一个部件，即两节点的产品需求量（假设等于生产量）相同，均为 y。对于供应链产品，AM 根据 y 确定产品的最终交货时间 T 和价格 P，并向 CS 下订单；CS 根据订单组织生产，并按承诺交货时间 T_s 和转移价格 tp 向 AM 交货；AM 再进行组装并提交给客户，T 由 CS 的承诺交货时间 T_s、其自身的生产/运作流程时间和产品交付运输时间组成。由于大型 AM 一般采用流水线作业，其生产/运作节拍 l_m 相对固定，故 AM 生产/运作流程时间为 $l_m y$，同时可假定其产品交付运输时间为常量 l_d。这样 AM 的最终交货时间可以表示为 $T = T_s + l_m y + l_d$（杨文胜和李莉，2005）。

1. 交货时间-价格敏感性需求

假设客户单位时间的需求量为 y。由于客户需求对于产品的交货时间和价格非常敏感，因此期望需求量是承诺交货时间和价格的函数。假设需求是承诺交货时间和价格的线性减函数（Tsay et al.，1999），即 $y=\rho-P-\upsilon T$，其中 $\rho(\rho\geqslant 0)$ 是单位时间内供应链产品的最大需求量，υ 是客户单位时间的等待成本（Lederer and Li，1997）。根据假设 $T=T_s+l_m y+l_d$，从而有

$$P=\rho-\upsilon(l_d+T_s)-(1+\upsilon l_m)y \tag{1.1}$$

由于生产和物流过程中存在着不确定性，笔者假设 CS 的实际交货时间 t 是一个均值为 $1/\lambda$（$\lambda>0$）的服从渐近指数分布的随机变量，其密度函数为 $f(t)$，分布函数为 $F(t)$，则有

$$f(t)=\begin{cases}\lambda e^{-\lambda t}, & t>0\\ 0, & \text{其他}\end{cases}$$

$$F(t)=1-e^{-\lambda t}$$

2. 模型及符号定义

假设 AM 通过投资 $M(\theta)$ 将其成本从 C_m 降低到 θC_m，其中 $0\leqslant\theta<1$，$M'(0)=-\infty$，$M(1)=0$，$M'(1)=0$。对于投资函数，Cho 和 Gerchak（2005）考虑了对数函数和指数函数，以其研究为依据，笔者令 $M(\theta)=I(1-\theta)^2$。θ 越低表明运作效率越高，创新投资力度越强，而 $\theta<1$ 则可以保证 AM 有一部分成本是不可控制的；I 是 AM 可以提供的最大投资额，是一个正常数。通过投资 $I(1-\theta)^2$，AM 可以将其变动成本降低 $(1-\theta)C_m$。

一般而言，CS 的短期成本包括三个部分：①生产成本，包括与生产相关的直接材料、劳动力和在制品成本等；②库存成本，由在交货时间之前完成订单而产生的相关库存成本；③延期惩罚成本，由未能在交货时间之前完成订单而产生的赶工成本或延期惩罚成本。假设 CS 的目标是使其单位时间内的期望收益（π_s）最大化，则

$$\pi_s(\theta,\text{tp},T_s)=(\text{tp}-C_s-\alpha G_1-\beta G_2)y \tag{1.2}$$

在 CS 的目标函数中，$G_1=\int_0^{T_s}(T_s-t)f(t)\mathrm{d}t$；$G_2=\int_{T_s}^{\infty}(t-T_s)f(t)\mathrm{d}t$；$(\text{tp}-C_s)y$ 表示期望的收益；C_s 表示 CS 的单位变动成本；tp 表示单位产品的转移价格；α 表示单位产品的库存持有成本；$\alpha G_1 y$ 表示期望的库存持有成本；β 表示单位产品的延期惩罚成本；$\beta G_2 y$ 表示期望的延期惩罚成本。

同样，假设 AM 的短期成本包括三个部分：①从 CS 购买产品的转移支付；②生产成本；③缺货成本，即 CS 延期交货而产生的成本，该成本与缺货数量成正比，单位产品单位时间内的缺货成本是一个常量。AM 的目标是使其单位时间内的期望收益（π_m）最大化：

$$\pi_m(\theta,\text{tp},T_s)=\left[\rho-\upsilon(l_d+T_s)-(1+\upsilon l_m)y-\text{tp}-\theta C_m-\delta G_2\right]y-I(1-\theta)^2 \tag{1.3}$$

在 AM 的目标函数中，$\left[\rho-\upsilon(l_d+T_s)-(1+\upsilon l_m)y-\mathrm{tp}-\theta C_m\right]y$ 表示期望收益；θC_m 表示投资后的单位变动成本；δ 表示单位产品的缺货成本，$\delta G_2 y$ 表示单位时间内期望的缺货成本。为了降低成本，AM 需要投资 $I(1-\theta)^2$。为了保证利润函数是投资的凹函数，还假设 $C_m^2 \leqslant 4I(1+\upsilon l_m)$，同样，还需要假设单位产品的延期惩罚成本与单位产品的缺货成本之和大于单位时间的等待成本（$\beta+\delta>\upsilon$），否则一旦缺货，即使 CS 加紧赶工、AM 承担缺货成本，供应链整体的利润也不会降低，从而，供应链将不会有缩短其交货时间的动力。

1.2.2 战略性转移定价承诺与投资创新决策之间的交互影响分析

假设 CS 和 AM 拥有相同的信息，且能在完全转移定价弹性与完全转移定价承诺策略之间进行充分权衡。基于此，本节就 CS 的战略性转移定价承诺与 AM 投资创新决策之间的交互作用，以及这种交互作用如何影响 CS 最优的承诺交货时间和 AM 的最优投资创新决策进行探讨。

1. 完全转移定价弹性与投资创新决策

根据 AM 对时间敏感性需求的反应，本节对 CS 通过延迟宣布转移价格来保留转移定价弹性直到 AM 做出投资决策的情形进行探讨。在这种情况下，AM 必须在不知道转移价格的情况下进行投资决策，即 AM 必须事先进行投资承诺，但是他可以推迟生产量决策。这种情形可以被描述为"先行者-跟随者"模型，根据一阶最大化条件，AM 最优的生产量（y）满足：

$$y(\theta,\mathrm{tp},T_s)=\frac{\rho-\upsilon(l_d+T_s)-\mathrm{tp}-\theta C_m-\delta G_2}{2(1+\upsilon l_m)} \tag{1.4}$$

根据 AM 的反应，CS 再通过使其期望收益最大化来制定最佳的转移价格。从而得到 CS 的转移价格：

$$\mathrm{tp}(\theta,T_s)=\frac{1}{2}\left[\rho-\upsilon(l_d+T_s)+C_s-\theta C_m+\alpha G_1+(\beta-\delta)G_2\right] \tag{1.5}$$

根据上述内容，AM 通过使其期望收益最大化来进行投资决策，AM 的期望收益可以表示为其投资创新决策的函数：

$$\pi_m^{\mathrm{FF}}(\theta,T_s)=\frac{1}{16}\left[\rho-\upsilon(l_d+T_s)-C_s-\theta C_m-\alpha G_1-(\beta+\delta)G_2\right]^2(1+\upsilon l_m)^{-1}-I(1-\theta)^2$$

π_m^{FF} 的上标 FF 中，前一个 F（flexibility，弹性）表示 CS 保留转移定价弹性，后一个 F 表示 AM 保留生产量决策弹性。当 $C_m^2 \leqslant 16I(1+\upsilon l_m)$ 时，$\pi_m^{\mathrm{FF}}(\theta,T_s)$ 为凹

函数，而由前面的假设可知 $C_m^2 \leqslant 4I(1+\upsilon l_m)$，所以一阶条件可以保证 AM 的投资创新决策最优：

$$\theta^{\mathrm{FF}} = \left\{16I(1+\upsilon l_m) - C_m\left[\rho - \upsilon(l_d+T_s) - C_s - \alpha G_1 - (\beta+\delta)G_2\right]\right\}\left[16I(1+\upsilon l_m) - C_m^2\right]^{-1} \tag{1.6}$$

由式（1.6）可知，AM 的投资创新决策受 CS 交货时间的影响，CS 的期望收益可以表示为其承诺交货时间 T_s 的函数：

$$\pi_s^{\mathrm{FF}}(T_s) = 32I^2(1+\upsilon l_m)\left[\rho - \upsilon(l_d+T_s) - C_m - C_s - \alpha G_1 - (\beta+\delta)G_2\right]^2 \\ \times\left[C_m^2 - 16I(1+\upsilon l_m)\right]^{-2}$$

当 $\partial^2\left[\pi_s^{\mathrm{FF}}(T_s)\right]/\partial(T_s)^2 \leqslant 0$ 时，函数 $\pi_s^{\mathrm{FF}}(T_s)$ 是 T_s 的凹函数。根据一阶最大化条件，可得最佳的承诺交货时间 T_s^{FF}：

$$T_s^{\mathrm{FF}} = \ln\left[(\alpha+\beta+\delta)/(\upsilon+\alpha)\right]/\lambda \tag{1.7}$$

从而，可以得到最优的期望投资额（θ）和生产量（y），以及 CS、AM 和供应链整体在前提 FF 下相应的期望收益（π_s、π_m、π_c），如表 1.1 中的第二列所示。

表 1.1 基于战略性转移定价承诺策略的供应链绩效的比较

变量	战略性转移定价承诺策略的不同情形				
	FF	CF	CO	IW	IO
T_s	$\dfrac{\ln K_1/K_2}{\lambda}$	$\dfrac{\ln K_1/K_2}{\lambda}$	0	$\dfrac{\ln K_1/K_2}{\lambda}$	0
θ	$1-\dfrac{C_m K}{\lambda(16IK_3-C_m^2)}$	$1-\dfrac{C_m K}{2\lambda(4IK_3-C_m^2)}$	$1-\dfrac{C_m F}{2(4IK_3-C_m^2)}$	$1-\dfrac{C_m K}{\lambda(4IK_3-C_m^2)}$	$1-\dfrac{C_m F}{(4IK_3-C_m^2)}$
y	$\dfrac{4IK}{\lambda(16IK_3-C_m^2)}$	$\dfrac{IK}{\lambda(4IK_3-C_m^2)}$	$\dfrac{IF}{(4IK_3-C_m^2)}$	$\dfrac{2IK}{\lambda(4IK_3-C_m^2)}$	$\dfrac{2IF}{(4IK_3-C_m^2)}$
π_s	$\dfrac{32I^2K_3K^2}{\lambda^2(16IK_3-C_m^2)^2}$	$\dfrac{IK^2}{2\lambda^2(4IK_3-C_m^2)}$	$\dfrac{IF^2}{2(4IK_3-C_m^2)}$		
π_m	$\dfrac{IK^2}{\lambda^2(16IK_3-C_m^2)}$	$\dfrac{IK^2}{4\lambda^2(4IK_3-C_m^2)}$	$\dfrac{IF^2}{4(4IK_3-C_m^2)}$		
π_c	$\dfrac{(48I^2K_3-IC_m^2)K^2}{\lambda^2(16IK_3-C_m^2)^2}$	$\dfrac{3IK^2}{4\lambda^2(4IK_3-C_m^2)}$	$\dfrac{3IF^2}{4(4IK_3-C_m^2)}$	$\dfrac{IK^2}{\lambda^2(4IK_3-C_m^2)}$	$\dfrac{IF^2}{(4IK_3-C_m^2)}$

注：CF 中 C 为 commitment（承诺），表示转移定价承诺，F 为 flexibility，表示生产量决策弹性；CO 中 C 为 commitment，表示转移定价承诺，O 为 without delivery time uncertainty，表示交货时间确定；IW 中 I 为 integrated channel，表示一体化供应链，W 为 with delivery time uncertainty，表示交货时间不确定；IO 中 I 为 integrated channel，表示一体化供应链，O 为 without delivery time uncertainty，表示交货时间确定。$K = -\left[\upsilon + \lambda(C_s + C_m + \upsilon l_m - \rho) + K_2 \ln K_1/K_2\right]$，$K_1 = \alpha + \beta + \delta$，$K_2 = \upsilon + \alpha$，$K_3 = 1 + \upsilon l_m$，$F = \rho - \upsilon l_m - C_s - C_m$

2. 完全转移定价承诺与投资创新决策

假设该前提下 CS 在 AM 进行投资创新决策之前就给出其转移定价承诺，AM 的投资创新决策发生在 CS 交货时间不确定性未消除之前，但是 AM 可以通过延迟其生产量决策来应对不确定性。该情形也可以被描述为"先行者-跟随者"模型，这样 AM 的投资创新决策就是使其利润函数取最大值，即

$$\pi_m^{CF}(tp, \theta, T_s) = \frac{1}{4}(1+\upsilon l_m)^{-1}\left[\rho - \upsilon(l_d + T_s) - tp - \theta C_m - \delta G_2\right]^2 - I(1-\theta)^2 \tag{1.8}$$

π_m^{CF} 的上标 C 表示 CS 实行转移定价承诺策略，F 表示 AM 保留生产量决策弹性。根据一阶最大化条件，AM 的投资决策为

$$\theta^{CF}(tp, T_s) = \left\{4I(1+\upsilon l_m) - C_m\left[\rho - \upsilon(l_d + T_s) - tp - \delta G_2\right]\right\}\left[4I(1+\upsilon l_m) - C_m^2\right]^{-1} \tag{1.9}$$

在式（1.9）中，AM 的 $\theta^{CF}(tp, T_s)$ 是 tp 的增函数，承诺的转移价格越高，$\theta^{CF}(tp, T_s)$ 就越大，而 AM 的投资额也就越小。根据 AM 的反应 $\theta^{CF}(tp, T_s)$ 和 $y(\theta^{CF}(tp, T_s), tp, T_s)$，CS 做出其承诺的转移价格决策，可得以转移价格 tp 和交货时间表示的 CS 期望收益函数：

$$\pi_s^{CF}(tp, T_s) = 2I\left[\rho - \upsilon(l_d + T_s) - tp - C_m - \delta G_2\right](tp - C_s - \alpha G_1 - \beta G_2)$$
$$\times \left[4I(1+\upsilon l_m) - C_m^2\right]^{-1} \tag{1.10}$$

只要 $C_m^2 \leqslant 4I(1+\upsilon l_m)$，那么 $\pi_s^{CF}(tp, T_s)$ 就为凹函数，根据假设，一阶最大化条件足以使 CS 的转移定价决策最优：

$$tp^{CF}(T_s) = \frac{1}{2}\left[\rho - \upsilon(l_d + T_s) + C_s - C_m + \alpha G_1 + (\beta - \delta)G_2\right] \tag{1.11}$$

将式（1.11）代入式（1.10），CS 的期望收益为

$$\pi_s^{CF}(T_s) = \frac{1}{2}I\left[\rho - \upsilon(l_d + T_s) - C_s - C_m - \alpha G_1 - (\beta + \delta)G_2\right]^2\left[4I(1+\upsilon l_m) - C_m^2\right]^{-1} \tag{1.12}$$

当 $\partial^2\left[\pi_s^{CF}(T_s)\right]/\partial(T_s)^2 \leqslant 0$ 时，$\pi_s^{CF}(T_s)$ 是 T_s 的凹函数，根据一阶最大化条件有

$$T_s^{CF} = \ln\left[(\alpha + \beta + \delta)/(\upsilon + \alpha)\right]/\lambda \tag{1.13}$$

从而，可以得到期望投资额（θ）和生产量（y），以及相应的 CS、AM 和供应链整体在前提 CF 下的期望收益（π_s、π_m、π_c），如表 1.1 中的第三列所示。

通过对比分析表 1.1 中的第二列、第三列，可以发现，当供应链面临着交货时间-价格敏感性需求时，无论 CS 是采取完全转移定价弹性策略，还是采取完全转移定价承诺策略，其最优的承诺交货时间 T_s^{FF} 和 T_s^{CF} 相同。还可以发现，$\theta^{\mathrm{FF}} > \theta^{\mathrm{CF}}$，$\pi_s^{\mathrm{FF}} < \pi_s^{\mathrm{CF}}$，$\pi_m^{\mathrm{FF}} < \pi_m^{\mathrm{CF}}$。由于 θ 越低，其所表示的投资创新效率越高，因此，一旦 CS 提前做出转移定价决策，那么，AM 的投资创新动力就会增强，随之 CS、AM 和供应链整体的期望收益也相应增加。可见，对于 CS、AM，乃至供应链整体来说，完全转移定价承诺策略绝对优于完全转移定价弹性策略。

3. 确定交货时间的完全转移定价承诺策略

在前面的研究中，通过将 CS 的实际交货时间这样一个随机误差项纳入模型，笔者对一个与当前广大学术研究完全相异的需求不确定性模式进行了探讨，其中，CS 在完全转移定价弹性策略和完全转移定价承诺策略之间权衡利弊，而这种利弊权衡又将对 CS 的最优承诺交货时间和 AM 的最优投资创新决策产生重要影响。通过前面的分析可以发现，对于 CS、AM，乃至供应链整体来说，完全转移定价承诺策略绝对优于完全转移定价弹性策略。

然而，如果生产和物流活动过程中的不确定性不存在，CS 的实际交货时间就是其承诺的交货时间，即 CS 交货时间中的不确定性将不再存在，那么此时，供应链合作双方对实际交货时间都拥有完全信息。在信息完全的情况下，如果变动成本和投资创新决策可以通过观察得到，那么供应链面临的问题将非常容易解决。本节对在交货时间确定的情况下，CS 实行完全转移定价承诺策略如何影响供应链绩效，以及供应链各合作伙伴的行为取向进行探讨，这可以视为 CS 实施完全转移定价承诺策略的一种理想情形。该情形也可以被描述为"先行者-跟随者"模型，不同之处在于，此时交货时间确定，即 CS 承诺的交货时间就是其实际交货时间，从而供应链渠道内不会产生延期惩罚成本、缺货成本和库存持有成本。假设 CS 通过提供既定的转移价格而先行一步，与此同时，AM 进行投资和生产量决策，该博弈解如下：

$$\theta^{\mathrm{CO}}(\mathrm{tp}, T_s) = \frac{4I(1+\upsilon l_m) - C_m[\rho - \upsilon(l_d + T_s) - \mathrm{tp}]}{4I(1+\upsilon l_m) - C_m^2} \quad (1.14)$$

θ^{CO} 的上标 CO 分别表示转移定价承诺和交货时间确定。以转移价格（tp）和交货时间（T_s）表示的 CS 期望收益函数如下：

$$\pi_s^{\mathrm{CO}}(\mathrm{tp}, T_s) = 2I(\mathrm{tp} - C_s)[\rho - \upsilon(l_d + T_s) - \mathrm{tp} - C_m][4I(1+\upsilon l_m) - C_m^2]^{-1}$$

$$(1.15)$$

只要 $C_m^2 \leq 4I(1+\upsilon l_m)$，那么 $\pi_s^{\mathrm{CO}}(\mathrm{tp}, T_s)$ 就是凹函数，因此根据一阶最大化条件可以得到 CS 最佳的转移定价决策为

$$\mathrm{tp}^{\mathrm{CO}}(T_s) = [\rho - \upsilon(l_d + T_s) + C_s - C_m]/2 \quad (1.16)$$

将式（1.16）代入式（1.15），以供应链的承诺交货时间 T_s 表示的 CS 的期望收益为

$$\pi_s^{CO}(T_s) = I\left[\rho - \upsilon(l_d + T_s) - C_s - C_m\right]^2 / 2\left[4I(1+\upsilon l_m) - C_m^2\right] \quad (1.17)$$

需要说明的是，笔者假定 CS 的承诺交货时间（T_s）非负，而 CS 的期望收益随着其承诺交货时间（T_s）的缩短而增加，因此，当 $T_s=0$ 时，CS 的期望收益达到最大，而这其实就是传统的基于价格的需求模型。与该前提相对应的供应链绩效表达式见表 1.1 中的第四列。

4. 一体化供应链决策

下面以一体化供应链决策为参照系，对供应链合作中基于完全转移定价承诺策略和完全转移定价弹性策略的双重边际化效应进行探讨。一体化供应链的利润可以表示为投资决策（θ）、承诺交货时间（T_s）的函数。供应链整体的期望收益用上标 IO 和 IW 表示，具体如下：

$$\pi_c^{IO}(\theta, T_s) = \left[\rho - \upsilon(l_d + T_s) - (1+\upsilon l_m)y - C_s - \theta C_m\right]y - I(1-\theta)^2 \quad (1.18)$$

$$\pi_c^{IW}(\theta, T_s) = \left[\rho - \upsilon(l_d + T_s) - (1+\upsilon l_m)y - C_s - \theta C_m - \alpha G_1 - (\beta+\delta)G_2\right]y - I(1-\theta)^2$$
$$(1.19)$$

令 $\partial \pi(\theta, T_s)/\partial \theta = 0$，$\partial \pi(\theta, T_s)/\partial y = 0$，可以分别得到 y 和 θ 的表达式，当两个表达式同时满足时，可以得到 CS 的以承诺交货时间（T_s）表示的 y 和 θ。分别将其代入式（1.18）和式（1.19），可以得到以 T_s（或 λ）表示的 CS 的利润函数，根据一阶最大化条件，可以得到 CS 最优的承诺交货时间（见表 1.1 中的第五列、第六列）。

需要说明的是，CS 的转移价格为

$$tp^{CF} = \frac{1}{2\lambda}\left[\lambda(\rho + C_s - \upsilon l_d) - \alpha + (\alpha - \upsilon)\ln\frac{K_1}{K_2} + (\alpha + \beta - \delta)\frac{K_2}{K_1}\right]$$

$$tp^{FF} = \frac{1}{2\lambda}\left\{\lambda(\rho + C_s - \upsilon l_d) - \alpha + (\alpha - \upsilon)\ln\frac{K_1}{K_2} + (\alpha + \beta - \delta)\frac{K_2}{K_1}\right.$$
$$\left. - \frac{C_m\left[16\lambda IK_3 + C_m(-K - \lambda C_m)\right]}{(16IK_3 - C_m^2)}\right\}$$

其中，$tp^{FF} = tp^{CF} - C_m\theta^{FF}/2 < tp^{CF}$，由于 C_m 和 θ 都是非负变量，且 θ 越低，投资创新效率越高，因此，如果 CS 保留转移定价弹性，那么，一旦 AM 进行创新投资，CS 将有抬高其转移价格的冲动，从而产生机会主义行为，这与前文的论述一致。

根据假设可知 $\beta + \delta > \upsilon$，而 $K_1 = \alpha + \beta + \delta$，$K_2 = \upsilon + \alpha$，因此有 $\ln K_1/K_2 > 0$，$K = \lambda F - (\upsilon + K_2 \ln K_1/K_2) < \lambda F$。根据表 1.1，$\theta^{IW} < \theta^{CF} < \theta^{FF}$，且 $\theta^{IO} < \theta^{CO} <$

$\theta^{CF} < \theta^{FF}$，$\theta$越低，投资创新效率越高，因此有如下结论：①CS 实行完全转移定价承诺策略可以激励 AM 进行更多的投资创新活动；②与分散决策系统相比，一体化供应链的投资创新力度更大一些。同样，根据表 1.1 可以发现，$y^{IO} > y^{CO} > y^{CF} > y^{FF}$，且 $y^{IW} > y^{CF} > y^{FF}$，这表明，在不考虑实际转移价格的前提下，AM 的最优生产量将随着其运作效率的提高而增加。

最优的转移价格、生产量和投资决策受 CS 的战略性转移定价承诺策略和下游 AM 投资创新决策相互作用的影响，根据表 1.1 可知，当交货时间不确定时，无论 CS 是保留转移定价弹性，还是实行转移定价承诺策略，其最优的承诺交货时间保持不变。CS 的战略性转移定价承诺策略与下游 AM 投资创新决策之间的交互影响不会影响到 CS 的最优承诺交货时间决策。

1.2.3 算例分析

先考察 CS 实际交货时间的均值（$1/\lambda$）对 CS、AM 和供应链整体的期望收益所产生的影响（图 1.1）。一般而言，企业实际交货时间的均值（$1/\lambda$）在短期内既定，但是在长期则可以根据顾客的需要进行调整，以满足快速响应竞争的需要。笔者对模型中的相关变量赋值如下（Gilbert and Cvsa，2003）：$\rho = 400$，$C_s = 0$，$C_m = 20$，$I = 200$，$\alpha = 5$，$\beta = 15$，$\delta = 10$，$l_m = 1$，$l_d = 2$，$\upsilon = 2$。

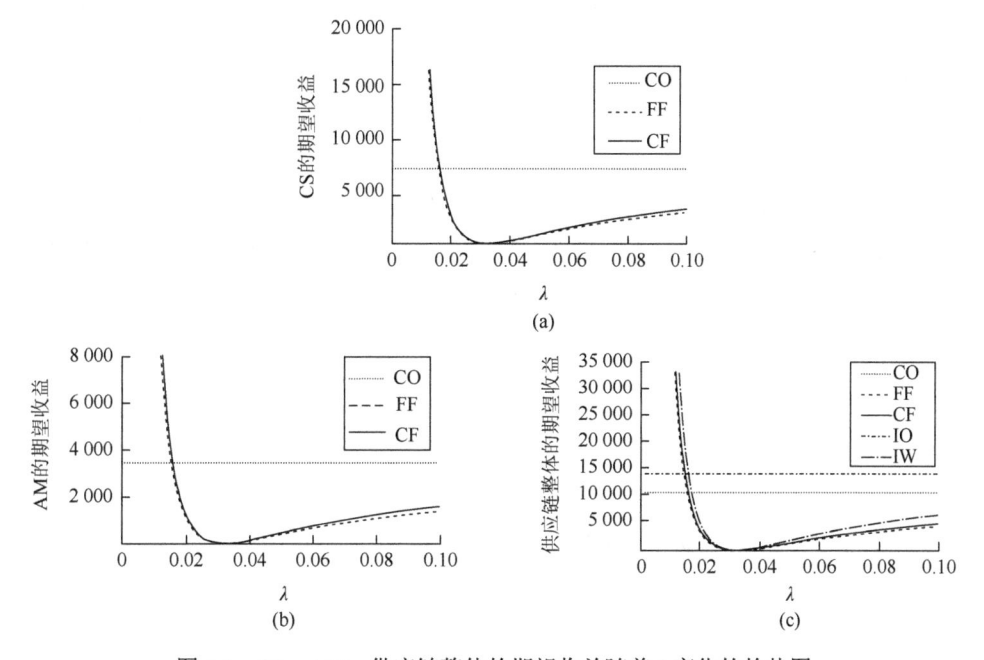

图 1.1 CS、AM、供应链整体的期望收益随着 λ 变化的趋势图

根据图 1.1（a）～图 1.1（c）可知，随着 CS 实际交货时间的均值（$1/\lambda$）的降低，CS、AM 和供应链整体的期望收益先下降，再上升，在转折点，$\lambda \approx 0.0324$。然而当交货时间不确定性存在时，CS 实行完全转移定价承诺策略对供应链合作双方，以及供应链整体来说都更为有利，无论如何，CS 都不会实行完全转移定价弹性策略，该算例的分析结论与前文的理论分析结论保持一致。Gilbert 和 Cvsa（2003）则认为，存在某一个特定的值，使得 CS 在完全转移定价弹性策略和完全转移定价承诺策略之间进行转换，不过他们不考虑交货时间。因此，交货时间不确定性存在时的供应链绩效与交货时间确知时的供应链绩效将有所不同。特别的是，存在某一特定的实际交货时间的均值不确定性值（$1/\lambda_0$），当 $\lambda_0 \approx 0.0162$ 时，CS、AM 以及供应链整体在交货时间不确定性不存在时的收益与 CS 在交货时间不确定性存在且实行完全转移定价承诺策略时的收益相同。然而，如果超过这个值（$1/\lambda_0$），CS、AM 乃至供应链整体都期望存在交货时间不确定性。由于双重边际化效应的存在，笔者通过对比前述五种情况（FF、CF、CO、IW、IO）下供应链整体的期望收益[图 1.1（c）]可以发现，与分散决策系统相比，无论是否存在交货时间不确定性，一体化供应链决策下供应链整体的期望收益总是相对较大。

单位时间的等待成本（v）与 CS 的交货时间密切相关，并直接影响着供应链合作伙伴的行为取向。现假设单位时间的等待成本（v）可以相机变化，以探讨单位等待成本如何影响上游 CS 的战略性转移定价承诺策略。根据图 1.2（a）～图 1.2（b）可以发现，无论是否存在交货时间不确定性，完全转移定价承诺策略总是优于完全转移定价弹性策略，不过，随着单位时间的等待成本的增加，CS、AM 以及供应链整体的期望收益都将降低，从而，完全转移定价承诺策略所带来的利益优势也随之下降。可见，与实际交货时间的均值（$1/\lambda$）对供应链所产生的影响相比，单位时间的等待成本（v）对 CS 的战略性转移定价承诺策略所产生的影响是不完全一样的。不过，无论是考察单位时间的等待成本，还是考察实际交货时间的均值，其中不容置疑的一点是，由于受双重边际化效应的影响，五种情形下（FF，CF、CO、IW、IO）一体化供应链决策中的供应链整体收益总是大于分散决策中的收益，如图 1.2（c）所示。

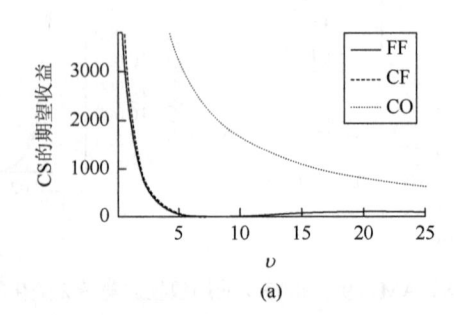

(a)

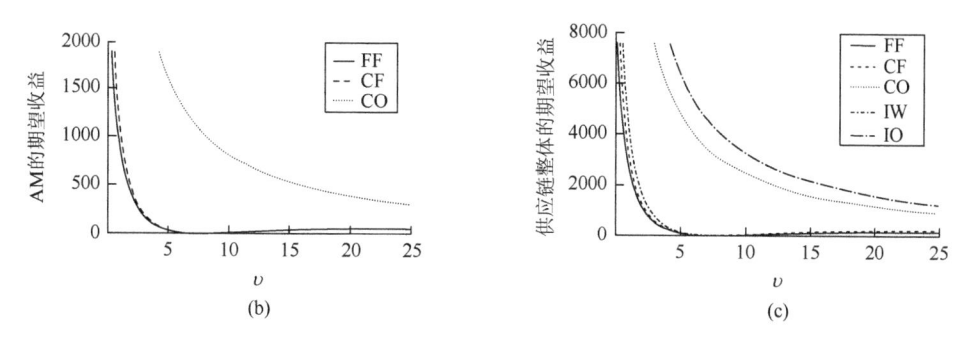

图 1.2　CS、AM、供应链整体的期望收益随着 υ 变化的趋势图

1.3　完全转移定价承诺策略下供应链的四级路径柔性研究

笔者以供应商实行完全转移定价承诺策略而先行一步的斯塔克伯格（Stackelberg）主从对策情形为研究前提，将静态环境下的交互作用与不同柔性层次下的动态供应网络架构相结合，从四级供应链总收益最大和供应链交货时间最短两个层面，分三个不同的柔性层次（FF、PF、NF）对面临时间需求的整体供应链路径柔性进行探讨。本节对完全转移定价承诺策略下的供应链路径柔性进行了界定，并通过示例仿真方法对相应绩效指标进行了仿真分析。

1.3.1　模型提出

以一个由 $CS_i(i=1,2,3)$、$AM_j(j=1,2,3)$、区域配送中心 $D_m(m=1,2,3)$ 和终端分销商 $R_n(n=1,2,3)$ 组成的四级供应链为研究对象，上游 CS_i 和 AM_j 按照 MTO 模式运作，信息完全共享，双方通过转移定价来合作，AM_j 生产的产品经由 D_m 而运达 R_n，每一节点均可在公路、铁路、水运与航空四种运输方式中自由选择。为简化模型，不妨假设 AM_j 生产一件产品只需 CS_i 提供一个部件，即两节点的产品需求量（假设等于生产量）相同，均为 y_{ijmn}。对于供应链产品，AM_j 根据客户单位时间需求量 y_{ijmn} 确定产品的最终交货时间 T_{ijmn} 和价格 P_{ijmn}，并向 CS_i 发出订单；CS_i 根据订单组织生产，并按承诺的交货时间 T_{Sijmn} 和转移价格 tp_{ijmn} 向 AM_j 交货；AM_j 进行组装生产并将产品运送到 D_m，再由 R_n 将最终产品提交给客户，T_{ijmn} 由 CS_i 承诺的交货时间 T_{Sijmn}、AM_j 自身的生产/运作流程时间和产品交付运输时间组成。由于大型 AM 一般采用流水线作业，其生产/运作节拍 l_{Mj} 相对固定，故 AM_j 生产/运作流程时间为 $l_{Mj}y_{ijmn}$，同时可假定其交付 D_m 的运输时间为 l_{Djm}，D_m 将产品交付给 R_n 的运输时间为 l_{Rmn}。这样供应链的交货时间可以表示为 $T_{ijmn}=T_{Sijmn}+l_{Mj}y_{ijmn}+l_{Djm}+l_{Rmn}$ （Li and Lee，1994）。

1. 交货时间-价格敏感性需求

假设客户单位时间需求量为 y_{ijmn}。由于该需求对产品的交货时间和价格非常敏感，因此客户单位时间需求量是承诺的交货时间和价格的函数。假设客户单位时间需求量是承诺的交货时间和价格的线性减函数，即 $y_{ijmn} = \rho - P_{ijmn} - \upsilon T_{ijmn}$，其中 $\rho(\rho \geqslant 0)$ 是单位时间内供应链产品的最大需求量，υ 是客户单位时间的等待成本。根据假设 $T_{ijmn} = T_{Sijmn} + l_{Mj} y_{ijmn} + l_{Djm} + l_{Rmn}$，从而有

$$P_{ijmn} = \rho - \upsilon(l_{Djm} + l_{Rmn} + T_{Sijmn}) - y_{ijmn}(1 + \upsilon l_{Mj}) \tag{1.20}$$

由于生产和物流过程中存在着不确定性，假设在一笔订单中，生产中产生库存的概率为 p，则延期交货发生的概率为 $1-p$，同时，产品的平均库存天数用 t_1 表示，产品的平均延期交货天数用 t_2 表示，在实际生产运作过程中，p、t_1、t_2 的具体数值可以通过统计分析获得。

2. 模型分析

（1）供应网络净收益（net income，NI）模型。供应网络净收益等于供应网络的总收益（total income，TI）减去供应网络的总成本（total cost，TC）。具体模型如下：

$$NI = TI - TC \tag{1.21}$$

其中，NI 表示供应网络的净收益；TI 表示供应网络的总收益；TC 表示供应网络的总成本。

（2）完全转移定价承诺策略下供应网络总收益模型。完全转移定价承诺策略下，供应网络总收益主要由 CS_i 的收益和 AM_j 的收益构成。基于此，供应网络总收益 TI 可以表示为如下模型：

$$TI = \pi_{CS_i} + \pi_{AM_j} = tp_{ijmn} y_{ijmn} + (p_{ijmn} - tp_{ijmn}) y_{ijmn} \tag{1.22}$$

其中，π_{CS_i} 表示供应网络中 CS_i 的总收益；π_{AM_j} 表示供应网络中 AM_j 的总收益，可以得到总收益 TI

$$\begin{aligned} TI &= tp_{ijmn} y_{ijmn} + \left(\rho - \upsilon(l_{Djm} + l_{Rmn} + T_{Sijmn}) - (1 + \upsilon l_{Mj}) y_{ijmn} - tp_{ijmn}\right) y_{ijmn} \\ &= \left(\rho - \upsilon(l_{Djm} + l_{Rmn} + T_{Sijmn}) - (1 + \upsilon l_{Mj}) y_{ijmn}\right) y_{ijmn} \end{aligned} \tag{1.23}$$

（3）完全转移定价承诺策略下供应网络总成本模型。对于整个供应网络而言，供应网络总成本主要由以下几个部分构成。

用 C_{Si} 表示 CS_i 的单位生产变动成本，C_{mj} 表示 AM_j 的变动成本，则生产成本模型可表示为

$$C_{\text{product}} = (C_{si} + C_{mj}) y_{ijmn} \quad (1.24)$$

供应网络的库存成本和缺货成本用 AM_j 和 CS_i 的库存成本和缺货成本之和来表示。IandS 表示总体库存成本和缺货成本（inventory cost and shortage cost），α_i 表示单位产品库存持有成本，β_i 表示单位产品延期惩罚成本，δ_j 表示单位产品缺货成本，$\alpha_i t_1 p$ 表示 CS_i 的库存成本，$\beta_i t_2 (1-p)$ 表示 CS_i 的缺货成本，$\delta_j t_2 (1-p)$ 表示 AM_j 的缺货成本，则有

$$\text{IandS} = \alpha_i t_1 p + \beta_i t_2 (1-p) + \delta_j t_2 (1-p) \quad (1.25)$$

动态变量、静态变量和绩效指标界定如表 1.2 所示。

表 1.2　动态变量、静态变量和绩效指标界定

变量类型		变量名称及符号
动态变量	输入变量	制造商生产量：y_{ijmn}
	普通变量	运输方式：公路、铁路、水运、航空 转移价格：tp_{ijmn} 制造商运输时间：l_{Djm} 配送中心运输时间：l_{Rmn}
静态变量		单位产品库存持有成本：α_i 单位产品延期惩罚成本：β_i 单位产品缺货成本：δ_j 客户单位时间的等待成本：υ 运输固定成本和单位可变成本 F 和 V 产生库存的概率和产品的平均库存天数：p，t_1 产品的平均延期交货天数：t_2 制造商单位产品交货时间：T_{Sijmn} 制造商成本承担比例：k
绩效指标		供应网络的总成本：TC 供应网络的总收益：TI 产品的最终交货时间：T_{ijmn}

对于整个供应网络而言，分销成本（distribution cost，DC）主要集中在配送这一环节。供应网络中的分销成本主要来源于 D_m 的分销渠道成本。分销渠道成本是指以最终用户支持的任何方式将产品从生产者向最终用户转移的过程中所产生的成本（不包括运输成本）。供应网络无论采用哪种模式，其分销成本都来自两方面：建立分销渠道之初的初始成本（F_C）和运转中的变动成本（V_C）。通过市场预测和会计核算可以估算出 F_C 和 V_C 的值。因此，分销成本可以表示为

$$DC = F_C + V_C y_{ijmn} \quad (1.26)$$

运输成本由固定成本和可变成本构成，运输方式可以从公路、铁路、水运、航空四种方式中基于最小成本法进行选择，选择的运输方式不同，相应的运输固定成本、可变成本也会有所不同。其中 $F_{AM,D}(F_{D,R})$ 表示从 AM_j 到 D_m（从 D_m 到 R_n）运输的固定成本。V_2（V_3）表示从 AM_j 到 D_m（从 D_m 到 R_n）运输的单位可变成本，y_{ijmn} 表示从 CS_i 到 AM_j 的运输量，由于 y_{ijmn} 为 AM_j 制造产品的零部件数量，所以假设 AM_j 生产的产品的重量或者体积为 y_{ijmn} 的 m 倍，同理，假设 D_m 分销的产品的重量或者体积为 y_{ijmn} 的 n 倍。可以得到从 AM_j 到 D_m 和从 D_m 到 R_n 运输的可变成本分别为 $V_2 m\, y_{ijmn}$ 和 $V_3 n\, y_{ijmn}$。运输总成本可以表示为

$$C_{\text{transport}} = \left(F_{AM,D} + V_2 m\, y_{ijmn}\right) + \left(F_{D,R} + V_3 n\, y_{ijmn}\right) \quad (1.27)$$

3. 变量与指标分析

从表 1.2 中可以看出，笔者主要以供应网络的总成本、供应网络的总收益以及产品的最终交货时间作为供应链的绩效指标。除了动态变量中制造商生产量（y_{ijmn}）由终端客户确定，为输入变量外，其余变量均为非输入变量，可通过统计分析获得或者由输入变量计算得到。此处仅对 CS_i 的转移价格（tp_{ijmn}）的计算方式进行示例。

根据供应网络总收益（TI）和供应网络总成本（TC）的公式，可得 CS_i 和 AM_j 的净收益 NI_{CS_i}、NI_{AM_j} 如下：

$$NI_{CS_i} = \left[tp_{ijmn} - C_{si} - \alpha_i t_1 p + \beta_i t_2 (1-p)\right] y_{ijmn} \quad (1.28)$$

$$NI_{AM_j} = \left[\rho - \upsilon\left(l_{Djm} + l_{Rmn} + T_{Sijmn}\right) - (1 + \upsilon l_{Mj}) y_{ijmn} - tp_{ijmn} - C_{mj} - \delta_j t_2 (1-p)\right] y_{ijmn} \quad (1.29)$$

结合以上成本分析，可以得到供应网络净收益（NI）的表达式：

$$NI = NI_{CS_i} + NI_{AM_j} - (V_2 m + V_3 n + V_C) y_{ijmn} - (F_C + F_{AM,D} + F_{D,R}) \quad (1.30)$$

其中，$(V_2 m + V_3 n + V_C) y_{ijmn}$ 表示与产量有关的可变成本，固定成本包括与运输成本有关的固定成本和与分销成本有关的固定成本，其为定值。不妨认为上述与产量有关的可变成本由制造商和供应商按照相应的比例承担（制造商成本承担比例为 k）。则有如下的 NI 的表达式：

$$\begin{aligned} NI &= \left[NI_{CS_i} - (1-k)(V_2 m + V_3 n + V_C)\right] y_{ijmn} + \left[NI_{AM_j} - k(V_2 m + V_3 n + V_C)\right] y_{ijmn} \\ &\quad - \left(F_C + F_{AM,D} + F_{D,R}\right) \\ &= NI_{CS_0} + NI_{AM_0} - F \end{aligned} \quad (1.31)$$

其中，NI_{CS_0} 和 NI_{AM_0} 表示考虑到供应链总体可变成本的 CS_i 和 AM_j 的净收益；F 表示运输固定成本。

假设CS_i和AM_j拥有相同的信息，CS_i在AM_j进行生产量决策之前就给出其转移定价和交货时间承诺。该情形也可以被描述为"先行者-跟随者"模型，根据一阶最大化条件，AM_j的生产量（y_{ijmn}）满足以下关系式：

$$y_{ijmn} = \left[\rho - \upsilon\left(l_{Djm} + l_{Rmn} + T_{Sijmn}\right) - \text{tp}_{ijmn} - C_{mj} - \delta_j t_2(1-p) - k\left(V_2 m + V_3 n + V_C\right)\right]$$
$$\div 2\left(1 + \upsilon l_{Mj}\right)$$

(1.32)

根据AM_j的反应，CS_i通过使其期望收益最大化来制定最佳的转移价格，从而有CS_i的转移价格决策：

$$\text{tp}_{ijmn} = 0.5\left[\rho - \upsilon\left(l_{Djm} + l_{Rmn} + T_{Sijmn}\right) + C_{si} - C_{mj} + \alpha_i t_1 p - (\beta_i + \delta_j)t_2(1-p)\right.$$
$$\left. - k\left(V_2 m + V_3 n + V_C\right)\right]$$

(1.33)

1.3.2 完全转移定价承诺策略下的供应网络柔性

1. 供应网络柔性分析

供应网络构造的首要工作是通过整合新的合作方和重新组织当前的运作网络而持续地重新设计和重新构造供应网络。CS_i与AM_j可以分别通过战略性转移定价承诺、交货时间决策和生产量决策之间的交互作用来为自己争取尽可能最优的合作模式。

假设各个节点都愿意并且能够与供应链中的其他节点进行很好的沟通，信息共享，资源能够在供应网络中平稳流动。假设对于任一给定的订单，总是有几种可行的供应商（CS_i）-制造商（AM_j）-配送中心（D_m）-分销商（R_n）供应网络架构来满足需求，CS_i与AM_j通过利润最大化来选择合作伙伴，而下游的运输方式则可根据供应网络总收益最大或供应链交货时间最短原则在公路、铁路、水运与航空四种运输方式中自由进行选择。

笔者以四级（供应商-制造商-配送中心-分销商）供应链系统为研究对象，分别预设三个不同的柔性层次（NF、PF、FF），在每个层次下根据柔性理念（即运用不同的方法或流程计划来生产同一产品或部件的能力）预设若干不同的供应链节点（或称路径、资源）组合方式，同时对于每一个节点均构建了三阶（$i, j, m, n = 1, 2, 3$）供应链柔性。

在柔性理念下，不同示例最终都可以实现完全相同的既定目标。其中，具体的运输方式和CS_i的实际交货时间t_i是动态变量（表1.2），对CS_i承诺的交货时间T_{Sijmn}、AM_j的生产量y_{ijmn}和供应链的交货时间T_{ijmn}产生动态性影响，并直接影响到供应链的需求模式、库存持有成本、缺货成本和延期惩罚成本，进而通过对 CS_i 和 AM_j 的利益结构产生影响推动供应网络的重新架构。供应网络重构的依据是基于供应链整体利润最大化原则为 AM_j 选择最优的 CS_i，基于供应链整体利润最大或交货时间最短原则为 AM_j 选择配送中心 D_m、分销商 R_n 以及相适应的运输模式。

示例仿真分析利用赋值的方法来描述案例，并且基于柔性的需求模式探讨动态环境下的供应链各节点实时选择决策的方式，以及对这种决策对供应链能力、供应链绩效所产生的影响进行评估。为了对所提供的网络体系进行对比分析，笔者基于三个不同的柔性层次（NF、PF、FF）选择了 19 个示例（图 1.3～图 1.6），除了柔性层次不同，这 19 个示例的其他条件均相同。NF 是指没有柔性，即每个 AM_j 只能与某个特定的供应商（或配送中心、分销商）合作（图 1.3）；PF 是指部分柔性，即每个 AM_j 可以从指定的几个供应商（或配送中心、分销商）中选择一个进行合作[图 1.4（b）和图 1.4（c）、图 1.5、图 1.6]，这种柔性层次在有效地配置可得资源方面具有较大优势；FF 是指完全柔性，即每个 AM_j 可以在所有供应商（或配送中心、分销商）中选择一个进行合作[图 1.4（a）]，这种柔性层次可以实现资源在供应链全局范围内的最优化配置。笔者以 FF 为参照系，据以探讨供应商实行转移定价承诺策略下，不同层次的供应链路径柔性对交货时间、生产量和供应商、制造商及供应链整体利润等供应链绩效指标所产生的影响，为柔性化环境下的供应链绩效改善提供比较基准与决策依据。

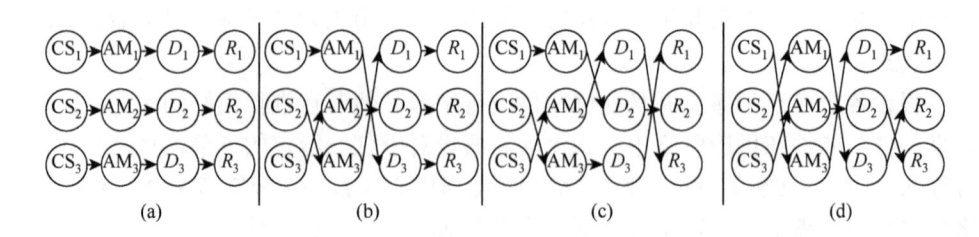

图 1.3　NF 下的四级-三阶供应网络架构示例

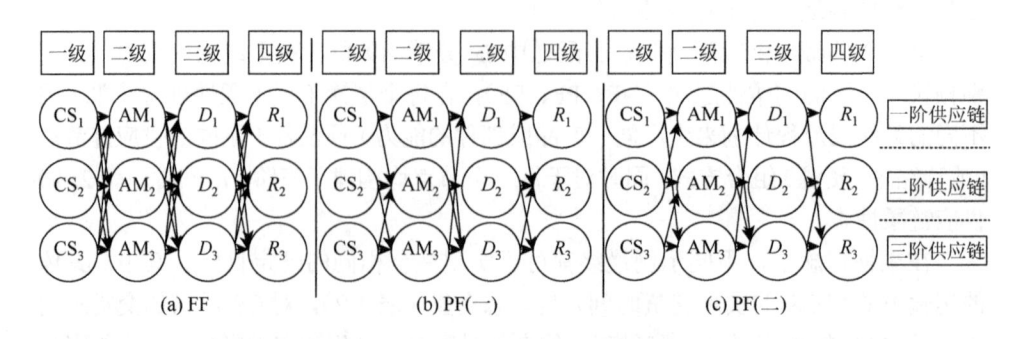

图 1.4　FF 与 PF 下的供应网络架构示例

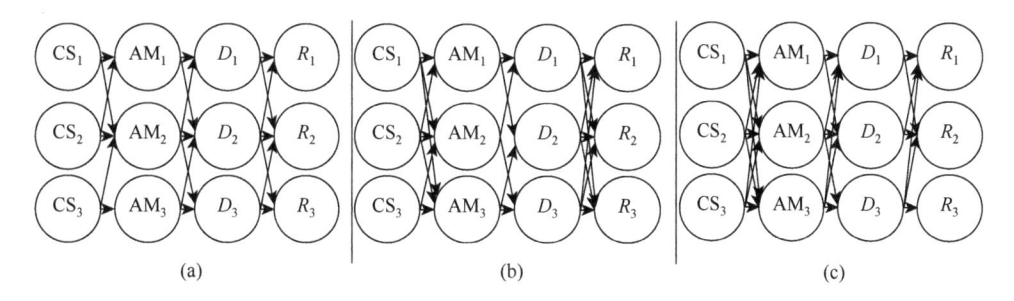

图 1.5 基于不同层级 PF 下的供应网络架构示例（一）

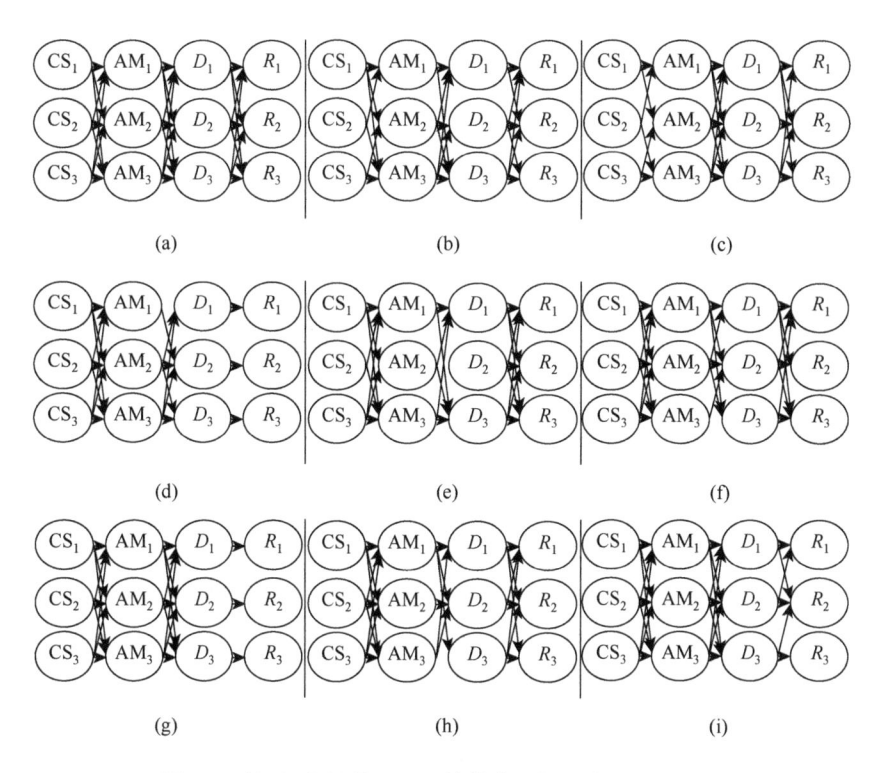

图 1.6 基于不同层级 PF 下的供应网络架构示例（二）

2. 基于不同绩效指标的柔性化供应网络路径选择探讨

1）基于最小成本的供应网络路径选择

由于节点之间有公路、铁路、水运与航空四种运输方式，通过运算可以获得供应网络中不同级别各个节点之间的四种运输方式的单位运输成本，对单位运输成本进行排序，并选取最小值以及相对应的运输方式，作为最佳单位运输成本和最佳的运输方式，可以获得供应网络的单位运输成本矩阵。在此基础上，结合供应链的具体柔性特征，进一步得到供应网络的总成本和总收益。基于最小成本的供应网络路径选择流程如图 1.7 所示。

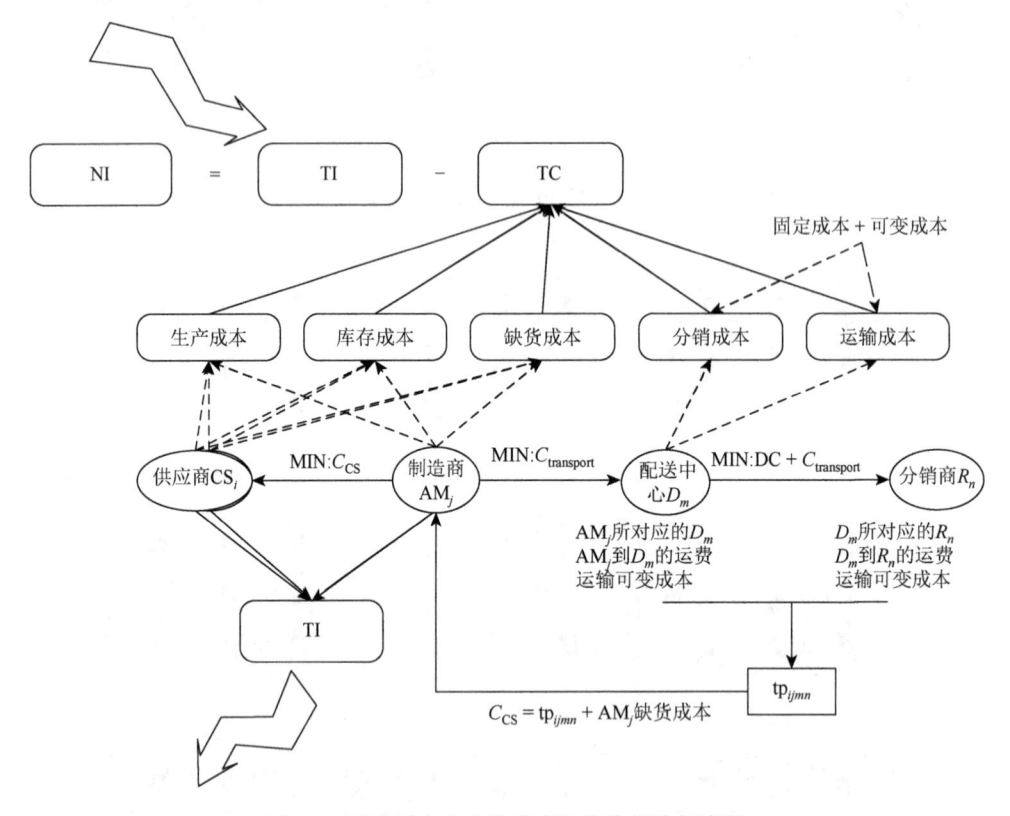

图 1.7 基于最小成本的供应网络路径选择流程

（1）选择配送中心（D_m）。结合制造商可以选择的配送中心，基于运输费用最小化原则，确定各种制造商相应的配送中心（D_m），同时可以确定 AM_j 到 D_m 的运输费用，以及相应的运输可变成本。

（2）选择分销商（R_n）。结合配送中心可以选择的分销商，基于运输费用和分销费用之和最小的原则选择相应的分销商（R_n），并得到相应的运输费用和运输可变成本。

（3）根据选择的配送中心（D_m）和分销商（R_n）的情况，由式（1.33）可以得到相应的供应商转移价格（tp_{ijmn}）。根据转移价格和制造商的缺货成本（C_{CS}）最小的原则选择相应的供应商（CS_i）。

（4）根据既定的配送中心、分销商、供应商计算供应网络的总成本（TC），由式（1.22）可以得到供应网络总收益（TI），进一步得到相应的供应网络净收益。

2）基于交货时间最短的供应网络路径选择

通过运算可以获得供应网络中不同级别各个节点之间的四种运输方式的运输时间，对不同级别节点之间的四种运输方式的运输时间进行排序，并选取最小的运输时间，从而确定相应的最佳运输方式，进一步可得到节点之间的运输时间矩阵。在此基础上，结合供应链的柔性特征和 $T_{ijmn} = T_{Sijmn} + l_{Mj}y_{ijmn} + l_{Djm} + l_{Rmn}$，可以得到供应网络的平均实际交货时间。具体流程如图 1.8 所示。

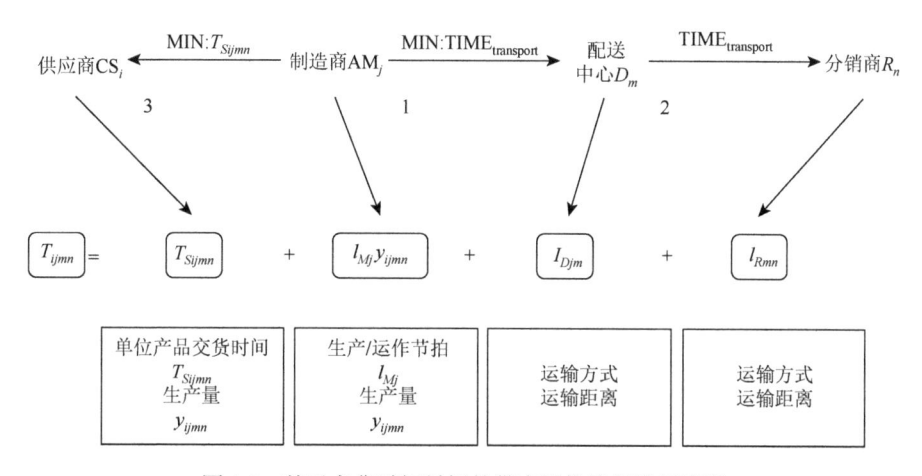

图 1.8　基于交货时间最短的供应网络路径选择流程

（1）以制造商为基础，结合制造商可供选择的配送中心，基于运输时间最小的原则，确定各种制造商相应的配送中心（D_m），同时可以确定 AM_j 到 D_m 的运输时间 I_{Djm} 和运输方式。

（2）根据已经选择的 D_m，结合配送中心可供选择的分销商，基于运输时间最小的原则选择相应的分销商（R_n），并得到相应的运输时间 I_{DR} 和运输方式。

（3）根据实际生产量和制造商的单位产品交货时间，计算其总交货时间（T_{Sijmn}）。以总交货时间最短为原则选择最佳的供应商（CS_i）。

（4）根据既定的配送中心、分销商、供应商，可以得到节点之间的运输时间、生产时间、装配时间，从而得到给定产量下的供应链交货时间（T_{ijmn}）。

1.3.3　算例分析

为了对 PF 情形下的供应网络进行深入探讨，笔者对不同的路径选择进行了排列组合，在四级-三阶供应网络中，PF 前提下共有 11 907 种可能的供应商-制造商-配送中心-分销商组合，也可称为供应网络架构（示例如图 1.3～图 1.6 所示）。相关变量界定及其赋值分别如表 1.3～表 1.5 所示。

表 1.3　仿真模拟相关变量赋值

变量	赋值 1	赋值 2	赋值 3	变量	赋值 1	赋值 2	赋值 3
λ_i	0.2	0.1	0.09	δ_i	60	50	40
C_{si}	50	40	30	l_{Mj}	10	8	5
C_{mj}	25	20	15	ρ	2000	2000	2000
α_i	25	20	15	υ	20	20	20
β_i	70	60	50	p	0.92	0.90	0.95
t_i	2	5	4	t_2	2	3	4
T_{Sijmn}	1	2	3	k	0.5	0.5	0.5

表 1.4　四种运输方式的仿真模拟相关变量赋值

公路	铁路	水运	航空
运输时间 每 1000 千米 = 4 天	运输时间 每 1000 千米 = 2 天	运输时间 每 1000 千米 = 3 天	运输时间 每 1000 千米 = 1 天
运输能力 = 5 单位 运输固定成本 每 1000 千米 = 100	运输能力 = 60 单位 运输固定成本 每 1000 千米 = 0	运输能力 = 50 单位 运输固定成本 每 1000 千米 = 1000	运输能力 = 30 单位 运输固定成本 每 1000 千米 = 0
运输变动成本 每 1000 千米 = 150	运输变动成本 每 1000 千米 = 350	运输变动成本 每 1000 千米 = 200	运输变动成本 每 1000 千米 = 450

表 1.5　供应网络不同层级的运输距离仿真模拟赋值　　　　单位：千米

制造商到配送中心的运输距离赋值				配送中心到分销商的运输距离赋值			
AM	D_1	D_2	D_3	D	R_1	R_2	R_3
AM_1	1000	1500	1200	D_1	200	400	150
AM_2	1500	1000	1200	D_2	400	200	150
AM_3	1250	1250	750	D_3	300	300	100

为了对本节所构建的基于时间的竞争模型进行验证，笔者运用 MATLAB 进行仿真模拟分析，以供应链总收益最大为原则进行供应链决策，同时对以供应链总交货时间最短为原则所进行的供应链运输方式选择进行了对比分析，以期为基于价格竞争和基于时间竞争的供应链决策提供理论借鉴。

1. 不同柔性层次下的供应网络生产量决策

与供应网络交货时间的变化趋势相同，不同柔性层次下供应网络生产量决策的变化趋势与所选取的运输方式决策原则没有直接的关联（图 1.9）：①在四级-三阶供应网络中，供应网络生产量在 FF 情形下最具数量上的优势，PF 次之，而 NF 的生产量最少；②PF 情形下的绝大多数供应网络具有与 FF 情形相当的产量优势；③FF 情形下，供应网络各节点的潜在合作伙伴越多，该供应网络的产量优势则越明显；④供应网络交货时间越短，客户等待成本就越低，该供应网络的生产量（或需求量）也就越大，这与笔者在前文中关于模型的假设一致。

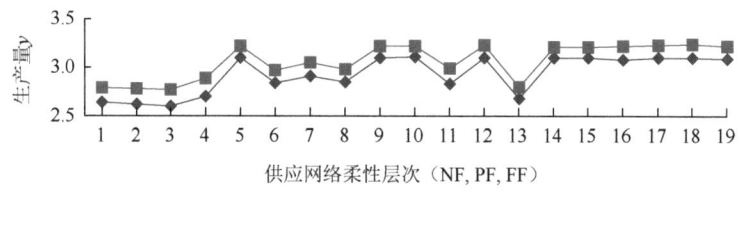

图 1.9　不同柔性层次下供应网络生产量 y 的变化趋势图

NF 情形包含示例 1~4，FF 情形包含示例 5，PF 情形包含示例 6~19

2. 不同柔性层次下的供应网络成本、效益分析

结合图 1.9，可以得出此算例条件下的最优生产量 y_{ijmn} 的取值范围在 0.5~5.0。基于此分析，选取 0.5 到 5.0 之间，每次递增 0.5 的 10 组生产量来进行运算。运用 MATLAB 进行仿真模拟运算，可以得出不同柔性层次下供应网络总成本变化趋势图（图 1.10）和供应网络净收益变化趋势图（图 1.11）。

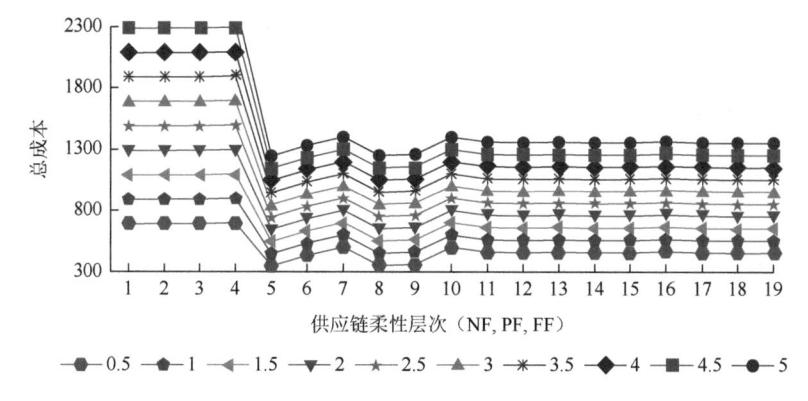

图 1.10　不同柔性层次下供应网络总成本变化趋势图

NF 情形包含示例 1~4，FF 情形包含示例 5，PF 情形包含示例 6~19

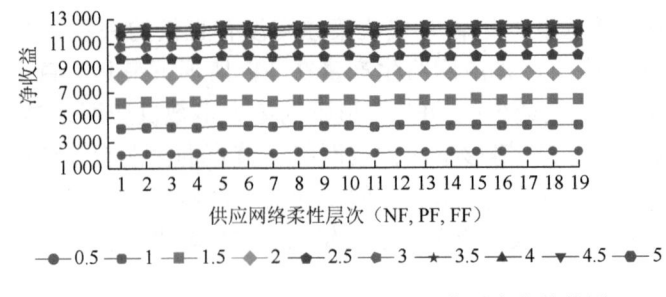

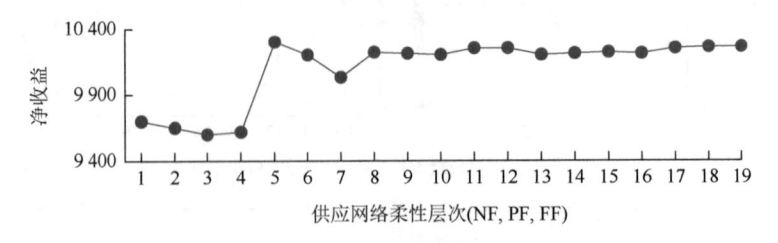

图 1.11　不同柔性层次下供应网络净收益变化趋势图

NF 情形包含示例 1~4，FF 情形包含示例 5，PF 情形包含示例 6~19

从图 1.10 可以看出这 10 组生产量的供应网络总成本的变化具有相同的趋势，不同柔性层次下供应网络总成本的变化趋势大致相同。在四级-三阶供应网络中，①供应网络在 FF 情形下最具成本优势，PF 次之，而 NF 的总成本最高；②PF 情形下绝大多数的供应链具有与 FF 情形相当的成本优势；③FF 情形下，供应网络各节点的潜在合作伙伴越多，该供应链在成本上越具有竞争优势。

从图 1.11 可以看出这 10 组生产量的供应网络净收益的变化具有相同的趋势，不同柔性层次下供应网络净收益的变化趋势大致相同。基于此，可以以产量为 2.5 时的供应网络净收益变化趋势为例，来分析不同柔性层次下的净收益变化情况（图 1.12）。在该供应网络中，与供应网络生产量的变化趋势相同，不同柔性层次下供应商、制造商及其供应网络整体的净收益的变化趋势与所选取的运输方式决策原则没有直接的关联（图 1.9、图 1.12）：①在四级-三阶供应网络中，各节点及供应网络整体在 FF 情形下最具净收益上的优势，PF 次之，而 NF 的净收益最低；②PF 情形下绝大多数的供应网络具有与 FF 情形相当的利润优势；③FF 情形下，供应网络各节点的潜在合作伙伴越多，该供应网络的净收益优势则越明显；④若不考虑运输成本在供应商与制造商之间的分摊，通过计算可以发现 10 组生产量的供应商和制造商的净收益随柔性水平变化的趋势相同。以产量为 2.5 时的供应商和制造商的净收益变化为例，可以发现供应商通过确定转移价格和交货提前

图 1.12　产量为 2.5 时供应网络净收益变化趋势图

NF 情形包含示例 1~4，FF 情形包含示例 5，PF 情形包含示例 6~19

期而先行一步,居于主方地位,其先行者优势得到了较为明显的体现,此外,净收益的变化趋势没有总成本的变化趋势明显。

3. 不同柔性层次下的供应网络实际交货时间分析

从图 1.13 可以看出,不同生产量下基于不同柔性的供应网络的实际交货时间的变化趋势相同。基于此,为了更加清晰地了解供应网络实际交货时间随着柔性的变化情况,可以以生产量为 2.5 个单位时的供应网络为例来进行分析(图 1.14)。通过分析可以发现:①在四级-三阶供应网络中,供应网络的实际交货时间在 FF 情形下最具时间优势,PF 次之,而 NF 的实际交货时间最长;②PF 情形下绝大多数的供应网络具有与 FF 情形相当的实际交货时间优势;③FF 情形下,供应网络各节点的潜在合作伙伴越多,该供应网络交货时间越具有优势。

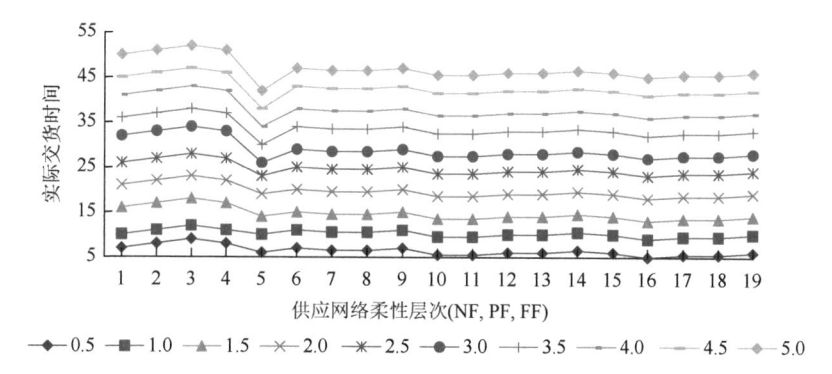

图 1.13 不同柔性层次下供应网络实际交货时间变化趋势图

NF 情形包含示例 1~4,FF 情形包含示例 5,PF 情形包含示例 6~19

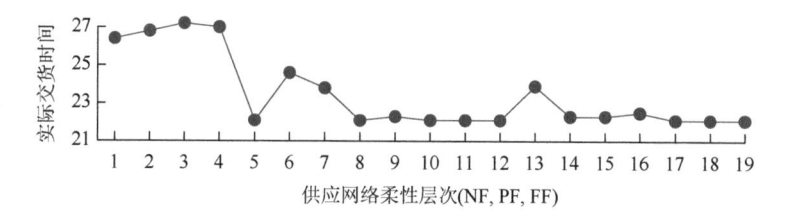

图 1.14 产量为 2.5 时供应网络实际交货时间变化趋势图

NF 情形包含示例 1~4,FF 情形包含示例 5,PF 情形包含示例 6~19

1.4 结论与展望

1.4.1 研究结论

通过对战略性转移定价承诺与投资创新决策之间的交互影响进行研究,可以发现 CS 必须在保留定价弹性以应对不确定性和通过事先承诺转移价格以鼓励 AM 进行投资创新决策之间寻求一种平衡。通过运用算例对前文的理论研究进行证实，可得出如下结论。

第一，上游 CS 的战略性转移定价承诺和下游 AM 投资创新决策之间的交互影响不会影响 CS 的最优承诺交货提前时间，但是，CS 实行完全转移定价承诺策略将会激励 AM 进行更多的投资创新活动。

第二，从 CS 和 AM，以及供应链整体的角度来说，无论是否存在交货时间不确定性，实施完全转移定价承诺策略总是优于实施完全转移定价弹性策略。

第三，由于受双重边际化效应的影响，一体化供应链决策的供应链收益总是大于分散决策下的供应链收益，而无论交货时间不确定性存在与否。

进而，笔者以供应商实施完全转移定价承诺策略的情形为切入点，以四级-三阶的供应网络架构为主要研究对象，从供应链总收益最大和供应链总交货时间最短两个层面，分三个不同的柔性层次（FF、PF、NF）对面临时间需求的供应网络路径柔性进行了探讨，以期为柔性化环境下的供应网络绩效改善提供比较基准与决策依据。笔者得到如下三个方面的结论。

第一，供应网络柔性与供应网络能力之间存在着相互作用，有效的供应网络柔性结构设计可以使供应网络的能力得到最大程度的优化。例如，在以供应链总收益和供应链总交货时间为关键指标的动态模型中，与 NF 相比，PF 和 FF 的优势得到了体现，其中 FF 的优势最为显著。

第二，在动态的供应网络中，合理地运用柔性要素可以带来供应链价值的增加，但并不意味着柔性水平越高越好。因为柔性是需要付出代价的，柔性的投资成本与柔性水平是正相关的。由于 FF 意味着供应网络的每个节点需要花费大量成本来维护与其相关的所有上游和下游的节点，而 PF 则是选择适合自己的上下游节点进行重点维护来达到相应的供应网络能力。相比而言，成本得到了节约。因此，从经济学的角度出发，可以认为供应网络能力与供应网络柔性之间具有边际效用递减的规律。

第三，对于供应网络的各个节点而言，柔性具有优胜劣汰的作用，而这种作用可以改善供应网络各个节点的效率，从而进一步提高整个供应网络的能力。FF 和 PF 会使供应网络的资源从劣势节点向优势节点进行转移，如不同制造商之间可能会竞争同一或少数供应商（配送中心、分销商）的资源而导致其他供应商（配送中心、分销商）资源的闲置。这种资源的转移会迫使劣势节点不断提高自身的能力以适应柔性化环境的要求，否则其会面临被淘汰的风险。在这种优胜劣汰机制的作用下，供应网络的整体能力会进一步得到提升。当供应网络的每个节点都具有相似或者相同的能力时，该供应网络达到最为理想的状态，此时柔性的可得性会使柔性的投资成本降到最低。

1.4.2 研究展望

笔者在 1.2 节的模型中假设 CS 的实际交货时间服从渐近指数分布,假定生产量为线性函数,不考虑 CS 实际交货时间的变化情况,并将研究限定在双边垄断市场,这些都是较为理想的前提,因此,如何将这些假设放松到更为一般的情况,并加以深入探讨则为后续学者研究的方向。

笔者在 1.3 节仅以一个简单的四级-三阶供应链为研究对象,对供应网络柔性进行了研究。事实上,随着产品种类、供应商数量、中间环节等外界因素的不断变化,在大多数情况下,与每个订单相联系的各种可行的网络构造的选择可能会更加复杂(如五级-四阶)。同时,本章以产品的最终交货时间和供应网络的总收益作为供应链绩效评估的关键指标,而在实践中,供应链各个节点可能会存在选择柔性的差异化的动机,如订单履行率、客户满意度等。在后续研究中笔者拟将上述变量逐步纳入考虑范围,以期解决更加复杂的供应网络柔性问题。

第 2 章　供应网络关系与供应链绩效之间的相互作用关系

2.1　引　言

供应链成员之间的长期关系可以提高彼此交易的效率，并且使企业更加愿意进行大量的投资来维持彼此之间的关系，从而能够使供应网络关系持续不断地改善并为供应链成员创造绩效（Prajogo and Olhager，2012）。另外，日益激烈的竞争降低了利润空间，促使许多企业希望能够开发与供应链伙伴之间的长期合作关系以减少供应链具体运营中的不确定性。然而由于交易成本而产生的合作伙伴之间的机会主义行为、权利冲突往往会破坏供应链中这种长期的关系（Huang et al.，2014a）。因此，为了运营和控制长期的合作关系，并且促使供应链成员能够为了共同的目标持续不断地改善供应链绩效，公司之间需要建立一套完善的治理机制来高效地管理供应链成员之间的关系。有效率的供应链治理机制，有利于组织从内外部角度来评估其供应链的运作效率，并为其决策制定提供依据。例如，在供应链管理中，通过采用共建供应基地、建立跨组织团队等方式加强供应链成员之间的合作协调，可以减少交易成本，为节点企业创造更高的收益，此外，来自环境的动态性变化也需要管理者采用基于合作协调驱动的治理机制来获取下游客户的认同，为其进行新的价值定位提供网络关系基础；信息技术发展的逐步深入提高了该网络的信息可视化程度，为更高层次的响应性和柔性化举措创造了条件。获取可持续性发展的能力是供应链管理的高级目标，而有效率的关系治理机制及其组合有助于实现这一目标。可见，从供应链角度来深化网络关系治理机制相关理论和实践的研究对于供应链能力的提高来说至关重要。

与此同时，随着商业环境中的不确定性日益增强，增强供应链竞争优势的另一方式是柔性化的供应链架构。柔性有助于核心企业结合市场中的动态性来优化配置供应链资源，有助于通过跨功能和跨组织的高层次战略架构来消除供应链中的瓶颈。没有柔性、部分柔性和完全柔性是人们在探讨柔性时普遍使用的术语，柔性水平的高低会对供应链的绩效产生不同的影响。然而，全球化运作、科技的进步以及快速变化的产业环境都极大缩短了产品的生命周期，产品在价格、质量等方面的竞争优势可得且容易被效仿，从而其竞争优势的时效性也相对较短。由于供应链绩效是供应网络所特有的能力的体现,这种绩效是贯穿于整个供应网络的各个节点企业共同作用的效果,其代表的是一种更高层次的跨组织能力和广泛的知识/信息整合能力,需要组织间的有效治理与协调,因此,供应链绩效代表的是供应链的核心竞争优势(Liao and Kuo,2014)。可以看到,以核心企业关系为主导的供应网络关系是商业能力和商业绩效的关键决定性因素,其通过内部的信任机制的构建来主动地创造竞争优势;而柔性则是供应网络能力的派生能力之一,通过外部的协调机制构建可以被动地应对环境中的不确定性。供应链各个伙伴成员之间需要构建良好的合作关系,这种合作关系有利于企业自身获取外部的关键信息和技术,不过,这些优质资源需要依托于实施供应链整合的企业战略才有可能被最优化地配置,而其中的利用价值也才能够得到最大限度的挖掘(Zhao et al., 2008)。因此,笔者认为,无论是网络关系、供应链柔性还是供应链整合,都有可能与供应链绩效产生一定的联系。

在供应链管理实践中,基于供应链关系治理与信息技术的供应网络关系、供应链柔性与供应链绩效之间的联系也十分密切。供应链管理思想发展至今日,无疑已经成为展现企业竞争优势的重点,无论是传统意义上的生产制造型企业,还是随着互联网时代的到来如雨后春笋般兴起的新兴电子商务企业,都非常重视供应链的建设,企业不仅关注自身的利益与优势,还着力于打造具有核心竞争优势的供应网络关系。例如,从事传统汽车制造的中国第一汽车集团有限公司(以下简称一汽)和上海宝钢集团有限公司(以下简称宝钢)通过协同合作来探索提高其整体的供应链竞争能力的举措。此外,一汽也致力于与宝钢等供应商加强信息共享,促进协同创新。不容忽视的是,一汽与宝钢等供应商之间高效的协同能力在一定程度上正是基于双方在前期关系治理方面的积极投入。在互联网企业层面,京东作为国内领先的互联网零售平台,凭借着其自身的物流与供应链管理能力,能够有效地将产品在短时间内配送到客户的手中。京东平台上有成千上万家入驻商家,正是借助于京东与供应链各节点企业之间有效的信息共享,供应链各个环节得以紧密合作,并实现顺畅连接,为提高供应链整体的物流效率创造了条件。另外,京东与供应商之间基于诚信的关系治理模式,使京东的服务赢得了广大用户的认可,以及为入驻平台的商家创造了收益,进而为供应链整体绩效的改善提供了可能。

现阶段,以嵌入式社会关系为切入点,基于社会控制机制的关系治理得到学术界普遍的重视。已有学者对社会控制与供应链柔性、供应链竞争优势的作用关系进行了研究。然而,供应网络关系与供应链能力之间存在着怎样的相互作用?供应链柔性在这种相关关系中又起着怎样的多重作用关系?供应链整合是否会对上述供应网络关系、供应链柔性与供应链绩效之间的关系产生影响?不同网络关系之间是否存在相互作用效果,以及这种作用效果是否会进一步对供应链绩效产生影响？现有研究对于上述关系的实证研究以及其内在相互作用机理的深入剖析仍然比较匮乏。

2.2 研究假设与理论模型

2.2.1 供应网络关系对供应链绩效的作用效果假设

1. 关系治理对供应链绩效的作用效果

关系治理指的是由于潜在交易伙伴之间的相互作用而产生的存在于节点企业之间的持续性关系（Hsu and Fang，2009）。基于交易伙伴之间的密切合作，以及交易成本对节点企业的核心竞争优势起着重要作用的前提，关系治理有助于核心企业通过长期的战略规划来实现其竞争优势（Shipilov and Danis，2006），从而提升企业的供应链绩效。关系治理的高级目标是克服供应链管理中的"搭便车"行为，通过增强供应网络中的知识共享来促进节点企业之间的相互理解，最终提升供应链整体的绩效（Chang et al.，2015）。Blonska 等（2013）指出，关系治理是供应网络中的一种特殊机制，其可以促使各节点企业基于互利互惠的预期而进行更多的投资，用于提升供应链绩效。Wang 等（2013）认为，关系治理中的信任有可能会增加机会主义行为的社会成本，从而有助于减少各合作伙伴采取机会主义行为的动机。此外，关系治理使得供应商更愿意与买方进行合作，从而增加了双方共同努力以实现同一目标的可能性。Blonska 等（2013）通过实证分析发现，关系治理的存在使得买卖双方的交易更具可行性和保障性，有可能为合作各方带来高额的合作性收益，从而进一步促进供应链绩效的提升。

关系治理可以为供应链成员之间的合作性活动提供实际的机制，如柔性提升、联合决策、资源交换、权利使用等机制，这些机制可以改善整个供应链的绩效。Johnston 等（2004）指出增加供应链成员之间的合作行为可以带来供应链成员对绩效和满意度的更高期望，对于一个成功的供应链而言，企业之间应该建立和开发关系方面的文化元素，如合作伙伴之间的信息、承诺及合作基准。关系治理包括长期稳定的信任性关系，自我管理和合作性行为是关系治理的重要组成部分，其可以帮助企业降低供应链成员的机会主义行为出现的可能性，而且可以帮助企业减少监督成本，因此其可以提升供应链的整体绩效（Singh and Teng，2016）。

在实际供应链管理中，关系治理对于供应链绩效的提升也具有十分显著的正向作用。例如，国内比较先进的手机制造商小米，其在供应链关系治理上真正做到了尽善尽美。众所周知，小米手机采用的是饥饿营销的方式，减少供应链管理的流程，依靠专业的代工厂为其加工产品，减少中间商和流通运转的环节，直接与用户保持联系，而这样的商业模式必须有一套非常强大的供应链管理体系来支持。与小米展开战略性合作的供应链节点企业有上百家，小米采用的是紧密合作的战略性供应链管理模式，通过与供应商共同参与芯片等关键部件的设计，大幅提升了其产品的质量和客户的满意度，也提升了供应商自身的科研能力和技术创新水平，据相关统计，与小米进行紧密合作的供应链节点企业已经有超过12家企业上市。通过以上分析可知，无论是在理论层面还是在实践层面，关系治理对于整个供应链绩效的提升都具有十分重要的作用，因此，笔者提出如下假设。

H2.1a：关系治理对供应链绩效具有直接正向的作用效果。

2. 信息技术能力对供应链绩效的作用效果

通过与供应网络伙伴进行高效的信息共享和运作协同来降低交易过程中所存在的不确定性是供应链协同管理的核心目标。Alvarez等（2010）指出，基于信息技术能力的信息共享能力可以对供应链的治理机制和供应链的产出能力产生积极作用。信息共享能力指的是供应链可以通过信息技术能力获取与供需相关的高质量信息的途径（Wang and Wei，2007；Jin et al.，2014）。Kim等（2016）认为建立在信息技术能力基础之上的信息共享能力是指基于信息技术能力开展供应链合作的供应链核心企业与其合作伙伴之间在信息、知识等资源上的共享程度。通过信息共享，核心企业可以从合作伙伴获取其认为对于他们的组织运作起到关键性作用的资源，进而实现共同利益的提高，提高整体的供应链绩效。实时获取并能有效沟通与供应网络各项决策制定密切相关的信息对于监督、控制、改变整个供应链战略和运营，以及增强供应链参与者的竞争优势、提升供应链绩效具有重要意义，而这一切都需要以信息技术能力为基础。

信息技术能力的提高可以帮助企业与供应商、制造商和分销商进行实时信息共享，而信息共享可以帮助企业提高预测、同步化生产与配送、协调库存决策的能力，并且使供应链成员能够对于绩效的影响因素达成共识，为了统一的供应链绩效而努力（Li and Wang，2007）。信息技术能力可以使得供应链活动的运作水平和战略水平得到显著的提高（Prajogo and Olhager，2012），运作水平的提高指的是提高包括库存水平、生产和配送时间、设备利用率、订单状态和销售数据等方面的效率；战略水平的提高指的是扩展供应链活动的内容，如改善产品质量、提高客户服务水平和提高自身竞争力。两个方面的改善在一定程度上将会提高供应链绩效水平（Wu et al.，2014）。对于一个企业而言，凭借较强的信息技术能力或者采用先进的信息系统来参与到供应链协同的过程中具有十分重要的意义，信息系统可以促进供应链关键流程的运作和明确供应链战略实施过程中的特定的目标，从而提高企业自身绩效和供应链的整体绩效（Qrunfleh and Tarafdar，2014）。信息技术能力能够有效地降低组织间交易成本，信息系统可以减少供应链成员的机会主义行为并且可以减少为了规范合作伙伴行为而产生的监督成本，信息技术能力还可以减少协同成本与交易风险，而成本的降低可以带来绩效的显著提升（Singh and Teng，2016）。

同样，在实际管理案例中，信息技术能力对于整个供应链的绩效也具有正向的作用效果。例如，小米手机采用饥饿营销的方式，前端通过网页直接获取客户的需求信息，并直接将需求分享给下游的供应链节点企业，供应商则根据前端的订单情况及时准备原材料进行计划性组装生产，良好的信息反馈流和供应链预测能力使得供应链的整体运作效率保持在较高的水平，从而使得供应链的整体绩效得到改善。结合以上分析，笔者提出如下假设。

H2.1b：信息技术能力对供应链绩效具有直接正向的作用效果。

2.2.2 关系治理与信息技术能力之间的相互作用效果假设

关系治理机制流程的不断完善为核心企业从多种途径获取供应商和客户需求与供给信息提供了可能，而这种可能性又进一步增强了供应网络中物料信息的可视度，并提升了信息技术能力（Saeed et al.，2011）。在关系治理与基于信息技术能力的信息共享能力相关的研究中，Klein 和 Rai（2009）也认为，包括信息在内的共生资源的共享，以及允许各个伙伴一起参与合作创造价值的意愿，都与供应网络成员间的合作关系呈正向相关关系。这种以信息技术能力为核心的价值共同创造行为对信息技术能力水平和/或信息可视度在创造价值方面的积极作用进行了肯定，而在此过程中，供应网络节点企业之间稳健的合作关系则为其中的价值创造过程提供了保障（Jeong and Leon，2012）。另外，与信息共享能力相关的研究中，大部分学者对信息共享能力在合作交流中的重要作用进行了肯定，认为这种交流可以促使各个节点企业按照多方互惠共赢的方式进行有效的协同交易和联合活动，从而以一种更加高效的方式来获得高额盈利和丰富资源，促进关系治理的进程（Jin et al.，2014）。供应链中信息技术能力的应用可以使得供应链成员之间的关系变得更加亲密，并且可以增加伙伴之间的合作。通过在供应链中增加一些与信息技术能力有关的互惠条款，如数据标准、电子数据交换（electronic data interchange，EDI）或可供开发的语言标准等，信息技术能力可以改变供应链成员之间相互协同的关系（Singh and Teng，2016）。信息技术能力的应用对于供应链中的关系治理具有显著的正向作用，而关系治理的改进又进一步促进信息技术能力的提高。信息技术能力对伙伴成员整合其信息系统起着调节作用，提高交流能力的同时，人们之间的关系也发生着微妙的变化。基于以上分析，笔者提出如下假设。

H2.2a：关系治理对信息技术能力具有直接正向的作用效果。

H2.2b：信息技术能力对关系治理具有直接正向的作用效果。

2.2.3 供应链网络关系对供应链柔性的作用效果假设

1. 关系治理对供应链柔性的作用效果

Wang 和 Wei（2007）指出，关系治理有助于在节点企业与顾客，或者节点企业与供应商之间建立并维持长期的信任关系，降低供应商和/或顾客与名声较好的企业进行合作时的防范心理，进而增强节点企业在进行供应链合作时的柔性化。冯华和梁亮亮（2016）研究了关系资本与供应链柔性之间的关系，并通过实证分析检验了关系资本对于供应链柔性具有直接正向的作用效果，并且同时存在信息共享能力间接地对供应链柔性产生影响的作用效果。Lenart（2015）指出，关系治理不仅可以有效地避免供应链合作中的利益冲突，还可以减少商业风险，增强合作联盟中的柔性化。事实上，关系治理有助于各节点企业通过建立联盟关系来提升供应链整体的柔性化，使各联盟伙伴在充分利用跨组织层面资源的同时，减少不确定性。Prajogo 和 Olhager（2012）认为关系治理可以促使供应链节点企业建立长期的战略关系，并且显著地提升其所处供应链的柔性化。此外，Jin 等（2014）与 Liao 和 Kuo（2014）也认为关系治理对柔性化举措具有一定的正向促进作用。

在实际管理中关系治理对供应链柔性的提升也具有十分显著的效果。例如，发展比较迅速的零售百货店名创优品就是通过高效的关系治理，来直接与供应商保持良好的关系，名创优品从各个供应商处直接获取货源，并利用先进的供应链系统分配到全国几千家零售店铺中进行销售，中间省略了很多分销商等环节，成本大大降低，并且可以进行定制化的生产，产品受到了客户的青睐。正是这种有效的关系治理，使得名创优品能够与多条供应链合作来根据客户的需求购买或生产产品，从而大大地提高了整个供应链的柔性。基于以上分析，笔者提出了如下假设。

H2.3a：关系治理对供应链柔性具有直接正向的作用效果。

2. 信息技术能力对供应链柔性的作用效果

实时高效的信息共享是供应链伙伴关系构建最为本质的要求。基于信息技术能力的信息共享所构建的供应链伙伴关系不仅可以增强该供应链的动态适应能力，也使得核心企业能以更大的柔性来积极应对来自客户的不确定性需求（Jin et al.，2014)。除了核心企业自身的柔性外，信息共享能力也对供应商柔性（supplier flexibility，SF）和供应柔性产生着积极的正向影响（Fawcett et al.，2012）。同时，信息共享能力有助于供应链节点企业更好地掌握现有的或潜在的供应商或者客户信息，为及时维护或者开发新的伙伴关系提供信息基础。以柔性化举措来充分发挥跨功能和跨组织优势有利于合理利用供应网络资源，在消除供应链中的瓶颈环节的同时创造出新的绩效，进而增强企业在不确定市场上的响应能力（Moon et al.，2012）。

信息技术能力可以通过增强信息共享的深度促进供应商柔性和供应柔性，信息共享的深度不仅体现在增加供应网络中的供应商成员上，也体现在伙伴关系的深化上，这种深化的伙伴关系为突发情况下供应商的变化奠定了基础。同时，当环境发生改变时，其可以通过现有的伙伴关系动态地调整供应商的生产运作情况来适应多变的顾客需求，因此其还可以帮助制造商提高产品开发柔性（product development flexibility，PDF）(Jin et al.，2014）。信息技术能力可以通过两个层次来提高供应链柔性，首先可以让供应链成员及时准确地获取制造信息，其次可以让企业构建信息平台用于高效快速地收集、分析、处理与供应商、顾客相关的信息，从而持续不断地监控企业运作与供应链运作的情况，让企业及时发现环境的变化并及时调整自己的行动。信息技术能力可以充分整合供应链成员之间的信息基础设施，搭建组织间活动的平台，该平台可以实现与供应商高水平的及时准确的信息交换，如订单释放、跟踪和增加，当下游的信息（如产品需求、生产流程）通过这个平台进行交流共享时，可以很大程度上减少上游的不确定性，提高上游应对不确定性的能力（Fawcett et al.，2012）。

在实际的供应链运营中，信息技术能力可以显著地提高供应链的柔性。例如，韩都衣舍服装品牌通过信息技术将10多个小作坊或者小工厂进行有效的连接，以最小订单50件来进行生产，平均生产时间为1周，以期最大化满足顾客的个性化需求。可见，信息技术和信息平台的作用非常关键，基于信息技术的"云"+"网"+"端"的有效协调与配合，顾客的需求能够以最短的时间从韩都衣舍传达到工厂，工厂则能够迅速地做出反应，满足顾客需求。因此，基于以上分析，笔者提出如下假设。

H2.3b：信息技术能力对供应链柔性具有直接正向的作用效果。

2.2.4 供应链柔性对供应链绩效的作用效果假设

以柔性化举措来充分发挥跨功能和跨组织优势有利于合理利用供应网络资源，在消除供应链中的瓶颈环节的同时创造出新的绩效，进而增强企业在不确定市场上的竞争优势（Wang，2014）。为了积极应对来自市场的不确定性和动态性，柔性化战略日益受到核心企业的推崇。高度的供应柔性意味着供应链上的资源能够得到更好的开发利用（Jin et al.，2014；Moon et al.，2012），从而使得供应链合作伙伴拥有更高水平的适应性，而高度的伙伴柔性则有利于核心企业在环境和需求突然变化时及时调整合作战略以应对市场竞争（Jin et al.，2014）。Jin 等（2014）在研究中指出供应链柔性从三个方面对供应链绩效产生影响，首先，供应链柔性本身指的就是在面对多种多样的外部环境改变时，企业利用其自身的运作和供应基础仍然能够保持高水平绩效的能力，这种能力使得制造商提供高质量的产品，从而更能够取得产品的竞争优势。其次，供应链柔性展示的是制造商能够与其他供应商一起合作来提供多样化产品，满足不同生产批量、不同配送要求的能力，其可以帮助企业在正确的时间配送正确的产品给客户，从而实现可靠性配送。最后，高水平的柔性意味着企业具有柔性化的供应商和柔性化的供应基础，在这样的条件下，企业可以快速、低成本地开发新的产品，改善现有的产品，调节生产力，生产混合型产品，改变物流系统等，从而企业能够快速地提供新产品来响应市场需求，提高自身的竞争优势，而竞争优势的提高最终会提高供应链的利润和绩效。

在实际管理案例中，供应链柔性对于供应链绩效的提升具有十分重要的意义。因此，基于以上分析，笔者提出如下假设。

H2.4：供应链柔性对供应链绩效具有直接正向的作用效果。

2.2.5 供应链柔性的中介效应假设

Jin 等（2014）通过实证研究指出，在利用信息共享能力来提高供应链竞争优势的过程中，供应链柔性作为中介变量起着媒介作用。此外，他们还强调，以信息技术能力为支撑的信息共享能力只是获取柔性的前提条件，真正对供应链绩效、供应链能力产生直接作用的应该是供应链柔性，而不是信息技术能力。谢卫红等（2012）探究了信息技术能力与企业绩效之间的关系，并通过实证分析验证了结构柔性在上述关系中的调节作用，其认为信息技术能力对于绩效的作用不是直接的，而是通过影响柔性来提高企业的内部组织能力、外部关系能力以及跨边界组织能力，从而对绩效产生影响。龙勇强（2008）在其研究中探究了供应链伙伴关系中的信任、供应链柔性与供应链绩效之间的关系，通过实证研究发现供应链柔性在供应链伙伴关系中的信任与供应链绩效之间起着中介作用，信任是关系治理的最重要组成成分，供应链柔性在关系治理与供应链绩效之间也可能起着中介作用。刘林艳和宋华（2010）从供应链企业间和企业内协调两个角度出发，探究了供应链合作协调与供应链绩效之间的关系，并且基于上述研究探究了供应链柔性在上述关系中的中介作用，研究表明供应链内外部合作关系的协同需要间接地通过供应链柔性来对供应链绩效产生作用。冯华和梁亮亮（2016）在其研究中指出无论是企业关系资本还是信息共享能力，均需要借助供应链柔性的中介效果来对供应链能力产生作用，即需要借助信息共享能力与供应链柔性化举措的"桥梁"作用来建立企业关系资本与供应链能力之间的关联，并通过适当的关系资本运作策略来直接和/或间接地实现核心企业的供应链能力改善目标，进而通过实证分析验证了上述假设。基于以上分析，笔者提出如下假设。

H2.5a：供应链柔性在关系治理与供应链绩效之间起着中介作用。

H2.5b：供应链柔性在信息技术能力与供应链绩效之间起着中介作用。

2.2.6 供应链整合的调节效应假设

供应链各个伙伴成员之间需要构建非常良好的关系，这样的关系有利于企业自身获取外部的关键信息和技术，而这些优质资源只有在实施供应链整合的企业战略下才能够最优化地进行配置，才能够最大限度地挖掘其中的利用价值（Zhao et al.，2008）。企业在深化关系治理与客户关系的同时，通过供应链整合，可以积极地整合供应商、客户和内部的信息技术能力资源，而这种信息技术能力的统一化配置可以帮助企业快速获取更多的企业内外部环境的信息（Zhao et al.，2008），从而可以帮助企业提高自身应对外部环境的不确定性的能力，加强企业内部的有效关系，实现供应链各个节点企业的绩效改善，因此通过供应链整合的调节作用，单个供应链节点的信息技术能力的提升可以最大程度上提升整个供应链的能力和供应链的绩效。供应链的关系质量对于供应链整体的创新具有十分重要的作用，其可以提高供应链的柔性化水平，帮助企业提出和扩散创意，而供应链整合则有助于进一步增加企业的供应商柔性及产品开发柔性，为企业的创意的快速转换提供基础，高度整合的供应链更容易实现关系对知识共享的促进作用，同时高度整合的供应链知识共享对企业创新价值的影响也更加明显，供应链整合对于整个供应链的关系治理、知识共享、创新价值具有显著的调节作用（徐可等，2015），产品创新价值是供应链的核心竞争优势之一，其可以进一步带来整个供应链绩效的提升。

在实际运营中，供应链整合确实会影响网络关系、供应链柔性与供应链绩效之间的关系。例如，阿里巴巴对社会化平台进行整合，布局互联网经济时代的社会供应链平台。正是阿里巴巴的供应链整合使得基于信息技术的互联网技术，如大数据，被充分地运用到物流中来提高供应链绩效和供应链柔性。这种供应链整合使得供应链的各个成员能够在统一的目标下进行运作，减少了供应链中多余的环节，为淘宝网和天猫每年的"双11"活动的开展奠定了坚实基础。基于以上分析，笔者提出如下假设。

H2.6a：供应链整合正向调节关系治理与供应链绩效之间的相互作用关系。

H2.6b：供应链整合正向调节信息技术能力与供应链绩效之间的相互作用关系。

H2.6c：供应链整合正向调节关系治理与供应链柔性之间的相互作用关系。

H2.6d：供应链整合正向调节信息技术能力与供应链柔性之间的相互作用关系。

H2.6e：供应链整合正向调节供应链柔性与供应链绩效之间的相互作用关系。

基于上述对变量间关系的假设，笔者构建了如图 2.1 所示的模型框架。

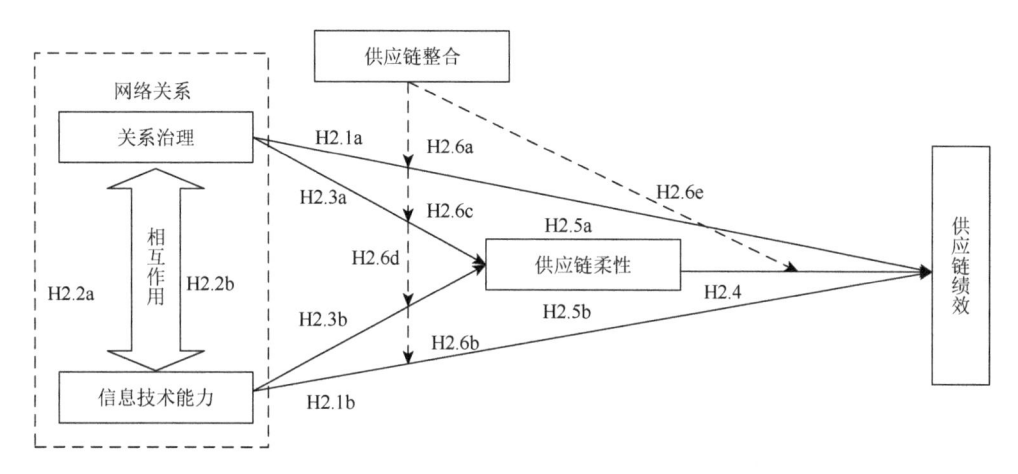

图 2.1　模型框架

虚线箭头表示调节或中介效应，实线箭头表示直接作用关系

2.3　问卷设计与调查

2.3.1　调查问卷基本内容

基于文献回顾得到的研究假设和关系模型共涉及以下几个概念，即关系治理（Huang et al.，2014a；Hibbard et al.，2001；Cai et al.，2010）、信息技术能力（Prajogo and Olhager，2012；Liao 和 Kuo，2014）、供应链柔性（Wang and Wei，2007；Jin et al.，2014）、供应链整合（Zhao et al.，2015）、供应链绩效（Jin et al.，2014；Azadegan，2011）。为了保证问卷测量条款达到信度和效度应有的标准，对相关概念的测量尽可能采用现有文献已经使用过的成熟量表，尤其是已经在中国使用过的量表。另外，通过预调研，并考虑到参与问卷调查人员的参与程度，本书对测量题项进行进一步调整，最终形成相关概念的最终版测量量表（原始问

卷见本章附录）。除此之外，本书也将企业性质、经营年数、企业规模等作为控制变量展开讨论。问卷采用利克特 7 级量表进行测量，"1"表示非常不同意，"7"表示非常同意。

2.3.2　数据收集

本次调查总共发放问卷 350 份，回收 321 份，得到有效问卷 288 份，问卷有效回收率达到 82.3%，本次调研持续了大约 4 个月（2016 年 7～10 月）。问卷发放途径主要有三种：一是通过大学 MBA 班级具有供应链企业工作背景的学员，通过现场发放问卷的形式进行，该种方式能够充分保证回收问卷的有效性。二是通过已经参加工作的亲朋好友，通过他们的人际关系网络协助发放问卷，主要借助于邮件发放和回收问卷。三是通过实地调研，通过到企业进行走访，发放调查问卷，进行有偿问卷填写和问卷回收。

2.3.3　样本描述

通过对回收后的调查问卷进行初步数据统计分析，得到被调查对象所在企业的基本情况，如表 2.1 所示。

表 2.1　样本企业基本统计特征描述（$N=288$）

项目	样本企业的特征分布
企业性质	国有企业占 31.6%，民营企业占 32.6%，外资企业占 14.6%，中外合资企业占 17.3%，其他占 4%
经营年数	10 年以下占 26.2%，10（含）～25 年占 40.5%，25（含）～50 年占 15.6%，50 年及以上占 17.6%
企业规模	100 人以下占 28.2%，100（含）～300 人占 17.9%，300（含）～500 人占 12.6%，500（含）～1000 人占 6.6%，1000 人及以上占 34.6%

注：数据之和不为 100% 是数据修约所致

2.4　数据统计分析与假设检验

2.4.1　量表的效度和信度分析

笔者借助 AMOS 软件和 SPSS，通过验证性因子分析（confirmatory factor analysis，CFA）检验样本数据的效度，采用克龙巴赫 α 系数（Cronbach's α coefficient）检验量表的信度。

1. 量表的效度检验

1）供应链柔性的二阶验证性因子分析

根据 Jin 等（2014）的相关研究，笔者通过构建供应链柔性的二阶模型来对其进行准确的测量，二阶构面由产品开发柔性、供应基础柔性（supply foundation flexibility，SBF）、供应商柔性、物流柔性（logistics flexibility，LF）、生产柔性（product flexibility，PrF）五个测量变量组成。为了确保供应链柔性的五个构面是合理且必需的，需要进行以下分析，包括一因子模型、五因子完全有相关模型及二阶模型，从模型配适度判断何种模式是适合的，并据以确认理论模型的正确性。

统计分析结果表明，供应链柔性的二阶验证性因子分析模型的整体效度以及模型的拟合度较高，其中，卡方自由度比为 3.257，受样本量偏大的影响，该值略大于建议值 3，在可接受范围，拟合优度指数（goodness of fit index，GFI）和调整拟合优度指数（adjusted goodness of fit index，AGFI）为 0.883、0.835，均小于建议值 0.9，比较拟合指数（comparative fit index，CFI）的值为 0.929，大于建议值 0.9，均方根误差逼近度（root mean square error of approximation，RMSEA）的值为 0.079，小于建议值 0.08；供应链柔性的二阶验证性因子分析的标准误（standard error，S. E.）均大于 0.7，供应链柔性以及供应链柔性的每个二阶构面的测量题项均具有良好的测量效度；信度指标（index of reliability，IR）均大于 0.5；各潜变量的平均方差萃取量（average of variance extracted，AVE）均大于 0.5，组合信度（composite reliability，CR）指标均大于 0.7，表明供应链柔性以及供应链柔性的每个二阶构面的测量题项均具有良好的构建效度。

2）关系治理、信息技术能力、供应链绩效与供应链整合一阶验证式因子分析

笔者运用 AMOS 21.0 对关系治理、信息技术能力、供应链绩效、供应链整合四个潜变量进行一阶验证性因子分析发现，关系治理、信息技术能力、供应链绩效、供应链整合四个潜变量的各个题目的标准化路径系数均大于 0.6；一阶验证性因子分析模型的卡方自由度比分别为 1.303、2.647、2.447、1.974，均小于建议值 3，GFI、AGFI、CFI、常规拟合指标（normal of fit index，NFI）均大于 0.9，而 RMSEA 的值分别为 0.032、0.076、0.069、0.058，均小于建议值 0.08，CR 的值分别为 0.89、0.82、0.93、0.92，均大于建议值 0.7，除此之外，AVE 值分别为 0.58、0.54、0.76、0.62，均大于建议值 0.5。综上，上述四个变量的一阶验证性因子分析整体拟合效度较高，即各个变量的效度较高。

2. 量表的信度检验

运用 AMOS 21.0 和 SPSS 21.0 进行数据分析可以发现，各个变量的克龙巴赫 α 系数均大于 0.7，即各变量的信度水平较高。

综上所述，关系治理、信息技术能力、供应链柔性、供应链整合和供应链绩效等变量的信效度水平较高，既而，笔者认为该调查问卷具有较高的信效度，这与已有学者的研究结果相符合。

2.4.2 描述性统计分析与相关分析

在确保数据的有效性和真实性的基础上，本书对关系治理、信息技术能力、供应链柔性、供应链整合以及供应链绩效这五个变量各自所对应的测量维度进行初步描述性统计分析，得到其均值、标准差，并进行相关分析。相关分析用以判断变量之间的相互关系，对是否能够进行进一步的回归分析做出初步判断，为回归分析奠定基础。如表2.2所示，关系治理、信息技术能力、供应链整合、供应链绩效与供应链柔性之间的相关系数都在 p 值小于0.05的水平上显著，说明上述变量之间存在相关关系，为了进一步明确并验证上述变量之间的关系，笔者拟通过结构方程模型（structural equation model，SEM）来进行分析。

表 2.2 相关分析结果

变量	关系治理	信息技术能力	供应链整合	供应链绩效	供应链柔性
关系治理	1				
信息技术能力	0.528*	1			
供应链整合	0.531**	0.470**	1		
供应链绩效	0.406**	0.369**	0.597**	1	
供应链柔性	0.579**	0.551**	0.669**	0.600**	1

**表示 $p<0.01$，*表示 $p<0.05$

2.4.3 结构方程模型分析

1. 关系治理、信息技术能力对供应链绩效的作用效果

根据假设，笔者构建如图2.2所示的模型，来探讨关系治理、信息技术能力对供应链绩效的作用机制。基于该模型，笔者运用AMOS 21.0构建了结构方程模型，通过运用收集到的相关数据进行分析，得到如表2.3和表2.4所示的运行结果。RG1～RG9、ITC1～ITC6、SCP1～SCP8分别为关系治理、信息技术能力、供应链绩效的测量题项（见本章附录，其中部分不显著题项已从模型中剔除）。

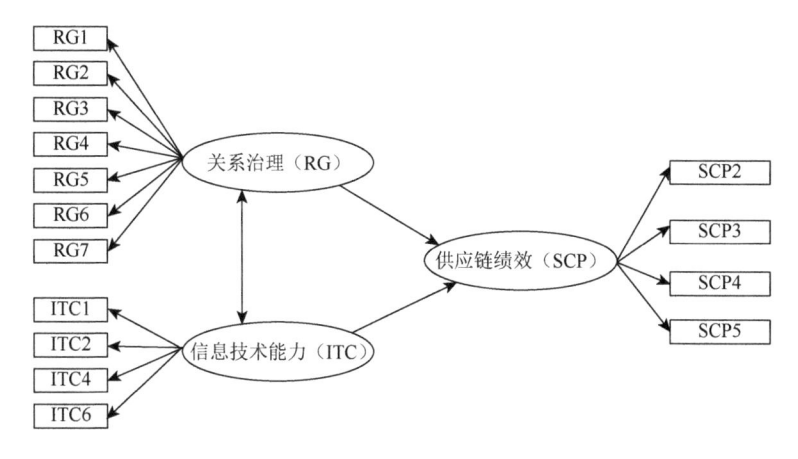

图 2.2 关系治理、信息技术能力对供应链绩效的作用效果模型

表 2.3 关系治理、信息技术能力对供应链绩效的作用效果

变量关系	UNSTD	S.E.	C.R.	p	STD	是否支持假设
关系治理→供应链绩效	0.335	0.119	2.814	0.005	0.276	是
信息技术能力→供应链绩效	0.292	0.110	2.644	0.008	0.274	是
关系治理←→信息技术能力	0.528	0.080	6.565	***	0.699	是

注：UNSTD 为 unstandardized coefficients，非标准化系数；C.R.为 critical ratio，临界比；STD 为 standardized coefficients，标准化系数

***表示 $p<0.001$

表 2.4 结构方程模型拟合优度指标（一）

指标	数据	指标	数据
χ^2	198.182	GFI	0.908
df	74	AGFI	0.870
χ^2/df	2.678	CFI	0.940
RMSEA	0.076	NFI	0.909

由表 2.3 和表 2.4 可以发现，上述变量构成的结构方程模型的卡方自由度比为 2.678，小于建议值 3，GFI、AGFI、CFI、NFI 的值均大于或接近建议值 0.9，RMSEA 的值为 0.076，小于建议值 0.08，即模型的整体拟合度较高。

从结构方程模型回归分析的结果中可以看出，关系治理、信息技术能力对供应链绩效的 UNSTD 分别为 0.335 和 0.292，STD 为 0.276 和 0.274，且均显著（p 值分别为 0.005、0.008，均小于建议值 0.05），因此，H2.1a、H2.1b 成立；除此之外，关系治理与信息技术能力之间存在着相互作用关系，UNSTD 为 0.528，STD

为 0.699，在 $p<0.001$ 的水平上显著，因此，H2.2a、H2.2b 成立。该结论与已有学者关于关系治理与供应链绩效、信息技术能力与供应链绩效、关系治理与信息技术能力的研究结论保持一致。

2. 供应链柔性的中介效应

为了验证供应链柔性的中介效应，笔者构建了如图 2.3 所示的研究模型。

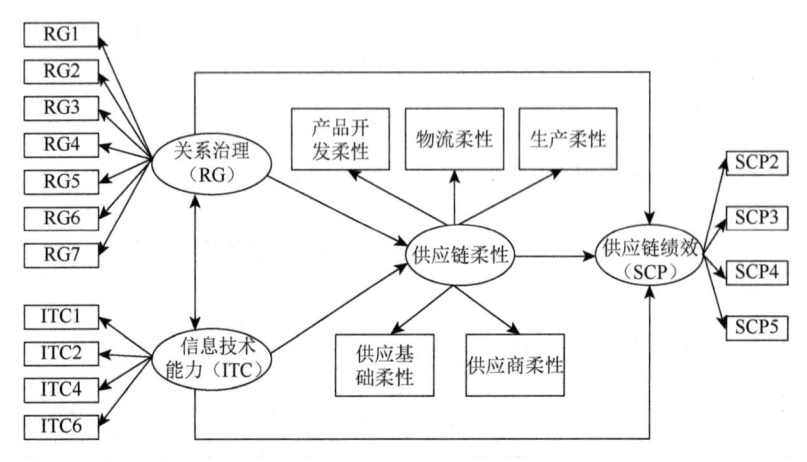

图 2.3 供应链柔性的中介效应假设模型

运用 AMOS 21.0 构建结构方程模型，通过运用相关的数据进行分析，可以得到如表 2.5 和表 2.6 所示的模型回归分析结果。

表 2.5 供应链柔性的中介效应回归分析结果

变量关系	UNSTD	S.E.	C.R.	p	STD	是否支持假设
关系治理→供应链柔性	0.370	0.102	3.634	***	0.328	是
信息技术能力→供应链柔性	0.483	0.099	4.860	***	0.492	是
供应链柔性→供应链绩效	0.765	0.121	6.303	***	0.720	是
关系治理←→信息技术能力	0.534	0.081	6.621	***	0.692	是
关系治理→供应链绩效	0.054	0.106	0.513	0.608	0.045	否
信息技术能力→供应链绩效	−0.087	0.113	−0.775	0.438	−0.084	否

***表示 $p<0.001$

第 2 章 供应网络关系与供应链绩效之间的相互作用关系

表 2.6 结构方程模型拟合优度指标（二）

指标	数据	指标	数据
χ^2	820.250	GFI	0.835
df	366	AGFI	0.804
χ^2/df	2.241	CFI	0.912
RMSEA	0.068	NFI	0.852

由表 2.5 和表 2.6 可以发现，上述变量构成的结构方程模型的卡方自由度比为 2.241，小于建议值 3，CFI 的值为 0.912，大于建议值 0.9，GFI、AGFI、NFI 的值均接近建议值 0.9，RMSEA 的值为 0.068，小于建议值 0.08，即模型的整体拟合度较高。从结构方程模型回归分析的结果中可以看出，关系治理、信息技术能力对供应链柔性的 UNSTD 分别为 0.370 和 0.483，STD 为 0.328 和 0.492，且均在 $p<0.001$ 的水平上显著；供应链柔性对供应链绩效的 UNSTD 为 0.765，STD 为 0.720，且在 $p<0.001$ 的水平上显著；除此之外，关系治理与信息技术能力之间存在着相互作用关系，UNSTD 为 0.534，STD 为 0.692，均在 $p<0.001$ 的水平上显著。关系治理、信息技术能力对供应链绩效的直接作用效果不显著（p 值分别为 0.608、0.438，均大于 0.05）。基于 Jin 等（2014）与 Wang 和 Wei（2007）的研究，笔者认为该模型中关系治理、信息技术能力对于供应链绩效的直接作用效果不显著的主要原因在于柔性在该模型中可能起到了中介的作用，而且很有可能是完全中介的作用，该中介作用分担了大部分关系治理与信息技术能力对供应链绩效的作用效果，从而极大弱化了关系治理与信息技术能力对供应链绩效的直接作用效果，使得关系治理、信息技术能力与供应链绩效之间的相关关系不再显著。

基于表 2.5 和表 2.6 所显示的模型分析结果，笔者对图 2.3 的假设模型进行了调整，调整后的模型如图 2.4 所示。

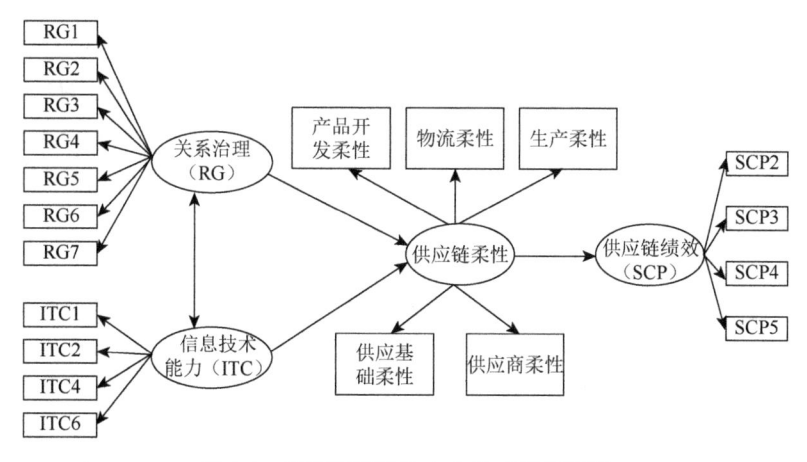

图 2.4 供应链柔性的中介效应调整模型

运用 AMOS 21.0 进行数据分析，得到如表 2.7 和表 2.8 所示的回归分析结果。

表 2.7 调整后模型回归分析结果

变量关系	UNSTD	S.E.	C.R.	p	STD	是否支持假设
关系治理→供应链柔性	0.381	0.101	3.751	***	0.336	是
信息技术能力→供应链柔性	0.473	0.098	4.813	***	0.481	是
关系治理↔信息技术能力	0.535	0.081	6.626	***	0.693	是
供应链柔性→供应链绩效	0.729	0.082	8.896	***	0.687	是

***表示 $p<0.001$

表 2.8 结构方程模型拟合优度指标（三）

指标	数据	指标	数据
χ^2	820.882	GFI	0.835
df	368	AGFI	0.805
χ^2/df	2.231	CFI	0.912
RMSEA	0.065	NFI	0.852

由表 2.7 和表 2.8 可以发现，上述变量构成的结构方程模型的卡方自由度比为 2.231，小于建议值 3，CFI 的值为 0.912 大于建议值 0.9，GFI、AGFI、NFI 的值均接近建议值 0.9，RMSEA 的值为 0.065，小于建议值 0.08，即模型的整体拟合度较高。从结构方程模型回归分析的结果中可以看出，关系治理、信息技术能力对供应链柔性的 UNSTD 分别为 0.381 和 0.473，STD 为 0.336 和 0.481，且均在 $p<0.001$ 的水平上显著，因此，H2.3a、H2.3b 成立；供应链柔性对供应链绩效的 UNSTD 为 0.729，STD 为 0.687，且在 $p<0.001$ 的水平上显著，因此，H2.4 成立；除此之外，关系治理与信息技术能力之间存在着相互作用关系，UNSTD 为 0.535，STD 为 0.693，均在 $p<0.001$ 的水平上显著，再一次证明了 H2.2a、H2.2b 成立。该研究结论与 Lenart（2015）关于关系治理与供应链柔性、Fawcett 等（2012）和 Moon 等（2012）关于信息技术能力与供应链柔性、Jin 等（2014）关于供应链柔性与供应链绩效的研究结论相符合。

基于以上分析，笔者认为，供应链柔性可能会在关系治理→供应链绩效、信息技术能力→供应链绩效的作用关系中起到中介作用。为了进一步检验上述关系，明确供应链柔性在其中是起着部分中介还是完全中介的效应，笔者运用 Hayes（2009）的置信区间法（bootstrapping）和 Mackinnon 等（2007）的研究方法对供应链柔性的中介效应进行剖析并发现：①在供应链柔性起中介作用的关系治理与供应链绩效的相互作用关系中，关系治理对供应链绩效的总效果、间接效果分别为 5.808、4.954，均大于 1.96，说明间接效果显著存在，直接效果的点估计值的 Z 值为 0.160，说明直接效果不存在，同时，bootstrapping 和 Mackinnon 等（2007）的研究方法的间接效果的置信区间均没有包括 0，直接效果的置信区间均包括 0，说明上述变量之间存在着显著的间接效果，且为完全中介效果，进一步说明供应链柔性在关系治理与供应链绩效的相关关系中起到了完全中介的作用；②信息技术能力对供应链绩效的间接效果的点估计值的 Z 值为 5.088，大于 1.96，并且利用 bootstrapping 和 Mackinnon 等（2007）的方法获得的 95%的置信区间并不包括 0，说明间接效果在 $p<0.05$ 的水平上显著存在，而信息技术能力对供应链绩效的直接效果的点估计的 Z 值为–0.558，小于 1.96，且 95%的置信区间包括 0，说明直接效果并不显著。这样，进一步说明供应链柔性在信息技术能力与供应链绩效的相关关系中起到了完全中介的作用，因此，H2.5a、H2.5b 成立。

3. 供应链整合的调节效应

根据前文的假设，笔者提出了如图 2.5 所示的假设模型。

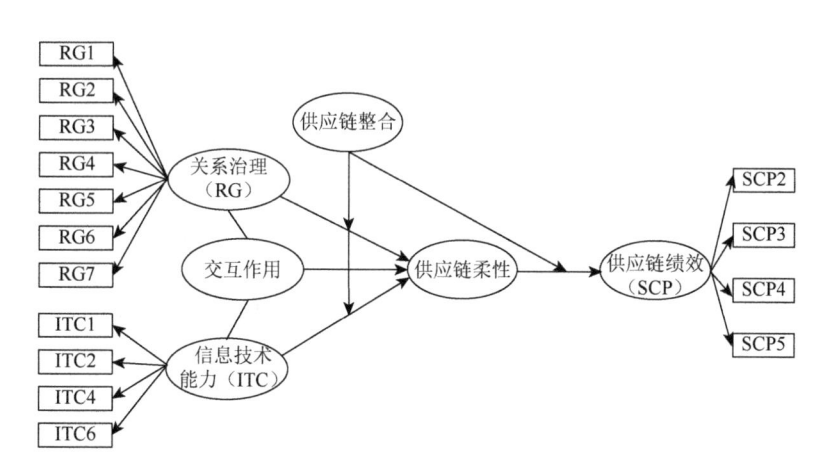

图 2.5 供应链整合的调节效应假设模型

为了确定上述关系，笔者首先建立了如图 2.6 所示的假设模型，探究供应链整合对关系治理、信息技术能力和供应链柔性之间的相关关系的调节效应。为了验证关系治理、信息技术能力与供应链整合之间的关系，笔者运用软件 SPSS 21.0 进行分层回归分析，结果如表 2.9 所示。

模型 2.1 是仅有控制变量（企业规模、企业性质、经营年数）的回归分析结果；模型 2.2 是加入自变量关系治理、信息技术能力、供应链整合之后的回归分析结果；模型 2.3 是为了验证供应链整合、关系治理和信息技术能力的交互作用而加入关系治理、信息技术能力与供应链整合，以及关系治理与信息技术能力的

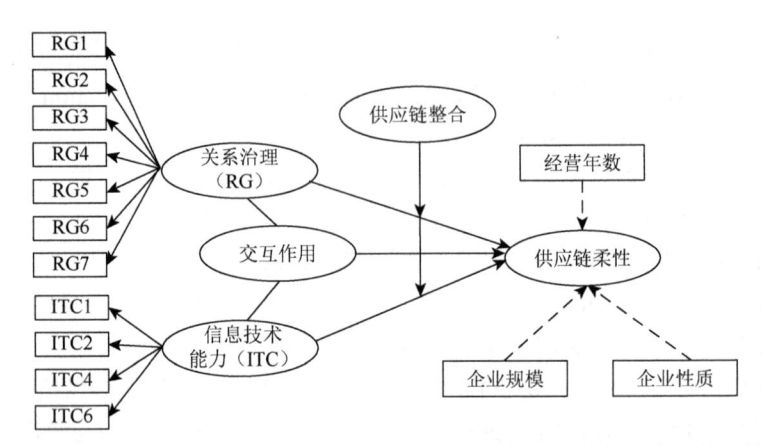

图 2.6　供应链整合对关系治理、信息技术能力与供应链柔性之间的相互作用关系的调节效应
虚线箭头表示控制变量的影响，实线箭头表示直接或间接相互作用关系

表 2.9　供应链整合对关系治理、信息技术能力与供应链柔性之间的相互作用关系的分层回归分析结果

变量		因变量：供应链柔性							
		模型 2.1			模型 2.2			模型 2.3		
		β	t	p	β	t	p	β	t	p
	常量	−0.225		0.564	−0.330		**	−0.313		0.227
控制变量	企业规模	0.146	0.243	**	0.083	0.137	**	0.088	0.146	**
	企业性质	0.109	0.132	**	0.033	0.039	0.352	0.040	0.048	0.238
	经营年数	−0.147	−0.152	**	−0.102	−0.105	**	−0.115	−0.119	**
自变量	关系治理				0.213	0.213	***	0.133	0.133	**
	信息技术能力				0.220	0.220	***	0.259	0.259	***
	供应链整合				0.438	0.438	***	0.433	0.433	***
调节作用	关系治理×信息技术能力							−0.133	−0.147	**
	关系治理×供应链整合							−0.109	−0.142	**
	信息技术能力×供应链整合							0.177	0.195	***
	容忍度	≥0.552			≥0.529			≥0.482		
	VIF	≤1.858			≤1.889			≤2.073		
	R^2	0.070			0.573			0.603		
	调整后 R^2	0.046			0.557			0.584		
	ΔR^2	0.070			0.503			0.030		
	F 值	2.997			37.148			32.013		

注：$N=288$，VIF 为 variance inflation factor，方差膨胀系数
***表示 $p<0.001$，**表示 $p<0.01$

乘积项的回归分析结果。表 2.9 的结果表明,当仅考虑控制变量对因变量的影响时,对供应链柔性变异的解释能力为 0.070(调整后 R^2 = 0.046);当加入自变量(关系治理、信息技术能力、供应链整合)后,对供应链柔性变异的解释能力显著增加为 0.573(调整后 R^2 = 0.557);当加入关系治理、信息技术能力与供应链整合,以及关系治理与信息技术能力的乘积项后,对供应链柔性变异的解释能力为 0.603(调整后 R^2 = 0.584)。

如表 2.9 所示,模型 2.1~模型 2.3 通过对自变量或乘积项与供应链柔性的关系进行回归分析,验证关系治理、信息技术能力与供应链柔性之间的关系。从模型 2.1~模型 2.3 中可以看出,企业规模、经营年数等控制变量对于供应链柔性具有显著的作用效果,其中,企业规模与供应链柔性之间存在着显著的正向作用效果,经营年数与供应链柔性之间存在着显著的负向作用效果;从模型 2.2、模型 2.3 中可以看出,关系治理、信息技术能力、供应链整合与供应链柔性之间存在着显著的正向作用效果;从模型 2.3 中可以看出,关系治理与信息技术能力的交互作用存在,且显著负向地对供应链柔性产生作用(β = –0.133,p<0.01),与此同时,可以发现,供应链整合对关系治理、信息技术能力与供应链柔性之间的相互作用关系具有显著的调节作用(β = –0.109,p<0.01;β = 0.177,p<0.001)。基于以上分析,笔者认为 H2.6c 不成立,H2.6d 成立,即供应链整合负向调节关系治理与供应链柔性之间的相互作用关系,与笔者所假设的正向调节作用正好相反,而供应链整合则正向调节信息技术能力与供应链柔性之间的相互作用关系,与笔者所假设的正向调节作用相符。

为了验证供应链整合对供应链柔性与供应链绩效之间的相互作用关系的调节效应,笔者提出如图 2.7 所示的假设模型。

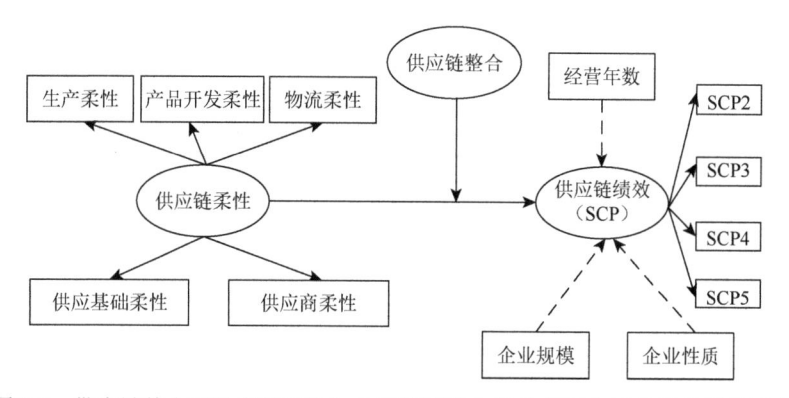

图 2.7 供应链整合对供应链柔性与供应链绩效之间的相互作用关系的调节效应
虚线箭头表示控制变量的影响,实线箭头表示直接或间接相互作用关系

运用软件 SPSS 21.0 进行分层回归分析,可以得到如表 2.10 所示的分析结果。表 2.10 中,模型 2.4 是仅有控制变量(企业规模、企业性质、经营年数)的回归

分析结果；模型 2.5 是加入自变量供应链柔性、供应链整合的回归分析结果；模型 2.6 是为了验证供应链整合的调节作用而加入供应链柔性、供应链整合，以及供应链柔性与供应链整合的乘积项的回归分析结果。结果表明，当仅考虑控制变量对因变量的影响时，对供应链绩效变异的解释能力为 0.011（调整后 $R^2 = 0.001$）；当加入自变量（供应链柔性、供应链整合）后，对供应链绩效变异的解释能力显著增加为 0.431（调整后 $R^2 = 0.421$）；当加入供应链柔性、供应链整合，以及供应链柔性与供应链整合的乘积项后，对供应链绩效变异的解释能力为 0.431（调整后 $R^2 = 0.419$）。模型 2.4~模型 2.6 通过对自变量或乘积项与供应链绩效的关系进行回归分析，验证供应链柔性、供应链整合与供应链绩效之间的相互作用关系。从模型 2.4~模型 2.6 中可以看出，企业规模、企业性质、经营年数这三个控制变量的控制效果并不显著；从模型 2.5、模型 2.6 中可以看出，供应链柔性、供应链整合与供应链绩效之间存在着显著的正向作用效果；从模型 2.6 中可以看出，供应链整合对供应链柔性与供应链绩效之间的相互作用关系的调节作用不显著（$\beta = -0.009$, $p = 0.799$），因此，H2.6e 不成立。

表2.10 供应链整合对供应链柔性与供应链绩效之间的相互作用关系的分层回归分析结果

变量		因变量：供应链绩效								
		模型 2.4			模型 2.5			模型 2.6		
		β	t	p	β	t	p	β	t	p
常量		−0.156		0.397	−0.054		0.700	0.059		0.677
控制变量	企业规模	0.058	0.096	0.154	−0.006	−0.011	0.837	−0.006	−0.010	0.850
	企业性质	0.044	0.053	0.370	−0.032	−0.038	0.405	−0.032	−0.038	0.406
	经营年数	−0.054	−0.056	0.401	0.017	−0.018	0.733	0.017	0.017	0.735
自变量	供应链柔性				0.372	0.372	***	0.372	0.372	***
	供应链整合				0.354	0.354	***	0.350	0.350	***
调节作用	供应链柔性×供应链整合							−0.009	−0.012	0.799
容忍度		≥0.775			≥0.524			≥0.518		
VIF		≤1.291			≤1.908			≤1.930		
R^2		0.011			0.431			0.431		
调整后 R^2		0.001			0.421			0.419		
ΔR^2		0.011			0.420			0		
F 值		1.093			42.773			35.537		

注：$N = 288$
***表示 $p < 0.001$

根据假设，笔者提出如图 2.8 所示的假设模型，来探究供应链整合对关系治理、信息技术能力与供应链绩效之间的相互作用关系所起的调节作用。

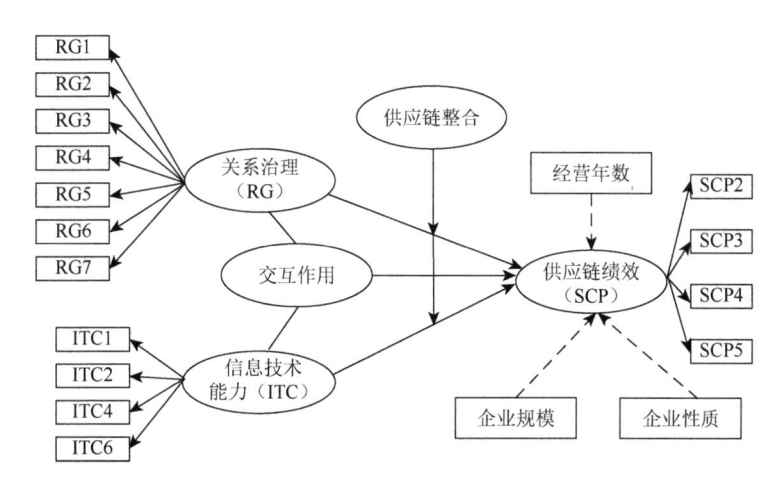

图 2.8 供应链整合对关系治理、信息技术能力与供应链绩效之间的相互作用关系的调节作用

虚线箭头表示控制变量的影响，实线箭头表示直接或间接相互作用关系

笔者运用软件 SPSS 21.0 进行分层回归分析，结果如表 2.11 所示。模型 2.7 是仅有控制变量（企业规模、企业性质、经营年数）的回归分析结果；模型 2.8 是加入自变量关系治理、信息技术能力、供应链整合之后的回归分析结果；模型 2.9 是为了验证供应链整合的调节作用以及关系治理和信息技术能力的交互作用而加入关系治理、信息技术能力与供应链整合，以及关系治理和信息技术能力的乘积项的回归分析结果。

表 2.11 供应链整合对关系治理、信息技术能力与供应链绩效之间的相互作用关系的分层回归分析结果

变量		因变量：供应链绩效								
		模型 2.7			模型 2.8			模型 2.9		
		β	t	p	β	t	p	β	t	p
常量		−0.156		0.397			0.818	0.077		0.611
控制变量	企业规模	0.058	0.096	0.154	0.033	0.137	0.542	0.016	0.027	0.617
	企业性质	0.044	0.053	0.370	−0.024	0.039	0.618	−0.022	−0.027	0.580
	经营年数	−0.054	−0.056	0.401	−0.023	−0.105	0.669	−0.020	−0.020	0.706
自变量	关系治理				0.092	0.092	0.128	0.072	0.072	0.266

续表

变量		因变量：供应链绩效							
		模型 2.7			模型 2.8			模型 2.9		
		β	t	p	β	t	p	β	t	p
自变量	信息技术能力				0.078	0.078	0.182	0.071	0.071	0.239
	供应链整合				0.512	0.512	***	0.530	0.530	***
调节作用	关系治理×信息技术能力							−0.123	−0.135	0.610
	信息技术能力×供应链整合							0.027	0.035	0.517
	关系治理×供应链整合							0.039	0.043	0.508
容忍度		≥0.787			≥0.614			≥0.531		
VIF		≤1.291			≤1.629			≤1.884		
R^2		0.011			0.373			0.385		
调整后 R^2		0.001			0.360			0.365		
ΔR^2		0.011			0.362			0.012		
F 值		1.093			27.888			19.34		

注：$N = 288$

***表示 $p < 0.001$

结果表明，当仅考虑控制变量对因变量的影响时，对供应链绩效变异的解释能力为 0.011（调整后 $R^2 = 0.001$）；当加入自变量（关系治理、信息技术能力、供应链整合）后，对供应链绩效变异的解释能力显著增加为 0.373（调整后 $R^2 = 0.360$）；当加入关系治理、信息技术能力与供应链整合，以及关系治理和信息技术能力的乘积项后，对供应链整体绩效变异的解释能力为 0.385（调整后 $R^2 = 0.365$）。

通过对自变量或乘积项与供应链绩效的关系进行回归分析，验证关系治理、信息技术能力与供应链绩效之间的相互作用关系。从模型 2.7～模型 2.9 中可以看出，企业规模、企业性质、经营年数这三个控制变量的控制效果并不显著；从模型 2.8、模型 2.9 中可以看出，关系治理、信息技术能力对供应链绩效的作用效果不显著；从模型 2.9 中可以看出，供应链整合对信息技术能力、关系治理与供应链绩效之间的相互作用关系的调节作用不显著（$\beta = 0.027$，$p = 0.517$；$\beta = 0.039$，$p = 0.508$），关系治理与信息技术能力的交互作用不存在（$\beta = -0.123$，$p = 0.610$），即，H2.6a、H2.6b 不成立。

综上所述，可以得到如表 2.12 所示的假设检验结论。

表 2.12 假设检验结论

变量	假设	结果
关系治理、信息技术能力与供应链绩效	H2.1a：关系治理对供应链绩效具有直接正向的作用效果	成立
	H2.1b：信息技术能力对供应链绩效具有直接正向的作用效果	成立
关系治理与信息技术能力	H2.2a：关系治理对信息技术能力具有直接正向的作用效果	成立
	H2.2b：信息技术能力对关系治理具有直接正向的作用效果	成立
关系治理、信息技术能力与供应链柔性	H2.3a：关系治理对供应链柔性具有直接正向的作用效果	成立
	H2.3b：信息技术能力对供应链柔性具有直接正向的作用效果	成立
供应链柔性与供应链绩效	H2.4：供应链柔性对供应链绩效具有直接正向的作用效果	成立
供应链柔性的中介效应	H2.5a：供应链柔性在关系治理与供应链绩效之间起着中介作用	成立
	H2.5b：供应链柔性在信息技术能力与供应链绩效之间起着中介作用	成立
供应链整合的调节效应	H2.6a：供应链整合正向调节关系治理与供应链绩效之间的相互作用关系	不成立
	H2.6b：供应链整合正向调节信息技术能力与供应链绩效之间的相互作用关系	不成立
	H2.6c：供应链整合正向调节关系治理与供应链柔性之间的相互作用关系	不成立
	H2.6d：供应链整合正向调节信息技术能力与供应链柔性之间的相互作用关系	成立
	H2.6e：供应链整合正向调节供应链柔性与供应链绩效之间的相互作用关系	不成立

2.5 结论与展望

2.5.1 研究结论

本书以供应链环境下供应网络节点企业之间的关系管理为研究切入点，在文献回顾的基础上对供应链网络关系（包括关系治理与信息技术能力）、供应链柔性、供应链整合和供应链绩效等概念进行了界定，并构建起关系治理、信息技术能力、供应链绩效三个变量之间的相互作用关系假设模型，借此来探究基于关系治理和信息技术能力的供应链网络关系之间的相互作用关系及对供应链绩效的作用效果，为了更加深入地剖析上述作用关系的深层作用机理，笔者进一步加入了供应链柔性和供应链整合两个变量，来探究供应链柔性在基于关系治理和信息技术能力的供应链网络关系与供应链绩效之间的相关关系中所起的中介作用，以及供应链整合在基于关系治理和信息技术能力的供应链网络关系与供应链绩效之间、基于关系治理和信息技术能力的供应链网络关系与供应链柔性之间、供应链柔性与供应链绩效之间的相互作用关系中所起的调节作用。以288份企业数据为样本，运用结构方程模型进行实证分析，通过深度访谈、问卷调研和结构模型分析，得到如下研究结论。

1. 关系治理与信息技术能力对于供应链绩效都具有显著的正向作用效果

通过实证分析可以发现，关系治理对供应链绩效具有显著的正向作用效果，结合学者的研究，笔者认为关系治理对于供应链绩效的提升的正向作用效果主要体现在四个方面：①关系治理中的信任有可能会增加机会主义行为的社会成本，从而有助于减少各合作伙伴的机会主义行为，关系治理的高级目标是克服供应链管理中的"搭便车"行为，通过增强供应网络中的知识共享来促进节点企业之间的相互理解，最终提升供应链整体的绩效；②关系治理是供应网络中的一种特殊机制，其可以促使各节点企业基于互利互惠的预期进行更多的投资，用于提升供应链整体绩效；③关系治理可以为供应链成员之间的合作性活动提供实际的机制，如柔性提升、联合解决问题、资源交换、权利使用等机制，这些机制可以规范整个供应链的运行，关系治理使得供应链中的供应商更愿意与买方进行合作，从而增加了双方共同努力以实现同一目标的可能性；④关系治理有助于供应链节点企业为实现其竞争优势而加强彼此的合作，并制订长期的战略规划，从而有助于各节点企业供应链绩效的提升。同样，通过实证分析可以发现，信息技术能力对于供应链绩效具有显著的正向作用效果。其原因可以归为以下三个方面：①信息技术能力可以从战略和运作两个层面增加整个供应链的竞争优势。战略层面上，信息技术能力有助于供应链核心企业提高产品质量、客户服务水平和自身竞争力，从而带动整个供应链的协同发展。运作层面上，信息技术能力的提高可以帮助核心企业与供应商、制造商和分销商进行实时信息共享，而这种信息共享可以帮助核心企业提高预测的准确性，使生产与配送相互同步，协调库存决策，并且能够使供应链成员对于绩效的影响因素达成共识，即为了统一的供应链目标而共同努力。②信息技术能力可以有效地降低供应链的成本。信息技术能力能够有效地降低组织间交易成本，而且信息系统可以减少供应链成员的机会主义行为并且可以减少为了规范合作伙伴行为而产生的监督成本，信息技术能力同样还可以减少协同成本与交易风险，而成本的降低可以带来绩效的显著提升。③信息技术能力能够提高供应链成员之间的交流合作能力，从而提高整个供应链的创新能力。

2. 关系治理与信息技术能力两者之间具有相互补充的作用效果

通过实证分析可以发现，关系治理和信息技术能力两者之间存在着正向的直接相互作用，其原因可以归为以下两个方面：①关系治理与信息技术相互作用下的资源共享与能力互换的互补效应。关系治理流程的不断完善加强了供应链伙伴之间的信息共享和深度合作，在共同利益和目标的驱使下，供应链成员加快了一系列的信息网络、信息系统等基础设施的建设，促进了供应链整体信息技术能力的提升。信息技术能力的提升又反过来促进了供应链整体活动效率的提升，为供应链伙伴之间的深层合作奠定了基础，为供应链成员提供透明实时的信息加强了供应链伙伴之间的关系治理，这种相互作用关系又进一步促进了供应链关系治理与信息技术能力，构建起良性循环系统。②合作共赢-信息共享-资本投入-合作共赢的良性发展模式的驱动。信息技术能力有助于伙伴成员整合其信息系统，在提高信息交流能力的同时，节点企业之间的关系也发生着微妙的变化。同时关系的变化使得企业合作伙伴愿意进行大规模的信息网络的整合，并进行关键信息的共享，这种信息共享、合作共赢的方式会带来供应链整体绩效的提升，绩效的提升使得企业愿意投入更多的资本来提高供应链整体信息技术能力。可以发现，关系治理和信息技术能力两者之间虽然具有相互补充的作用效果，但是并不存在着交互作用来对供应链柔性或者供应链绩效产生作用效果，而交互作用不存在的主要原因在于，关系治理和信息技术能力对于供应链柔性或供应链绩效的作用效果并不是简单叠加，而是多因素综合作用的结果。

3. 供应链柔性对于关系治理、信息技术能力与供应链绩效之间的相互作用关系起着完全中介的作用

通过实证分析可以发现，在关系治理和信息技术能力与供应链绩效的相互作用关系中，供应链柔性具有完全中介的作用。关系治理与信息技术能力对于供应链绩效的作用效果是通过供应链柔性这一媒介来进行传递的。无论是关系治理还是信息技术能力，其作用效果在于提升供应链整体应对外部环境变化的能力，有助于供应链核心企业在外部环境发生改变时及时高效地调整自己的运营模式，如新产品的开发、合作伙伴的更换、物流能力的提升等，而这一切都有可能增强供应链整体的竞争优势，从而给供应链带来竞争绩效。可见，核心企业在对供应链节点企业进行关系治理时，或者在提升自我信息技术能力时，应该充分结合整个供应链的情况来进行分析，考虑上述能力的投入是否会带来供应链柔性的改善，只有这样才能从根本上提升整个供应链的绩效。

4. 供应链整合在关系治理、信息技术能力与供应链柔性之间的相互作用关系中起着调节效应

通过实证分析可以发现，供应链整合对于关系治理、信息技术能力与供应链柔性之间的相互作用关系具有显著的调节作用。首先，供应链整合负向调节关系治理与供应链柔性之间的相互作用关系。供应链关系治理促进了供应链成员之间良好关系的形成，然而供应链整合会使得关系治理的程度加深，并且高度的供应

链整合有可能会促使关系治理向基于契约的正式治理转变，而正式治理则会使组织变得更加僵化，从而使得关系治理对于供应链柔性的促进作用不增反减，因此，供应链整合对关系治理与供应链绩效之间的相关关系具有负向的调节作用。其次，供应链整合正向调节信息技术能力与供应链柔性的相互作用关系，高度的供应链整合可以积极地整合供应商、客户和内部的信息技术能力资源，而这种信息技术能力的统一化配置可以帮助核心企业快速获取更多的内外部环境信息，从而可以帮助核心企业提高自身应对外部环境的能力。

供应链整合对于关系治理、信息技术能力与供应链绩效之间的相互作用关系的调节作用并不显著。结合分析结果可以发现，关系治理、信息技术能力对于供应链绩效的作用效果是通过供应链柔性的中介效果来进行传递的，没有供应链柔性的媒介作用，供应链整合程度的高低对整体供应链绩效不会产生显著的影响，由此进一步突出了供应链柔性对于供应链整体绩效的重要性。

供应链整合对供应链柔性与供应链绩效之间的相互作用关系的调节作用不显著。供应链柔性与供应链绩效之间的相互作用效果本身就比较显著，说明供应链整合程度的高低并不影响供应链柔性与供应链绩效之间的相互作用关系或者影响程度相对较低。不显著的原因主要在于供应链整合的程度不同，供应链柔性对于供应链绩效的作用效果是波动的，供应链整合程度在零到某个拐点值范围内时，供应链的信息资源共享、节点企业合作效率的不断提高、供应链整合能够促进柔性化举措发挥最大作用，即供应链柔性会对供应链绩效产生正向的作用效果；而当供应链整合程度超过了这个拐点值时，供应链成员会受到整合规范的约束，即缺乏灵活性而弱化了供应链柔性对供应链绩效的作用效果。基于上述分析，如果供应链整合在供应链柔性与供应链绩效之间的相互作用关系中起到调节作用，那么，该调节作用有可能是一种倒"V"形的调节作用，即波动性导致了供应链整合在供应链柔性与供应链绩效之间的相互作用关系中的调节作用不显著。

5. 经营年数、企业规模、企业性质的作用

经营年数等控制变量对于供应链柔性具有显著的作用效果，其中，企业规模与供应链柔性之间存在着显著的正向作用效果，经营年数与供应链柔性之间则存在着显著的负向作用效果，不过，经营年数等控制变量对于供应链绩效的作用效果则不显著。究其原因，首先，企业规模越大，其在整个供应链中所处的竞争地位越明显，则其越容易吸引或指导更多的供应商、客户与其合作，因此其供应链柔性会越强；其次，经营年数越久，与其合作的供应链伙伴则越趋于固定化，即整合化程度越高，从而使得该供应链整体缺乏灵活性，因此会对供应链柔性产生负向作用效果。由于企业绩效主要取决于企业的竞争优势以及自身的经营状况，

与企业性质、经营年数、企业规模等并没有必然的联系，因此，经营年数、企业规模、企业性质等控制变量与供应链绩效之间并没有直接的相互作用关系。

2.5.2 管理启示

本书聚焦于供应链网络关系与供应链绩效之间的相互作用关系，对基于关系治理和信息技术能力的供应链网络关系与供应链绩效之间的相互作用关系进行了阐释，并探究了供应链柔性在其中所起的中介作用，以及供应链整合在其中所起的调节作用，为立足于网络关系来探讨供应链绩效，进而增强供应链核心竞争优势的相关研究进行了有益补充，也为后续供应链绩效相关研究提供了参考借鉴。如上述结论所示，笔者通过理论推演与实证剖析发现，柔性化举措在供应链网络关系与供应链绩效的相互作用中具有中介作用，供应链柔性既可以传递关系治理与供应链绩效之间的相互作用关系，也可以传递信息技术能力与供应链绩效之间的相互作用关系；同时供应链上的整合有可能会增强信息技术能力对于供应链柔性的作用效果，也有可能会削弱供应链关系治理与供应链柔性之间的相互作用关系。该结论在柔性化、网络关系、供应链柔性与供应链绩效之间搭建起了非常有趣的联系纽带，为中国企业有效地参与供应链合作提供了几点实践启示。

第一，核心企业在利用关系治理机制来提高供应链能力和竞争绩效时，应该结合信息技术能力同步考虑，与其进行组合设计，这样才能够更好地发挥基于关系治理与信息技术能力的网络关系对于供应链绩效的促进作用。例如，在小米的案例中，即使小米与其战略供应商之间的合作非常牢固，其供应商非常优质，但是若没有基于信息技术能力的信息系统的高效运作，其也不可能成功地开展饥饿营销。

第二，核心企业在选择关系治理或者信息技术能力时，应该考虑自身的柔性化水平，需要考虑上述能力的提升是否可以改善供应链的柔性，因为只有柔性得到了改善，才能带来供应链绩效的提升，才能够体现出关系治理或者信息技术能力提升的作用。例如，韩都衣舍服装品牌如果仅仅是提升了自身的信息技术能力，改善与其大大小小供应商之间的关系，没能够提升自身的供应链柔性，就无法满足顾客多样化的需求，也无法实现自身竞争能力的提升。

第三，核心企业在选择供应链整合程度时，应该考虑整合的目的，整合可以进一步强化信息技术能力对供应链绩效的正向作用效果，也有可能会弱化关系治理对供应链绩效的正向作用效果。例如，由于利用互联网技术而加深了供应链成员之间的信息交流，阿里巴巴所实施的供应链整合策略，有助于推动整个供应链服务平台的发展；另外，供应链整合有可能会使得供应链之间的关系治理变得僵硬化，使得供应链的整体决策变得单一化。这样，对于非专业供应链的主导者而言，供应链整合有可能会使其面临理想化主义风险，无法与实际经营现状相契合，从而产生负面的效果。

2.5.3 研究展望

尽管本书从理论和实证角度对关系治理、信息技术能力、供应链柔性、供应链绩效、供应链整合之间的关系进行了较为深入的探讨，但还存在局限之处，需要在未来的研究中加以完善，具体包括以下几点。

（1）理论研究方面的局限性。正如已有研究所指出的，供应网络的存在使得节点企业拥有多渠道关系，这种关系既包括纵向的层次关系，也包括同一层次不同类型的企业关系等，这样，供应链外部整合包括与上游供应商和下游客户的整合，整合范围可扩大至除企业自身外的所有节点企业。虽然现阶段关于供应链整合的理论研究已经开始关注从跨度和强度两个维度来对供应链整合进行描述，但还没有形成成熟的研究量表，而且在供应链管理实践中，更为常见的情形是各节点企业与其上下游企业进行整合。虽然本书对于供应链整合的测量是从内部整合和外部整合两个角度来进行的，但是没有从内部整合和外部整合两个层面来探究供应链整合与其他变量之间的相互作用关系。除了供应链网络关系的研究之外，基于契约合同的规范化治理机制也是供应链管理的重要研究领域，对于该领域的研究，笔者并没有探究，因此笔者的研究无疑具有一定的片面性。

（2）样本的局限性。本书对样本企业没有较为严谨的限制。第一，本书所选取的样本企业集中在湖北地区，虽然具有一定的代表性，但地区的差异性仍然会在一定程度上限制本书研究结果的推广。第二，对样本企业所在行业没有进行区分，供应链所处行业不同，是否会对研究结论产生影响还有待考证。第三，本次有效问卷的数量偏少，可能会对某些假设检验的精确性产生影响。

（3）横截面数据的局限性。基于关系治理和信息技术能力的供应链网络关系对供应链绩效产生影响需要一定的时间才能产生效果，即供应链治理机制对供应链整合的影响具有滞后性，需要结合不同的截面数据进行分析。本书对所使用概念的测量均在同一截面时点上进行，尽管研究结论与理论基础基本一致，但是横截面数据的局限性使本书不能把其他可能的解释排除在外。

针对以上局限，笔者认为未来的研究可以从以下几方面展开。

（1）本书虽然在研究中将企业性质作为控制变量进行研究，但是供应链实践中企业性质的不同所引致的内部文化差异是否会对供应链关系网络与供应链绩效之间的相互作用关系产生影响还有待进一步讨论。后续研究可根据企业性质的不同来进行样本分类，分别探讨供应链关系网络在其中所起的作用。

（2）受现有文献的限制，笔者没有对供应链整合进行分类型的深入研究，后续研究可以尝试将供应链整合分为内部整合和外部整合，或者分为供应商整合和客户整合进行深入探究，并能在此基础上开发有效的测量量表，以对供应链整合做出更全面的界定。

（3）鉴于供应链关系网络对供应链绩效的影响具有滞后性，关于本主题的后续研究可尝试使用案例研究法，追踪多个不同性质的案例企业在连续一段时间内的活动，从而更清楚地探究供应链治理机制与供应链整合之间的相互作用关系。

（4）结论部分，笔者猜想提出了供应链整合对供应链柔性与供应链绩效的倒"V"形调节作用（图2.9），对这一猜想的探究也将是笔者后续研究的关注点。

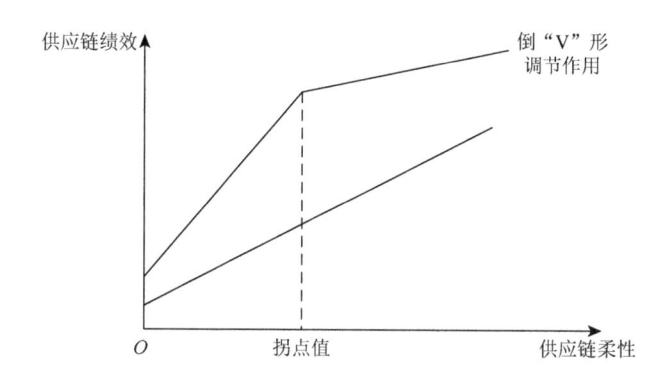

图2.9 供应链整合对供应链柔性与供应链绩效的倒"V"形调节作用

本章附录 调查问卷

供应链网络关系对供应链绩效的影响研究

亲爱的朋友：

您好！

非常感谢您百忙之中抽出宝贵的时间来填写这份问卷，本问卷旨在调查供应链网络关系对供应链绩效的影响，请根据您的真实体会作答，本次问卷不记名，调查结果仅供统计分析之用，不会对外公开。由于答题不全的问卷无法进行统计分析，请您逐题作答，不要遗漏，对于不同的问题，尽量根据实际情况给予不同分值的评价。

真诚感谢您的支持与合作！

第一部分：背景资料

1. 您所在企业/独立核算部门的员工人数（　　　）

A. 少于 100 人　　B. 100（含）～300 人　　C. 300（含）～500 人
D. 500（含）～1000 人　　E. 1000 人及以上

2. 您所在企业的性质（　　）

A. 国有企业　　B. 民营企业　　C. 中外合资企业　　D. 外资企业　　E. 其他

3. 您所在的企业的经营年数（　　）

A. 小于 10 年　　B. 10（含）～25 年　　C. 25（含）～50 年
D. 50 年及以上

第二部分：变量测量

计分方式：本部分采用利克特 7 级量表，由"非常不同意"到"非常同意"，请客观地将您的真实想法表达出来，在相应选项上做标记，如打"√"（请根据您的主要供应链合作伙伴进行回答）。

项目	题号	题目	非常不同意 1	不同意 2	比较不同意 3	不确定 4	比较同意 5	同意 6	非常同意 7
关系治理（RG）的相关题目	1（RG1）	我们相信我们的供应商会履行承诺							
	2（RG2）	我们相信供应商是真诚地与我们合作							
	3（RG3）	我们与合作伙伴建立了良好的日常合作流程							
	4（RG4）	我们与供应商能够高效地配合并完成相应的工作							
	5（RG5）	我们与供应商能够一起努力并做出调整来应对不断改变的状况							
	6（RG6）	当发生冲突时，合作双方可以共同努力达成新的协议来解决问题而不是坚持原有的条款							
	7（RG7）	我们的供应商可以与我们一起对产品的开发做长期的规划							
	8（RG8）	我们的供应商可以与我们一起预测客户需求的改变							
	9（RG9）	我们的供应商可以与我们一起测试市场对于新产品的接受程度							

续表

项目	题号	题目	非常不同意1	不同意2	比较不同意3	不确定4	比较同意5	同意6	非常同意7
信息技术能力（ITC）的相关题目	10（ITC1）	我们公司与关键的供应商有着直接的电脑设备之间的连接							
	11（ITC2）	使用互联网技术，我们公司内部可以实现组织间的协调							
	12（ITC3）	我们使用信息技术来处理交易信息							
	13（ITC4）	我们与关键供应商具有电子信息交换的能力							
	14（ITC5）	我们使用电子技术处理采购订单、发票、资金之间的转换							
	15（ITC6）	我们使用先进的信息系统来追踪并且促进运输环节							
产品开发柔性（PDF）的相关题目	16（PDF1）	我们公司可以引进许多不同的产品							
	17（PDF2）	我们公司可以快速高效地引进新产品							
	18（PDF3）	我们公司可以进行许多不同产品的改造							
	19（PDF4）	我们公司可以快速高效地进行产品的改造							
生产柔性（PrF）的相关题目	20（PrF1）	我们公司的制造系统可以在不同的生产水平上运作							
	21（PrF2）	我们公司的制造系统可以快速高效地改变生产量							
	22（PrF3）	我们公司的制造系统可以适应许多不同产品的混合型生产							
	23（PrF4）	我们公司的制造系统可以快速高效地改变来进行混合型生产							
物流柔性（LF）的相关题目	24（LF1）	我们公司的采购系统可以满足不同的场内运输需求							

续表

项目	题号	题目	非常不同意 1	不同意 2	比较不同意 3	不确定 4	比较同意 5	同意 6	非常同意 7
物流柔性（LF）的相关题目	25（LF2）	我们公司的采购系统可以快速高效地满足不同场内运输需求的改变							
供应基础柔性（SBF）的相关题目	26（SBF1）	在必要时，我们公司可以快速开发新的供应商							
	27（SBF2）	我们公司可以容易地调整与供应商之间的关系							
	28（SBF3）	我们公司有许多可以合作的备选供应商							
	29（SBF4）	我们公司可以快速高效地转换到与备选供应商的合作中							
供应商柔性（SF）的相关题目	30（SF1）	我们的供应商可以满足我们公司不同订单的需求							
	31（SF2）	我们的供应商可以快速高效地响应我们公司订单数量的改变							
	32（SF3）	我们的供应商可以为我们公司生产多种多样的产品							
	33（SF4）	我们的供应商可以快速高效地对我们产品种类的变化做出响应							
供应链绩效（SCP）的相关题目	34（SCP1）	我们的供应链可以帮助我们降低内部生产成本							
	35（SCP2）	我们的供应链可以帮助我们实现低于竞争对手的生产成本							
	36（SCP3）	我们的供应链可以帮助我们降低产品缺陷率							
	37（SCP4）	我们的供应链可以帮助我们实现优于竞争对手的产品质量和稳定性							

续表

项目	题号	题目	非常不同意1	不同意2	比较不同意3	不确定4	比较同意5	同意6	非常同意7
供应链绩效（SCP）的相关题目	38（SCP5）	我们的供应链可以帮助我们提高产品的交付速度和可靠性							
	39（SCP6）	我们的供应链可以帮助我们实现优于竞争对手的交付速度和稳定性							
	40（SCP7）	我们的供应链可以帮助我们及时满足客户的个性化需求							
	41（SCP8）	相对于竞争对手而言，我们的供应链可以更加及时地满足客户的个性化需求							
供应链整合（SCI）的相关题目	42（SCI1）	我们与我们的供应链伙伴的沟通水平很高							
	43（SCI2）	我们建立了与我们供应链伙伴的快速订货系统							
	44（SCI3）	我们与主要客户的接触时间频率很高							
	45（SCI4）	我们与主要供应商的战略伙伴关系水平很高							
	46（SCI5）	通过与我们的主要供应商合作，我们可以实现稳定采购							
	47（SCI6）	我们的主要供应商在供应链各阶段的参与程度较高							
	48（SCI7）	我们帮助我们的主要供应商改进其流程以更好地满足我们的需求							
	49（SCI8）	我们企业内部机构应用的整合程度较高							
	50（SCI9）	我们企业一体化库存管理水平较高							
	51（SCI10）	我们物流相关经营数据的实时检索能力较强							

续表

项目	题号	题目	非常不同意1	不同意2	比较不同意3	不确定4	比较同意5	同意6	非常同意7
供应链整合（SCI）的相关题目	52（SCI11）	我们的跨职能团队在新产品开发中的管控能力较强							
	53（SCI12）	我们所有内部机构从原材料管理到生产、运输和销售的实时整合和连接程度较高							
	54（SCI13）	我们有很高的反应能力，以满足其他部门的需求							
	55（SCI14）	我们重视在采购、库存管理、销售和分销部门之间的信息流动							
	56（SCI15）	我们重视生产、包装、存储、运输部门之间的物流							

注：供应链整合的测量题项中，题项42~48对供应链外部整合进行测量，题项49~56对供应链内部整合进行测量

再次感谢您的耐心回答！

第3章　供应链治理机制与供应链绩效之间的相互作用关系

3.1　引　　言

随着经济全球化与全球竞争加剧，企业赖以生存的市场环境也随之发生了巨大的变化，使企业面临前所未有的机遇与挑战，如市场不确定性增加、产品生命周期缩短以及客户需求的日益多样化与个性化。为了应对来自市场环境和竞争对手的挑战，并获取持续的竞争优势，企业需要通过与其他企业形成供应链合作伙伴关系，来共享信息及资源以弥补自身资源的不足，从而增强自身的核心竞争力，在激烈的市场竞争中占据优势地位。然而，为了应对环境挑战而结成供应链合作伙伴关系的企业多为利益相对独立的个体，这些经济个体可能会为了追求自身利益而采取损害供应链绩效的机会主义行为。为了抑制供应链成员的机会主义行为，并促进供应链节点企业之间的信息共享，对供应链采取有效的治理机制成为必要。例如，三鹿利用外部资源，形成了"奶农+奶站+三鹿+经销商+消费者"的乳品供应链结构，该供应链结构中的企业为利益相对独立的个体，对各个环节实施严密监督的成本比较高，震惊全国的"三聚氰胺事件"的发生有很大一部分原因便是由此而产生的种种机会主义行为的持续发酵。与之相反，一汽与宝钢通过组建"跨职能团队"来增强信息共享，促进了协同创新。供应链治理机制，即为了协调供应链合作伙伴间的目标冲突，抑制信息不对称情况下的机会主义行为，促进供应链成员的长期投入和协同合作，从而保证整条供应链的持续、稳定运行，并产生联合效益而采取的一系列应对措施（李维安等，2016）。对此，相关学者提出了两种基本的治理机制——正式控制和社会控制（Zhang and Keh，2010），并对治理机制与供应链绩效之间的相互作用关系进行了研究。这些研究分别对正式控制和社会控制与供应链绩效之间的相互作用关系进行了验证，并探讨了在提升供应链绩效过程中，社会控制和正式控制的相互作用关系的性质。然而，正式控制除了对供应链绩效产生直接作用效果之外，是否还能以其他方式对供应链绩效产生影响？社会控制在正式控制与供应链绩效的相互作用关系中是否具有特殊作用？在数字化发展加快推进的背景下，神龙汽车在与雪铁龙的国际贸易中采用电子数据交换技术，增加了彼此间信息沟通的可靠性与复杂性，降低了交易成本，提高了响应速度和服务质量，那么信息技术的使用对供应链绩效的提升又会产生何种影响呢？

3.2 研究假设与理论模型

3.2.1 供应链治理机制与信息共享之间的相互作用关系假设

供应链治理机制分为正式控制和社会控制，正式控制以合同或契约的形式规定了供应链合作伙伴之间信息交流的类型及途径，而社会控制以相互信任为基础，通过共同解决问题以及参与式决策的方式进一步促进彼此间的相互信任和亲密关系的形成，有助于供应链合作伙伴更加诚实地进行信息交流。

1. 正式控制与信息共享之间的相互作用关系假设

正式控制是一种以明确的合同或契约为基础的治理机制，而合同可以通过明确规定知识获取、共享和用于实现集体目标的方式，确保供应链合作伙伴之间大量的信息流动与共享（Li et al.，2010a）。正式控制能够通过形式化的义务和责任使双方以确保预期结果的方式行事，从而促进信息在供应链合作伙伴之间的共享（Turner and Makhija，2006）。Nielsen（2010）提出，正式控制能够以合同的形式明确规定以交流会、会议和交换文件的数量来衡量知识转移量，每个合作伙伴必须履行其义务，根据合同条款转让足够数量的知识，否则将面临处罚。Liu 等（2017a）认为，正式控制通过正式条款和程序规定了交易双方的权利和义务，创建了信息共享和频繁通信的正式操作程序，为合作伙伴提供了增加联系和沟通频率的平台，从而有利于增加知识转移的数量。Zhang 和 Zhou（2013）将正式控制划分为事前合同和事后控制，通过对中国制造企业的 343 对制造商-供应商关系进行实证研究发现，事后控制对供应链节点企业间的知识转移的作用比事前合同要强。Zhang 等（2012）通过对中国 256 家制造企业供应链问卷数据进行多元回归分析发现，市场契约对供应链中的跨企业信息交换具有显著的正向影响。由此，笔者提出如下假设。

H3.1a：正式控制对信息共享具有显著的正向影响。

2. 社会控制与信息共享之间的相互作用关系假设

有关库存、需求预测及运营等方面的信息在供应链上的充分交换与无缝连接对减弱牛鞭效应至关重要，而供应链合作伙伴彼此之间的信任程度影响了信息交换的程度和频率（Wu et al.，2015）。Du 等（2012）认为，合作伙伴之间的关系是影响信息共享程度的一个重要因素，关系越好，他们越愿意共享信息，而信任是关系的关键。Yang 等（2017）在其研究中提出，供应商在与买方共享信息时存在三个方面的担忧：第一，买方滥用供应商共享的信息以获取自身利益；第二，买方向其他竞争对手泄露信息；第三，当供应商向买方分享过多信息时，供应商有可能丧失部分权力。因此，除非与买方建立起信任和可信赖的牢固关系，否则供应商不愿意与买方共享信息。Bai 和 Wei（2017）也认为，当供应链合作伙伴之间的信任程度加深时，一方可能会相信另一方将真诚地合作而不会采取机会主义行为，从而促进了合作伙伴在合作过程中贡献有价值信息的意愿，而基于高度信任的合作关系更适合传递不易编纂的隐性知识，进一步促进了知识的转移，提升了可信度。社会控制机制通常对供应链合作伙伴之间的信息共享和双向沟通有积极的作用。Li 等（2010a）认为，信任和个人关系等关系机制提供了一个互惠的网络，合作伙伴可以通过该网络经常交流和交换可靠的知识。由此，笔者提出如下假设。

H3.1b：社会控制对信息共享具有显著的正向影响。

3.2.2　信息共享与供应链绩效之间的相互作用关系假设

有效的信息共享有助于减少不确定性、降低库存成本、改善合作伙伴关系、增加物流量、加快交付速度以及提高订单履行率，从而有助于提高客户满意度，加强渠道协调，提高供应链响应能力，促进竞争优势的实现（Koçoğlu et al.，2011），最终提高供应链绩效。许多研究表明，供应链合作伙伴之间及组织内部有效的信息共享对提高供应链绩效具有重大影响（Prajogo and Olhager，2012）。例如，Lotfi 等（2013）调查并总结了信息共享对供应链绩效的好处。Zelbst 等（2010）通过收集来自制造业和服务业的 155 个数据样本，对射频识别使用、信息共享和供应链绩效之间的相互作用关系进行实证研究，研究发现，信息共享在射频识别使用和供应链绩效的相互作用关系中具有完全中介效应。杨艳玲和田宇（2015）将信息共享分为信息共享程度和信息共享质量两个方面，并通过实证分析发现，信息共享的程度和质量均对企业绩效具有显著的正向影响。Kochan 等（2018）通过研究发现，基于云计算的信息共享提高了医疗保健供应链的可见性，随着供应链可见性的增加，医院的响应能力也会提高。现在，医院可以更好地适应患者需求和供应商交付时间的波动。因此，信息共享使得医院供应链减少了库存成本和供应成本，并降低了供应短缺问题发生的概率，从而提高了医院供应链整体的绩效。由此，笔者提出如下假设。

H3.2：信息共享对供应链绩效具有显著的正向影响。

3.2.3　供应链治理机制与供应链绩效之间的相互作用关系假设

为了应对环境挑战而结成供应链合作伙伴关系的企业多为利益相对独立的个

体，这些经济个体可能会为了追求自身利益而采取损害供应链整体绩效的机会主义行为。有效的供应链治理机制能够抑制合作伙伴的机会主义行为，并降低合作过程中的不确定性，对供应链整体绩效的提高至关重要。

1. 正式控制与供应链绩效之间的相互作用关系假设

正式控制要求供应链合作伙伴必须制定详细的合同，从而明确各自的权利和责任，以协调活动，解决未来的潜在冲突，规划未来的交易以及调整企业策略以应对环境变化，并为参与各方提供法律保障（Tangpong et al.，2010）。同时，通过提供法律和制度框架，合同可以明确规定惩罚的条款，增加自利活动的成本，从而限制机会主义行为，保护具体投资，提高满意度和绩效（Liu et al.，2010）。因此，正式控制机制的使用有助于供应链绩效的提高。然而，制定复杂的正式合同通常需要大量的时间成本和经济成本，并且不可能详尽地描述满足每一种偶然事件的权利和义务。同时，当过于强调正式控制时，企业需要花费大量的时间和资源对合作方是否按照合同履行义务进行监督，这将会导致高昂的监督成本。因此，高水平的正式控制将导致高昂的事前合同成本与事后监督和执法成本（Dyer and Chu，2003），不利于供应链整体绩效的提高。此外，对正式控制机制的过度使用还将导致供应链趋于刚性，使其无法灵活地应对频繁的环境变化（Tangpong et al.，2010）。正式控制的确能够有效地阻碍机会主义行为的发生，但当过度强调正式控制时，可能会增加事前和事后交易成本，降低供应链的灵活性，不利于供应链合作伙伴之间的相互信任，最终导致供应链绩效的降低（Huang et al.，2014a）。因此，正式控制和供应链绩效之间可能不是单纯的正向相关或者负向相关关系，而是一种倒"U"形的非线性关系。Wang 等（2011）通过实证研究发现，一个过于详细的合同和一个过于粗略的合同一样糟糕，合同和企业创新绩效之间的积极联系存在一个拐点，之后合同对创新的贡献将会减少，即合同的使用与企业创新绩效之间为倒"U"形关系。由此，沿用已有学者的研究，笔者对如下假设关系进行证实/证伪。

H3.3a：正式控制与供应链绩效之间存在倒"U"形的非线性关系。

2. 社会控制与供应链绩效之间的相互作用关系假设

社会控制（也称关系治理）以信任、相互理解以及互动为基础，且主要依赖共同解决问题、参与式决策和承诺履行（Huang et al.，2014a）。社会控制机制的灵活性使得供应链合作伙伴能够轻松地共同强化其超出合同规范的交换关系，提升沟通效率，增加信息共享的深度和广度，有利于应对环境不确定性以及处理不可预测的问题（Paulraj et al.，2008）。Zhang 和 Keh（2010）认为，社会控制是一种有用的工具，可用于抑制机会主义行为，加强供应链节点企业间的合作，并在监督和谈判方面降低交易成本。Li 等（2010a）也指出，社会控制能够使合作伙伴建立起密切的关系，并创造一套独特的有利于维持和加强合作的非正式压力，从而进一步提高供应链合作的灵活性和合作效率。Narayanan等（2015）提出，社会控制有助于促进合作，因为基于信任的理解提供了一种环境，在该环境中，合作伙伴相信专用资源会被用于满足双方的期望，从而愿意共享相关信息及其资源。Huang等（2014a）通过实证分析发现，社会控制对供应链合作绩效具有显著的正向影响。由此，笔者提出如下假设。

H3.3b：社会控制对供应链绩效具有显著的正向影响。

3.2.4 供应链治理机制和信息技术能力的调节效应相关假设

1. 正式控制的调节效应假设

供应链合作伙伴之间的信息共享对降低库存成本、提高订单履行率和供应链响应能力，从而提高供应链绩效具有十分重要的意义。但是并不是供应链节点企业之间共享的信息数量越多，其对供应链绩效的改善作用就越明显，只有有效的信息共享才能提高供应链绩效。有效的信息共享不仅要求信息数量充足，同时要求共享及时、准确、充分、完整和可靠的高质量信息，而共享的意愿决定了共享信息的质量（Du et al.，2012）。虽然正式控制可以通过详细的合同明确规定知识获取及共享的方式，确保了供应链合作伙伴之间大量的信息流动与共享（Li et al.，2010b），但是正式控制或许只能保证供应链节点企业之间共享信息的数量，而不能保证其共享信息的质量。在高度的正式控制条件下，供应链节点企业虽然会依据事前规定的责任与义务进行大量的信息共享，但是这种正式控制模式限制了供应链合作伙伴的自主权，并不利于彼此之间的相互信任，有可能导致被控制方的自卫性态度和机会主义行为，阻碍了信息共享的意愿，使得供应链上共享的信息可能只是大量过时、冗余甚至无用的交易数据，而不是有效的战略性信息，从而削弱了信息共享对供应链绩效的促进作用。由此，笔者提出如下假设。

H3.4：正式控制对信息共享与供应链绩效之间的相互作用关系具有负向调节作用。

2. 社会控制的调节效应假设

有效的信息共享能够降低牛鞭效应、加快新产品设计、缩短订单履行周期、推动流程再造以及协调供应链活动。信息共享要求向以后可能会成为竞争对手的合作伙伴发布机密的财务和战略信息，因此，企业会对信息共享的对象以及程度持谨慎态度，而信息共享的范围是合同的订单和运营信息还是扩展到战术和战略信息取决于企业信息共享的意愿（Du et al.，2012），如果供应链合作伙伴只将信息共享视为责任和义务但是缺乏信息共享的意愿，那么共享信息的质量和效用会大打折扣。而正式控制只能把信息共享规定为一种义务并严密控制，社会控制却能够从以下几个方面增强供应链合作伙伴信息共享的意愿，从而促进合作伙伴间的信息共享：首先，社会控制促进了合作伙伴之间的相互信赖或相互合作，使得供应链成员之间的互惠期望增加，促进了合作伙伴在合作过程中贡献有价值信息的意愿，而基于高度信任的合作关系更适合传递不容易编纂的隐性知识；其次，社会控制强调合作伙伴共同的利益和目标，默认合作双方一定会按照集体规范行事，大大减少了对信息泄露的担忧，排除了信息共享的最大心理障碍；最后，社会控制向供应链节点企业传递诚信的信号，合作伙伴共享的信息将被正确地用来实现共同的目标，没有人会利用这些信息来损害其他方的利益。这种善意的期望再次增加了供应链成员贡献有价值信息的意愿（Du et al., 2012）。同时，社会控制具有在供应链合作伙伴间创造社会规范以及建立信任和承诺的潜力，如果合作伙伴间的信任度和承诺度较高，那么他们履行合同义务的倾向就会较高（Anin et al., 2016）。因此，当利用正式控制对合作伙伴信息共享的责任和义务进行明确规定后，供应链核心企业采用社会控制机制能够增强节点企业履行合同义务的倾向和信息共享的意愿，从而进一步促进供应链伙伴间的信息共享，并提升共享信息的质量。由此，笔者提出如下假设。

H3.5a：社会控制对正式控制与信息共享之间的相互作用关系具有正向调节作用。

H3.5b：社会控制能够减弱正式控制对信息共享与供应链绩效之间相互作用关系的负向调节作用。

3. 信息技术能力的调节效应假设

随着信息技术的广泛应用，国内外学者开始关注信息技术在供应链中所起的深层作用机理。Mohr 和 Sohi（1995）最早提出借助于信息技术改进节点企业间的相互作用关系，他们认为，信息系统的使用有助于节点企业之间顺畅的信息交流和业务交互。Pulkkinen 等（2007）认为，不应该把信息技术仅仅视为一种业务工具，还应该把它视为一种致力于发展节点企业间密切合作关系的协同战略。信息技术为供应链节点企业间的信息交换提供了一种手段，对于节点企业间的信息共享具有战略意义。张群洪等（2010）认为，信息技术的采用有助于提高合作伙伴之间信息交互的频率，增加交换信息内容的深度，提高其业务流程的效率。周驷华和万国华（2016）提出信息技术能力可以使得企业的供应链信息及生产流程信息流动得更为顺畅，从而使得物流过程更加均匀和快速，最终有助于整个供应链绩效的提升。正式控制确保了供应链合作伙伴之间大量的信息流动与共享，而高水平信息技术的使用，降低了信息共享的成本，提高了信息流动与共享的速度，确保了信息共享的及时性和准确性。例如，京东商城作为全国领先的互联网零售平台，依靠其先进的电子商务技术和网络平台，为供应商及客户提供了一个公开、通畅的信息共享平台，从而改善了商务伙伴间的通信方式，搭建起企业与用户、企业与供应商沟通的桥梁，连接起各个业务孤岛，实现了供应链上业务和信息的集成共享，并进一步增强了业务合作伙伴之间的合作共赢关系。由此，笔者提出如下假设。

H3.6a：信息技术能力对正式控制与信息共享之间的相互作用关系具有正向调节作用。

H3.6b：信息技术能力对信息共享与供应链绩效之间的相互作用关系具有正向调节作用。

综上，笔者构建起如图 3.1 所示的概念模型。

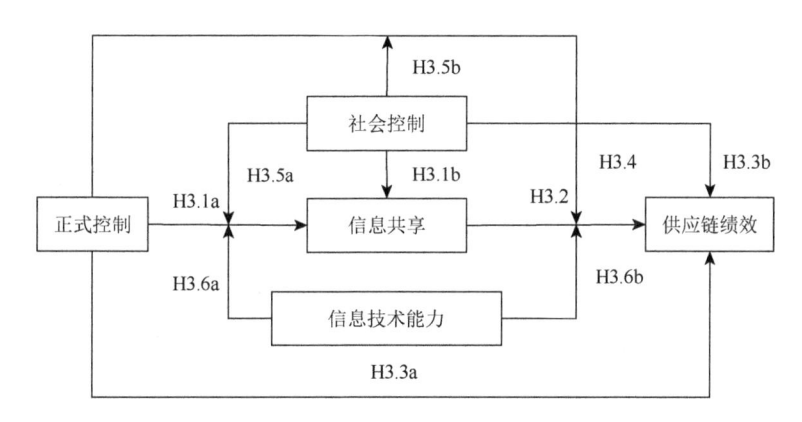

图 3.1 研究的概念模型

3.3 样本与变量测度

3.3.1 样本与数据收集

通过现场发放和邮件的形式给那些从事供应链与物流管理相关工作的人员发了 500 份问卷，最终回收有效问卷 312 份，问卷有效回收率达到 62.4%，调研时间为 2015 年 9 月到 2016 年 10 月，历时 14 个月。

样本概况如表 3.1 所示，原始问卷见本章附录。由于题型极为一致的问卷由单一来源的受测者回答时，容易产生共同方法偏差问题，因此笔者通过 Harman（1976）的单因子分析对样本进行检验，得到 4 个因子，共解释了方差的 63.929%，其中第一个主成分解释了 18.309% 的方差，相对于 63.929% 并不大，说明本书中无明显的共同方法偏差，对研究结论不会造成严重的影响。

表 3.1　样本基本情况（$N=312$）

调查项		受测者百分比	调查项		受测者百分比
行业类型	汽车制造及流通业	14.5%	经营年数	小于 10 年	21.7%
	食品加工及流通业	4.9%		10（含）~25 年	42.8%
	计算机及电子通信设备业	15.9%		25（含）~50 年	16.5%
	服装加工及流通业	2.0%		50 年及以上	19.1%
	医药生产及流通业	5.2%	企业性质	国有企业	33.2%
	其他	57.5%		民营企业	31.8%
当前职位	一线员工	26.6%		股份制企业	13.9%
	基层管理者	42.2%		中外合资企业	17.9%
	中层管理者	25.7%		其他	3.2%
	高层管理者	5.5%	企业/独立核算部门的年度销售额	少于 500 万元	10.4%
企业/独立核算部门的员工人数	少于 100 人	24.3%		500 万（含）~1000 万元	14.2%
	100（含）~300 人	18.5%		1000 万（含）~5000 万元	13.6%
	300（含）~500 人	12.1%		5000 万（含）~1 亿元	7.2%
	500（含）~1000 人	6.9%		1 亿元及以上	54.6%
	1000 人及以上	38.2%			

注：数据之和不为 100%是修约所致

3.3.2　变量测度

1. KMO 检验和 Bartlett 球型检验

正式控制、社会控制、信息共享、信息技术能力和供应链绩效 Kaiser-Meyer-Olkin（KMO）检验值分别为 0.849、0.883、0.862、0.844 和 0.912，均大于 0.7；同时，其 Bartlett（巴特利特）球形检验显著性概率 p 值均为 0。由此可知样本数据具有很高的相关性，适合做因子分析。

2. 相关变量测量题项

1）正式控制

借鉴 Huang 等（2014a）和 Li 等（2010a）的研究，对正式控制进行测度，共设计了 8 个题项，通过验证性因子分析，剔除不显著的题项，最终得到了 4 个题项，即 FC1、FC2、FC3 以及 FC5。此时，各题项的因子负荷均大于 0.5，且测量模型的拟合程度较优（图 3.2）。

第3章　供应链治理机制与供应链绩效之间的相互作用关系

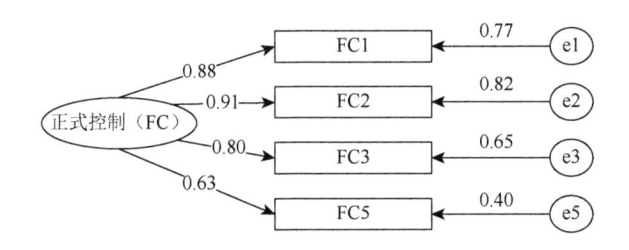

图 3.2　正式控制一阶验证性因子分析图

FORMAT = standardized estimates（标准化估计值），IFI 为 incremental fit index（增值适配指数），$\chi^2 = 0.746$, df = 2, χ^2/df = 0.373, GFI = 0.999, AGFI = 0.995, IFI = 1.002, CFI = 1.000, RMSEA = 0.000

2）社会控制

借鉴 Huang 等（2014a）的研究，对社会控制进行测度，共设计了 9 个题项，通过验证性因子分析，剔除不显著的题项，最终得到了 6 个题项，即 SC1、SC3、SC4、SC5、SC6 以及 SC7。此时，各题项的因子负荷均大于 0.5，且测量模型的拟合程度较优（图 3.3）。

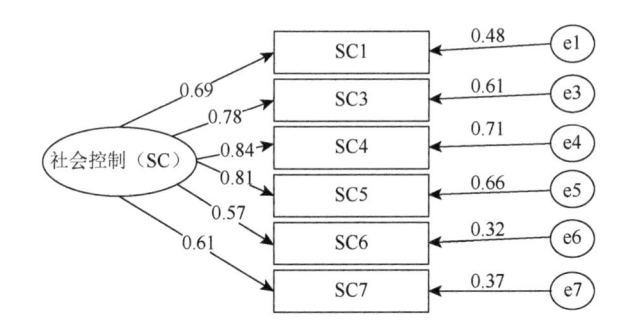

图 3.3　社会控制一阶验证性因子分析图

FORMAT = standardized estimates，$\chi^2 = 16.087$, df = 9, χ^2/df = 1.787, GFI = 0.986, AGFI = 0.967, IFI = 0.992, CFI = 0.992, RMSEA = 0.048

3）信息共享

借鉴 Jin 等（2014）和 Calanni 等（2015）的研究，对信息共享进行测度，共设计了 6 个题项，通过对题项进行验证性因子分析，删除不显著题项，最后得到 4 个题项，即 IS1、IS2、IS3 以及 IS4。此时，各题项的因子负荷均大于 0.5，且测量模型的拟合程度较优（图 3.4）。

4）信息技术能力

借鉴 Jin 等（2014）与 Calanni 等（2015）的研究，对信息技术能力进行测度，共设计了 6 个题项，通过对题项进行验证性因子分析，删除不显著题项，最后得到 4 个题项，即 ITC2、ITC3、ITC4 以及 ITC5。此时，各题项的因子负荷均大于 0.5，且测量模型的拟合程度较优（图 3.5）。

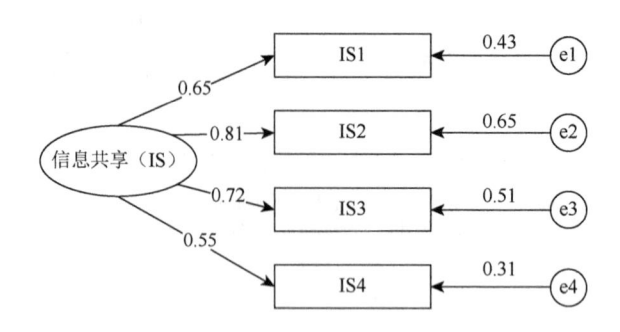

图 3.4 信息共享一阶验证性因子分析图

FORMAT = standardized estimates，χ^2 = 1.051，df = 2，χ^2/df = 0.750，GFI = 0.998，AGFI = 0.989，IFI = 1.001，CFI = 1.000，RMSEA = 0.000

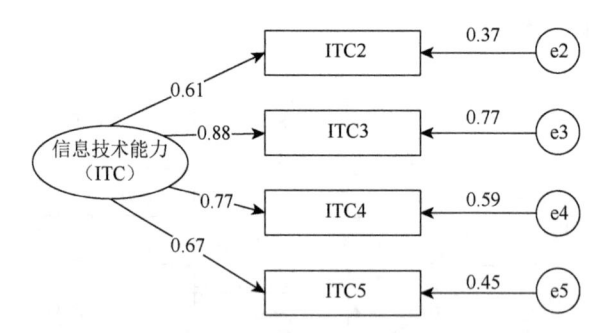

图 3.5 信息技术能力一阶验证性因子分析图

FORMAT = standardized estimates，χ^2 = 0.028，df = 2，χ^2/df = 0.014，GFI = 1.000，AGFI = 1.000，IFI = 1.004，CFI = 1.000，RMSEA = 0.000

5) 供应链绩效

借鉴 Jin 等（2014）与 Azadegan（2011）的研究成果，对供应链绩效进行测度，共设计了 8 个题项，通过验证性因子分析，剔除不显著的题项，最终得到了 5 个题项，即 SCP2、SCP3、SCP4、SCP5 以及 SCP7。此时，各题项的因子负荷均大于 0.5，且测量模型的拟合程度较优（图 3.6）。

以上变量的测量量表均是国内外现有文献已使用过的量表，再结合本书的研究目的加以修正，所有变量均采用利克特 7 级量表进行评价，1~7 代表被试者对于测量题项所描述内容的认可程度，"1"表示非常不同意，"7"表示非常同意。

6) 控制变量

根据供应链绩效方面的相关研究，企业规模、经营年数以及企业性质可能对

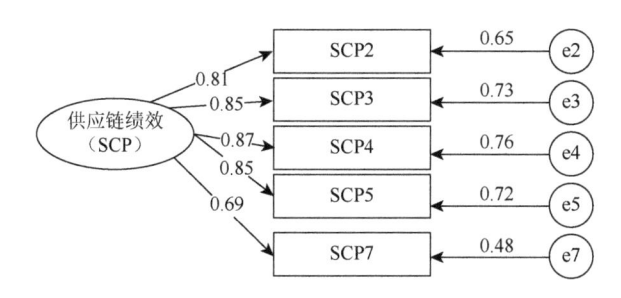

图 3.6 供应链绩效一阶验证性因子分析图

FORMAT = standardized estimates，χ^2 = 9.671，df = 5，χ^2/df = 1.934，GFI = 0.989，AGFI = 0.967，IFI = 0.996，CFI = 0.996，RMSEA = 0.052

供应链绩效有影响，随着企业的年龄增长和规模扩大，其积累的经验可能越来越多，其所拥有的资源也可能越来越多。因此，为了更好地反映变量间的关系，笔者将企业规模、经营年数和企业性质作为控制变量，并用企业员工人数来测度企业规模，用企业成立年限来测度经营年数。

3. 相关变量描述统计

在对正式控制、社会控制、信息共享、信息技术能力和供应链绩效进行一阶验证性因子分析并删除不显著的测量题项的基础上，笔者对所有研究变量进行描述性统计。

3.3.3 信度与效度

为了确保笔者所用调查问卷能够用于本书的分析，笔者使用 AMOS 21.0 和 SPSS 21.0 软件对量表的信度和效度进行评估，得到正式控制、社会控制、信息共享、信息技术能力和供应链绩效的一阶验证性因子分析结果，并根据式（3.1）、式（3.2）计算出所有研究变量的信效度指标。

$$CR = \left(\sum 标准化因子负荷量\right)^2 \Big/ \left[\left(\sum 标准化因子负荷量\right)^2 + \sum 各测量变量的测量误差\right]$$
（3.1）

$$AVE = \sum 标准化因子负荷量^2 \Big/ \left[\sum 标准化因子负荷量^2 + \sum 各测量变量的测量误差\right]$$
（3.2）

1. 信度分析

笔者以 Cronbach's α 系数检验相关变量的信度，一般认为 $\alpha \geq 0.7$ 属于高信度值；若 $\alpha \leqslant 0.35$ 则应拒绝。如表 3.2 所示，所有变量的 Cronbach's α 值均在 $0.765 \sim 0.907$，因此所有变量均具有良好的信度。

表 3.2　信度和效度表

变量	题项	UNSTD	STD	p	SMC	CR	AVE	Cronbach's α	相关描述性统计
正式控制（FC）	FC1	1.000	0.879		0.773	0.884	0.660	0.877	$\chi^2/df = 0.373$ GFI = 0.999 AGFI = 0.995 IFI = 1.002 CFI = 1.000 RMSEA = 0.000
	FC2	0.959	0.907	21.980***	0.823				
	FC3	0.903	0.805	18.632***	0.648				
	FC5	0.729	0.630	12.949***	0.397				
社会控制（SC）	SC1	1.000	0.695		0.483	0.868	0.528	0.859	$\chi^2/df = 1.787$ GFI = 0.986 AGFI = 0.967 IFI = 0.992 CFI = 0.992 RMSEA = 0.048
	SC3	1.087	0.779	13.045***	0.607				
	SC4	1.299	0.845	13.959***	0.714				
	SC5	1.192	0.814	13.547***	0.663				
	SC6	0.968	0.570	9.765***	0.325				
	SC7	1.118	0.612	10.440***	0.375				
信息共享（IS）	IS1	1.000	0.652		0.425	0.780	0.474	0.765	$\chi^2/df = 0.750$ GFI = 0.998 AGFI = 0.989 IFI = 1.001 CFI = 1.000 RMSEA = 0.000
	IS2	0.983	0.806	10.585***	0.650				
	IS3	0.817	0.717	10.248***	0.514				
	IS4	0.767	0.554	8.460***	0.307				
信息技术能力（ITC）	ITC2	1.000	0.608		0.370	0.825	0.546	0.817	$\chi^2/df = 0.014$ GFI = 1.000 AGFI = 1.000 IFI = 1.004 CFI = 1.000 RMSEA = 0.000
	ITC3	1.410	0.878	0.125***	0.771				
	ITC4	1.351	0.767	0.125***	0.588				
	ITC5	1.244	0.674	0.126***	0.454				
供应链绩效（SCP）	SCP2	1.000	0.809		0.654	0.909	0.668	0.907	$\chi^2/df = 1.934$ GFI = 0.989 AGFI = 0.967 IFI = 0.996 CFI = 0.996 RMSEA = 0.052
	SCP3	0.999	0.853	18.242***	0.728				
	SCP4	1.020	0.872	18.809***	0.760				
	SCP5	0.930	0.849	18.136***	0.721				
	SCP7	0.831	0.692	13.842***	0.479				

注：$N = 312$；SMC 为 structural model coherence（模型结构一致性）。
***表示 $p < 0.001$。

2. 效度分析

效度分为内容效度和结构效度，而结构效度又分为聚合效度和区分效度。本书主要以结构方程式问卷作为研究工具进行资料收集，且尽可能使用国内外现有文献已使用过的量表，再结合本书的研究目的加以修正，因此笔者所使用的问卷具有内容效度。但考虑到地域和文化差异的影响，仍采用验证性因子分析来检测正式控制、社会控制、信息共享、信息技术能力和供应链绩效的结构效度。笔者使用 AMOS 21.0 软件对研究变量进行验证性因子分析（图 3.7），运行结果表明测量模型的拟合程度良好。具有良好的聚合效度的变量满足以下标准：①因子负荷大于等于 0.5；②CR 大于等于 0.5；③AVE 大于等于 0.5。如表 3.2 和图 3.7 所示，所有变量的测量题项的因子负荷量均大于 0.5，CR 均大于 0.5，除信息共享的测量题项的 AVE 为 0.474 略小于 0.5 外，其他变量的测量题项的 AVE 均大于 0.5。由此可知，所有研究变量的聚合效度良好。

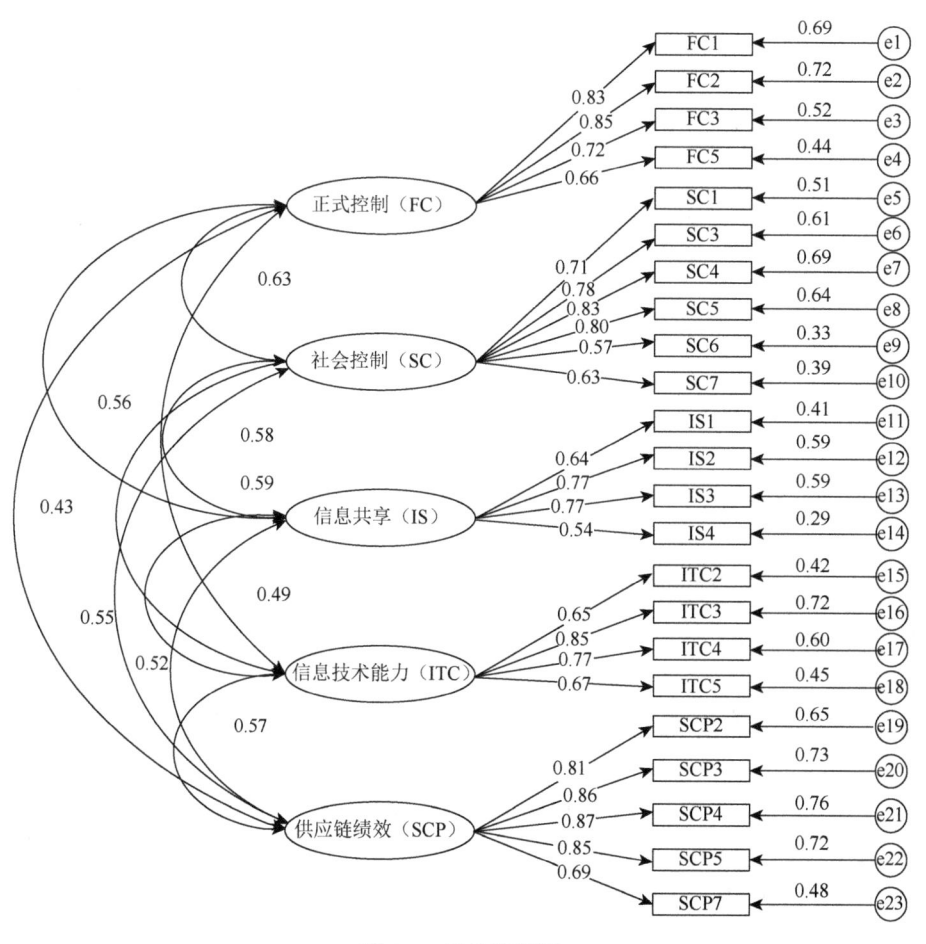

图 3.7 测量模型图

接下来，笔者对所有变量的区分效度进行检验，表 3.3 列出了所有变量的均值、标准差、AVE 的平方根以及两两之间的相关系数，并显示 AVE 的平方根均大于相应的列和行中的相关系数，结果表明所有变量均具有可接受的区分效度。综上，所有变量的信度与效度均符合要求。

表 3.3 相关性分析表

变量	1. 企业规模	2. 经营年数	3. 企业性质	4. 正式控制	5. 社会控制	6. 信息共享	7. 信息技术能力	8. 供应链绩效
1. 企业规模								
2. 经营年数	0.410***							
3. 企业性质	0.108*	0.042						
4. 正式控制	0.227***	0.161**	0.132*	(0.812)				
5. 社会控制	0.121*	−0.037	0.139*	0.584***	(0.727)			
6. 信息共享	0.021	−0.077	0.050	0.259***	0.582***	(0.688)		
7. 信息技术能力	0.185	0.103	0.140	0.555***	0.586***	0.493***	(0.739)	
8. 供应链绩效	0.110	0.041	0.040	0.397***	0.553***	0.515***	0.568***	(0.817)
均值	3.162	2.330	2.260	6.027	5.485	4.556	5.474	5.199
标准差	1.653	1.019	1.188	0.877	0.813	1.142	0.99	0.987

注：括号中的值为 AVE 的平方根
***表示 $p<0.001$，**表示 $p<0.01$，*表示 $p<0.05$

3.4 回归模型与假设检验

为了更好地保证实证研究结果，笔者在回归前对所有变量进行均值中心化处理，以减小研究误差。

3.4.1 供应链治理机制与信息共享之间的作用效果检验

在表 3.4 中，模型 3.1 中只加入了企业规模、经营年数和企业性质三个控制变量，模型 3.2 中添加了正式控制，实证结果表明，正式控制对信息共享具有显著的正向影响（$\beta=0.220$，$p<0.01$），H3.1a 获得支持，模型 3.3 在模型 3.1 的基础上添加了社会控制，实证结果表明，社会控制与信息共享显著正相关（$\beta=0.630$，$p<0.001$），H3.1b 成立。

表 3.4 正式控制、社会控制及信息共享相互作用关系的回归分析结果

变量	模型 3.1	模型 3.2	模型 3.3	模型 3.4
常量	0.137	0.234	0.268	0.178
	(0.675)	(1.149)	(1.477)	(0.986)
企业规模	0.012	−0.002	−0.022	−0.017
	(0.300)	(−0.059)	(−0.592)	(−0.465)
经营年数	−0.083	−0.088	−0.041	−0.039
	(−1.227)	(−1.325)	(−0.670)	(−0.652)
企业性质	0.046	0.025	−0.018	−0.016
	(0.872)	(0.474)	(−0.375)	(−0.328)
H3.1a：正式控制		0.220**		−0.126
		(2.697)		(−1.284)
H3.1b：社会控制			0.630***	0.744***
			(8.834)	(8.644)
H3.5a：正式控制×社会控制				0.185*
				(2.554)
R^2	0.008	0.031	0.209	0.242
调整后 R^2	−0.002	0.018	0.198	0.227
ΔR^2	0.008	0.023	0.201	0.016
ΔF	0.783	7.275	78.043	6.523
ΔF 显著性	0.504	0.007	0	0.011

注：$N=312$，因变量为信息共享，括号中的值为 t 检验值
***表示 $p<0.001$，**表示 $p<0.01$，*表示 $p<0.05$

供应链治理机制的运用对信息共享的影响与已有研究相一致。Liu 等（2017b）提出，正式控制通过正式条款，创建了信息共享和频繁通信的正式操作程序，为合作伙伴提供了提高联系和沟通频率的平台，从而有利于增加知识转移的数量；而社会控制通过加深供应链合作伙伴之间的信任程度，促进了合作伙伴在合作过程中贡献有价值信息的意愿，进一步增加了知识转移的数量和可信度（Bai and Wei，2017）。

3.4.2 信息共享与供应链绩效之间的作用效果检验

在表 3.5 中，模型 3.5 中加入企业规模、经营年数和企业性质三个控制变量，

模型 3.6 在模型 3.5 的基础上加入了信息共享，实证结果表明，信息共享对供应链绩效具有显著的正向影响（$\beta = 0.342$，$p<0.001$），H3.2 获得支持。

表 3.5　正式控制、社会控制及信息共享对供应链绩效的作用效果回归分析结果

变量	模型 3.5	模型 3.6	模型 3.7	模型 3.8	模型 3.9
常量	−0.148 (−0.873)	−0.194 (−1.257)	0.006 (0.038)	0.011 (0.069)	−0.021 (−0.147)
企业规模	0.033 (0.939)	0.028 (0.893)	0.009 (0.267)	0.007 (0.196)	−0.001 (−0.020)
经营年数	0.018 (0.323)	0.047 (0.902)	0.009 (0.169)	−0.011 (−0.203)	0.059 (1.211)
企业性质	0.043 (0.972)	0.027 (0.672)	0.010 (0.227)	−0.004 (−0.098)	−0.019 (−0.483)
H3.2：信息共享		0.342*** (7.870)			
H3.3a：正式控制			0.347*** (5.267)	0.466*** (5.918)	
H3.3a：正式控制的平方				0.125** (2.697)	
H3.3b：社会控制					0.604*** (10.577)
R^2	0.009	0.175	0.091	0.112	0.273
调整后 R^2	−0.001	0.164	0.079	0.097	0.264
ΔR^2	0.009	0.166	0.082	0.021	0.265
ΔF	0.893	61.929	27.739	7.274	111.877
ΔF 显著性	0.445	0	0	0.007	0

注：$N=312$，因变量为供应链绩效，括号中的值为 t 检验值
***表示 $p<0.001$，**表示 $p<0.01$

已有研究几乎一致地得出信息共享有利于供应链绩效提升的结论。第一，供应链合作伙伴定期交换信息可以使他们像一个统一的实体一样运作，从而更好地了解客户的最终需求和更快地响应市场变化。第二，信息共享可以减少信息不对称和不完全带来的风险，缩短交货时间，减少牛鞭效应，降低总成本，提高供应链总利润。

3.4.3 供应链治理机制与供应链绩效之间的作用效果检验

在表 3.5 中，模型 3.5 中只加入企业规模、经营年数和企业性质三个控制变量，模型 3.7 和模型 3.8 中分别添加了正式控制与正式控制的平方，实证结果表明，正式控制与供应链绩效显著正相关（$\beta = 0.347, p<0.001$），正式控制的平方与供应链绩效的关系也较为显著（$\beta = 0.125, p<0.01$），该结果说明正式控制与供应链绩效的倒"U"形的非线性关系显著，H3.3a 被支持；模型 3.9 在模型 3.5 的基础上加入了社会控制，实证结果表明，社会控制对供应链绩效具有显著的正向影响（$\beta = 0.604, p<0.001$），H3.3b 成立。

已有研究发现，社会控制能够使合作伙伴建立起密切的关系，并创造一套独特的有利于维持和加强合作关系的非正式压力，提高所处供应链的灵活性和效率，从而更好地应对环境不确定性以及处理不可预测的问题（Li et al., 2010b）。因此，社会控制与供应链绩效之间的相互作用关系与已有研究一致，正式控制与供应链绩效之间的倒"U"形关系显著与已有研究也一致。Huang 等（2014a）认为正式控制的确能够有效地阻碍机会主义行为的发生，但当过度强调正式控制时，可能会增加事前和事后交易成本，降低供应链灵活性，损害供应链合作伙伴之间的信任，最终导致供应链绩效的降低，所以企业在合作过程中会避免采用高程度的正式控制。

3.4.4 回归模型中的调节效应检验

1. 正式控制的调节效应

根据 H3.4，笔者构建了如图 3.8 所示的作用效果模型。在表 3.6 中，模型 3.10 中只加入了企业规模、经营年数和企业性质三个控制变量，模型 3.11 中添加了正式控制和信息共享，模型 3.12 中加入了正式控制和信息共享的交互项，实证结

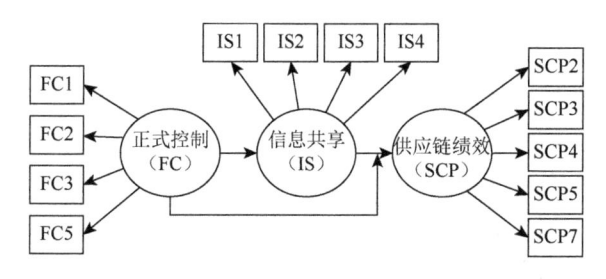

图 3.8 正式控制的调节效应效果模型

果表明，正式控制与信息共享的交互项与供应链绩效显著负相关（$\beta = -0.151$，$p < 0.05$），该结果说明正式控制对信息共享与供应链绩效之间的相互作用关系起着负向调节作用，H3.4 获得支持。

表3.6 正式控制对信息共享与供应链绩效之间的相互作用关系的调节效应回归分析结果

变量	模型 3.10	模型 3.11	模型 3.12
常量	−0.148 (−0.873)	−0.067 (−0.438)	−0.059 (−0.386)
企业规模	0.033 (0.939)	0.010 (0.314)	0.011 (0.357)
经营年数	0.018 (0.323)	0.037 (0.735)	0.039 (0.783)
企业性质	0.043 (0.972)	0.002 (0.047)	0.002 (0.045)
正式控制		0.278*** (4.519)	0.284*** (4.638)
信息共享		0.313*** (7.333)	0.342*** (7.674)
H3.4：正式控制×信息共享			−0.151* (−2.130)
R^2	0.009	0.227	0.238
调整后 R^2	−0.001	0.214	0.223
ΔR^2	0.009	0.218	0.011
ΔF	0.893	43.137	4.537
ΔF 显著性	0.445	0	0.034

注：$N = 312$，括号中的值为 t 检验值

***表示 $p < 0.001$，*表示 $p < 0.05$

虽然正式控制可以通过详细的合同明确规定知识获取及共享的方式，确保了供应链合作伙伴之间大量的信息流动与共享（Li et al.，2010b），但是它同时限制了供应链合作伙伴的自主权，并损害了彼此之间的信任，有可能导致被控制方出现自卫性态度和机会主义行为，阻碍了信息共享的意愿（Huang et al.，2014b）。笔者在探讨正式控制与供应链绩效之间的非线性相关关系时，同步剖析了正式控制在信息共享与供应链绩效相互作用关系中的调节作用，从而对有关正式控制与供应链绩效相互作用关系的研究进行了适当的补充完善。

2. 社会控制的调节效应

根据 H3.5a 和 H3.5b，笔者构建了如图 3.9 所示的作用效果模型，并使用 SPSS 21.0 软件对社会控制对正式控制与信息共享之间的关系所起的正向调节作用以及对正式控制对信息共享与供应链绩效之间关系的负向调节作用所起的弱化作用进行检验。在表 3.4 中，模型 3.1 中只加入了企业规模、经营年数和企业性质三个控制变量，模型 3.2、模型 3.3 中分别加入了正式控制和社会控制，模型 3.4 中加入正式控制和社会控制的交互项，实证结果表明，正式控制与社会控制的交互项与信息共享显著正相关（$\beta = 0.185$，$p<0.05$），该结果说明社会控制对正式控制与信息共享之间的作用关系起着正向调节作用，H3.5a 获得支持。

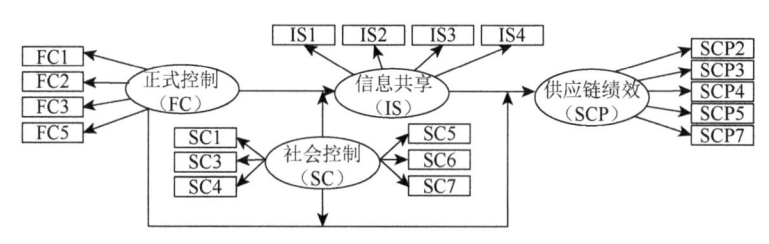

图 3.9 社会控制的调节效应效果模型

在表 3.7 中，模型 3.13 中只加入了企业规模、经营年数和企业性质三个控制变量，模型 3.14 中加入了正式控制、社会控制和信息共享，模型 3.15 中加入了正式控制、社会控制、信息共享的两两交互项，模型 3.16 中加入了正式控制、社会控制和信息共享三者的交互项，实证结果表明，正式控制、社会控制及信息共享三者的交互项有一定的正向作用（$\beta = 0.125$，$p<0.05$），该结果说明社会控制能够减弱正式控制对信息共享与供应链绩效之间的相互作用关系的负向调节作用，H3.5b 获得支持。

表 3.7 社会控制的调节作用检验回归分析结果

变量	模型 3.13	模型 3.14	模型 3.15	模型 3.16
常量	−0.148	−0.064	−0.086	−0.128
	(−0.873)	(−0.442)	(−0.609)	(−0.904)
企业规模	0.033	0.003	−0.005	−0.003
	(0.939)	(0.090)	(−0.174)	(−0.100)
经营年数	0.018	0.065	0.065	0.073
	(0.323)	(1.363)	(1.385)	(1.570)
企业性质	0.043	−0.016	−0.014	−0.012
	(0.972)	(−0.429)	(−0.374)	(−0.321)

续表

变量	模型 3.13	模型 3.14	模型 3.15	模型 3.16
正式控制		0.025 (0.348)	0.029 (0.358)	−0.007 (−0.080)
社会控制		0.472*** (6.177)	0.539*** (6.872)	0.501*** (6.294)
信息共享		0.188*** (4.164)	0.213*** (4.641)	0.179*** (3.741)
正式控制×社会控制			0.074 (1.172)	0.058 (0.915)
正式控制×信息共享			−0.311*** (−3.775)	−0.302*** (−3.689)
社会控制×信息共享			0.129** (2.874)	0.155*** (3.373)
H3.5b：正式控制×社会控制×信息共享				0.125* (2.314)
R^2	0.009	0.313	0.347	0.359
调整后 R^2	−0.001	0.299	0.328	0.337
ΔR^2	0.009	0.304	0.035	0.011
ΔF	0.893	44.970	5.346	5.356
ΔF 显著性	0.445	0	0.001	0.021

注：$N=312$，括号中的值为 t 检验值
***表示 $p<0.001$，**表示 $p<0.01$，*表示 $p<0.05$

缺乏灵活性的正式控制会对供应链合作伙伴的自主权和信任产生不利影响，有可能导致被控制方出现防卫性态度和机会主义行为，阻碍了信息共享的意愿（Huang et al.，2014a）。而社会控制通过向供应链节点企业传递诚信的信号，促进了合作伙伴之间的信赖或合作，提高了供应链成员贡献有价值信息的意愿（Du et al.，2012）。笔者对社会控制的调节效应进行深入剖析，进一步拓展了供应链治理机制领域相关理论与实证研究的深度和广度，并为核心企业更为全面地衡量和评估不同治理机制的作用效果提供理论指导。

3. 信息技术能力的调节效应

根据 H3.6a 和 H3.6b，笔者构建了如图 3.10 所示的作用效果模型。

在表 3.8 中，模型 3.17～模型 3.19 以信息共享为因变量，其中，模型 3.17 中只加入了企业规模、经营年数和企业性质三个控制变量，模型 3.18 中加入了正

第 3 章　供应链治理机制与供应链绩效之间的相互作用关系

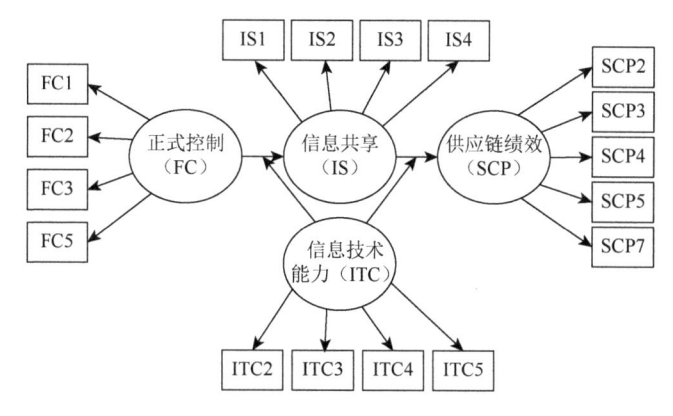

图 3.10　信息技术能力的调节效应效果模型

式控制和信息技术能力,模型 3.19 中加入了正式控制和信息技术能力的交互项,实证结果表明,正式控制与信息技术能力的交互项与信息共享显著正相关($\beta = 0.170$,$p < 0.05$),该结果说明信息技术能力对正式控制与信息共享之间的相互作用关系起着正向调节作用,H3.6a 获得支持;模型 3.20~模型 3.22 以供应链绩效为因变量,其中,模型 3.20 中只加入了企业规模、经营年数和企业性质三个控制变量,模型 3.21 中加入了信息技术能力和信息共享,模型 3.22 中加入了信息共享与信息技术能力的交互项,实证结果表明,信息共享与信息技术能力的交互项与供应链绩效显著正相关($\beta = 0.103$,$p < 0.05$),该结果说明信息技术能力对信息共享与供应链绩效之间的相互作用关系起着正向调节作用,H3.6b 获得支持。

表 3.8　正式控制、信息共享、信息技术能力以及供应链绩效之间的相互作用关系回归分析结果

变量	因变量:信息共享			因变量:供应链绩效		
	模型 3.17	模型 3.18	模型 3.19	模型 3.20	模型 3.21	模型 3.22
常量	0.137	0.379	0.347	−0.148	0.038	0.008
	(0.675)	(1.976)	(1.813)	(−0.873)	(0.264)	(0.054)
企业规模	0.012	−0.002	−0.005	0.033	0.016	0.010
	(0.300)	(−0.051)	(−0.119)	(0.939)	(0.550)	(0.347)
经营年数	−0.083	−0.110	−0.113	0.018	0.013	0.017
	(−1.227)	(−1.751)	(−1.806)	(0.323)	(0.268)	(0.365)
企业性质	0.046	−0.021	−0.027	0.043	−0.026	−0.025
	(0.872)	(−0.411)	(−0.529)	(0.972)	(−0.679)	(−0.673)
正式控制		−0.028	0.041			
		(−0.334)	(0.451)			

续表

变量	因变量：信息共享			因变量：供应链绩效		
	模型 3.17	模型 3.18	模型 3.19	模型 3.20	模型 3.21	模型 3.22
信息技术能力		0.467***	0.447***		0.394***	0.406***
		(6.629)	(6.308)		(7.622)	(7.865)
信息共享					0.217***	0.193***
					(5.015)	(4.385)
H3.6a：正式控制×信息技术能力			0.170*			
			(2.009)			
H3.6b：信息共享×信息技术能力						0.103*
						(2.285)
R^2	0.008	0.152	0.163	0.009	0.307	0.318
调整后 R^2	−0.002	0.138	0.147	−0.001	0.295	0.305
ΔR^2	0.008	0.145	0.011	0.009	0.298	0.012
ΔF	0.783	26.118	4.037	0.893	65.768	5.220
ΔF 显著性	0.504	0	0.045	0.445	0	0.023

注：$N=312$，括号中的值为 t 检验值

***表示 $p<0.001$，*表示 $p<0.05$

虽然正式控制和社会控制分别促进了供应链节点企业之间信息共享的深度和广度，但是基于传统传播途径的信息共享不仅需要耗费大量的人力物力，而且具有信息失真和信息传递不及时的风险。高水平、协同化的信息技术能够帮助供应链合作伙伴降低信息共享的成本，提高信息流动与共享的速度，确保信息共享的及时性和准确性。

然而，在表 3.4～表 3.8 中，企业规模、经营年数和企业性质的控制作用均不显著，可能是因为供应链节点企业之间的信息共享和供应链整体绩效主要取决于企业自身资源、核心能力以及合作伙伴之间的关系，与企业规模、经营年数及企业性质没有必然联系。

3.5 结论与展望

3.5.1 研究结论

1. 社会控制对信息共享及供应链绩效的直接作用

笔者的实证研究结果表明，社会控制对信息共享及供应链绩效均具有显

著的正向影响，该研究结论强化了有关社会控制有利于信息共享和供应链绩效的研究主张，并为在中国背景下更好地理解社会控制、信息共享以及供应链绩效之间的关系提供了理论基础。此外，中国核心企业应该意识到，重视相互信任和人际关系的社会控制机制，有利于供应链节点企业之间相互信任和亲密合作关系的建立，能够减轻供应链合作伙伴对信息泄露的担忧，增强其共享有价值信息的意愿，抑制机会主义行为，降低交易成本，从而提升供应链整体绩效。

2. 信息共享对供应链绩效的影响

信息共享对供应链绩效具有显著的正向影响在以往的相关研究中几乎得到了普遍的验证，笔者对中国情境下的信息共享与供应链绩效的关系进行验证得出了与已有研究一致的结论，即有效的信息共享能够减少牛鞭效应、降低库存成本、提高供应链的响应能力，进而提高供应链绩效，从而使研究结论在我国具有更强的适用性，同时，能够让中国供应链核心企业意识到供应链节点企业之间及时准确、完整可靠的信息共享的重要性。有效的信息共享能够提高供应链的透明度、减少供应链的库存、增强供应链的响应度。

3. 正式控制对信息共享与供应链绩效之间的相互作用关系的调节效应

交易成本理论（transaction cost theory，TCT）认为，供应链合作伙伴关系中存在潜在的机会主义风险是损害供应链绩效的主要原因。随着供应链治理机制在减少机会主义行为中的重要性的日益凸显，相关学者对正式控制与供应链绩效之间的相互作用关系开展了大量的研究，但研究结论尚未达成一致。其中，有学者认为正式控制对供应链绩效具有显著的正向影响，也有学者提出正式控制对供应链绩效没有显著影响或具有负向影响，Huang等（2014a）则认为正式控制与供应链绩效具有倒"U"形的关系，即一个过高程度的正式控制和一个过低程度的正式控制一样糟糕，正式控制和供应链绩效之间的积极联系可能存在一个拐点，在这一点，最恰当的正式控制水平已经到位，更高程度的正式控制可能会对供应链绩效产生负面影响。然而，以实证方式验证正式控制与供应链绩效之间关系的研究多来自西方国家，本书以中国企业为调查对象，探讨了正式控制对供应链绩效的影响作用，研究结果表明，正式控制与供应链绩效之间存在的倒"U"形的非线性关系显著，与Huang等（2014a）的观点一致。

同时，笔者对正式控制、信息共享及供应链绩效之间的关系进行了更进一步的研究，与仅考虑正式控制对信息共享或供应链绩效的直接作用以及考虑正式控制以信息共享为中介对供应链绩效产生间接作用的已有研究相区别，笔者对正式控制机制对信息共享与供应链绩效之间关系的调节作用进行了实证分析，研究结果表明，正式控制虽然以合同的形式规定了信息共享的义务，为合作企业间的信息交流提供了保障，但是损害了合作伙伴之间信息共享的意愿，导致供应链节点企业之间共享的信息可能只是大量冗余的无效信息，从而负向调节了信息共享与供应链绩效之间的关系。本书从不同视角研究了正式控制、信息共享及供应链绩效之间的关系，丰富和推进了该领域的研究成果。同时，本书的研究为我国核心企业在供应网络管理中合理运用正式控制机制提供了较为全面的视角。供应链核心企业应该认真评估和正确使用正式控制机制，避免严格的合同规定和监督活动对供应链成员的自主性和信任度造成伤害，并由此而引致机会主义行为、降低供应链成员间信息共享的意愿以及所处供应链的柔性和灵活性，最终对供应链绩效产生不利影响。例如，丰田根据供应商生产的零部件对其整车生产的重要性程度，将供应商分为三类：核心部件供应商、特色部件供应商和商品部件供应商。并针对供应商的不同特点制定不同的股权策略：对于核心部件供应商，丰田通常持有30%的股份，这有助于其参与供应商的重要业务决策，为供应商提供技术支持，并有利于建立更紧密、友好的合作关系；对于特色部件供应商，丰田持有10%的股份；对于商品部件供应商，丰田则一般不持有股份。不同的股权策略使得丰田和各供应商之间的信息共享程度能够根据需要灵活变化，从而实现更有效的管理。

4. 社会控制对正式控制与信息共享之间相互作用关系的调节效应

社会控制作为一种非正式的供应链治理机制在学术界引起了很大的关注，相关研究包括社会控制与信息共享或供应链绩效的相互作用关系以及社会控制与正式控制之间究竟是互为补充还是互为替代的关系，且互为补充或是互为替代的研究争论至今仍然不绝于耳。但是至今似乎并没有相关研究在将社会控制视为自变量的同时将它视为调节变量，探索与验证其在正式控制、信息共享以及供应链绩效三者之间的相互作用关系中所起着的调节作用。笔者基于中国情境，对社会控制直接正向促进信息共享以及供应链绩效之外的调节作用进行了实证研究，进一步拓展了供应链治理机制领域相关理论与实证研究的深度和广度，并为核心企业更为全面地衡量和评估不同治理机制的作用效果提供理论指导。研究结果表明，社会控制对正式控制与信息共享之间的相互作用关系具有正向调节作用，以及社会控制能够减弱正式控制对信息共享与供应链绩效之间相互作用关系的负向调节作用，即社会控制以参与式决策和共同解决问题的方式鼓励供应链合作伙伴致力于实现集体利益最大化的行为，增进了合作伙伴之间的相互信任，增强了合作伙伴共享敏感战略信息的意愿，从而进一步促进了供应链合作伙伴之间的信息共享，提高了共享信息的质量，减轻了高度正式控制对信息共享质量的不利影响，并减少了合同签订所需花费的成本，降低了对合作企业监督的必要性，最终有利于供应链绩效的提高。例如，戴尔开始时和其供应商签订合同并规定进行产品设计等方面的信息共享，但是这种用契约约束的信息共享缺乏信息共享的意愿而导致信息沟通的不充分或不及时，为了克服这个问题，戴尔严格挑选供应商，与其信任的供应商实时共享一切重要的客户与生产信息，并为其技术设计小组配备供应商的工程师，在推出新产品时让这些工程师常驻戴尔，以保证产品开发设计信息能够实时共享，进而促进新产品的顺利推出。同时，这种鼓励共同参与合作研发的做法也能够进一步促进彼此的相互信任以及与供应商建立长期合作关系。在中国情境下，核心企业更应该重视社会控制在增强合作伙伴之间的相互信任以及建立长久合作关系方面的重要作用。

5. 信息技术能力在正式控制与信息共享、信息共享与供应链绩效相互作用关系中的调节效应

在科技快速发展的今天，信息技术的重要作用越来越被企业管理人员及相关学者所认可，并引发了相关学者对信息技术的大量研究，然而，已有相关研究大多是将信息技术能力视为信息共享的一个维度加以研究，或者是将信息技术能力作为信息共享的前因变量研究其对信息共享的作用效果，而笔者将信息技术能力从信息共享中剥离出来进行单独研究，并进一步剖析了其在正式控制与信息共享以及信息共享与供应链绩效的相互作用关系中的调节作用，为与供应链信息共享相关的研究提供了更为广阔的研究视角，同时，也为供应网络管理领域的理论与实践工作者将软性的关系治理（社会控制）与硬性的信息技术、正式治理（正式控制）相结合提供了新的研究视角。研究结果表明，正式控制确保了供应链合作伙伴之间大量的信息流动与共享，而节点企业间高度整合的信息系统能够为供应网络中的信息共享提供有效的沟通渠道，降低了信息共享的成本，提高了信息流动与共享的速度，确保了信息共享的及时性和准确性，对供应链绩效的提升具有重要作用。企业应该加强对信息技术的投入，确保供应链节点企业信息系统建设的高度标准化、规范化和协同化。例如，神龙汽车在与雪铁龙的国际贸易中采用电子数据交换技术，使得双方的订单、发货通知、发票等大量的数据、文件信息的传递变得可靠和通畅，减少了低效工作和非增值活动，使双方快速获得信息成为可能，在方便沟通交流、提高服务水平、缩短提前期、减少库存、加快资金流转、提高市场响应和应变能力等方面发挥了重要作用。

3.5.2 研究展望

虽然本章得出了以上结论并能够为中国企业提高供应链绩效带来一定的理论和实践指导，但是本章的研究仍然存在以下不足：第一，在样本选取上，本章的

研究没有进行行业之间的区分，后续研究可以从不同的行业入手，从而使研究结论更具针对性。第二，在样本数据的收集过程中，本章的研究只收集了买方-供应商关系中的单方意见，而从双方收集数据或许能产生更加可靠的结果，未来的研究可以为收集双方意见的二元研究。第三，采用主观量表衡量供应链绩效，虽然用于衡量供应链绩效的量表在以前的文献中被广泛使用，但是还是具有一定的局限性，未来的研究应该采用更加客观的数据（如经审计和公布的财务数据）对供应链绩效加以衡量。

本章附录　调查问卷

供应链治理机制与供应链绩效关系研究

亲爱的朋友：

您好！

非常感谢您百忙之中抽出宝贵的时间来填写这份问卷，本问卷旨在调查供应链治理机制对供应链绩效的影响，请根据您的真实体会作答，本次问卷不记名，调查结果仅供统计分析之用，不会对外公开。由于答题不全的问卷无法进行统计分析，请您逐题作答，不要遗漏，对于不同的问题，尽量根据实际情况给予不同分值的评价。

真诚感谢您的支持与合作！

第一部分：背景资料

1. 您所在企业的行业（　　）

A. 汽车制造及流通业　　B. 食品加工及流通业　　C. 计算机及电子通信设备业

D. 服装加工及流通业　　E. 医药生产及流通业　　F. 其他

2. 您当前的职位（　　）

A. 一线员工　　B. 基层管理者　　C. 中层管理者　　D. 高层管理者

3. 您所在企业/独立核算部门的员工人数（　　）

A. 少于100人　　B. 100（含）~300人　　C. 300（含）~500人

D. 500（含）~1000人　　E. 1000人及以上

4. 您所在企业的性质（　　）

A. 国有企业　　B. 民营企业　　C. 股份制企业

D. 中外合资企业　　E. 其他

5. 您所在的企业的经营年数（　　）

A. 小于10年　　B. 10（含）~25年

C. 25（含）~50年　　D. 50年及以上

6. 您所在企业/独立核算部门的年度销售额（　　）

A. 少于500万元　　B. 500万（含）~1000万元

C. 1000万（含）~5000万元　　D. 5000万（含）~1亿元

E. 1亿元及以上

第二部分：变量测量

计分方式：本部分采用利克特7级量表，由"非常不同意"到"非常同意"，请客观地将您的真实想法表达出来，在相应选项上做标记，如打"√"。（请根据您的主要供应链合作伙伴进行回答）

项目	题号	题目	非常不同意1	不同意2	比较不同意3	不确定4	比较同意5	同意6	非常同意7
正式控制（FC）的相关题目	1（FC1）	我们公司与供应商和客户之间有一个明确的、详细的合同/协议							
	2（FC2）	我们公司与供应商的合同准确地定义了彼此的责任和义务							
	3（FC3）	我们公司与供应商的合同准确地陈述了彼此在合作中如何运作							
	4（FC4）	总体来看，在供应链合作中合同是约束合作伙伴行为的主要机制							
	5（FC5）	在公司实际运作中，合同中的条款必须经过双方同意后才能改变							
	6（FC6）	对于合同的具体条款的变更必须花费较多时间通过双方谈判来决定							
	7（FC7）	合同中价格条款一般不会根据客户购货量或伙伴关系的好坏做出调整							
	8（FC8）	我们公司花费较多的时间和成本来制定与供应商合作的合同/协议							
社会控制（SC）的相关题目	9（SC1）	我们相信我们的供应商会履行承诺							
	10（SC2）	我们相信供应商是真诚地与我们合作							
	11（SC3）	我们与合作伙伴建立了良好的日常合作流程							
	12（SC4）	我们与供应商能够高效地配合并完成相应的工作							
	13（SC5）	我们与供应商能够一起努力并做出调整来应对不断改变的状况							

续表

项目	题号	题目	非常不同意 1	不同意 2	比较不同意 3	不确定 4	比较同意 5	同意 6	非常同意 7
社会控制（SC）的相关题目	14（SC6）	当发生冲突时，合作双方可以共同努力达成新的协议来解决问题而不是坚持原有的条款							
	15（SC7）	我们的供应商可以与我们一起对产品的开发做长期的规划							
	16（SC8）	我们的供应商可以与我们一起预测客户需求的改变							
	17（SC9）	我们的供应商可以与我们一起测试市场对于新产品的接受程度							
信息共享（IS）的相关题目	18（IS1）	我们与供应商共享敏感的信息（如财务、生产、设计、研究、竞争等相关的信息）							
	19（IS2）	我们愿意向供应商提供可能会帮助他们的任何信息							
	20（IS3）	我们与供应商的信息交换可以频繁、及时地进行							
	21（IS4）	我们与供应商的信息交换可以在非正式场合下进行							
	22（IS5）	我们与供应商会相互告知一些可能会影响到对方的事件或变动							
	23（IS6）	我们与供应商有频繁的面对面交流和计划							
信息技术能力（ITC）的相关题目	24（ITC1）	我们公司与关键的供应商有着直接的电脑设备之间的连接							
	25（ITC2）	使用互联网技术，我们公司内部可以实现组织间的协调							
	26（ITC3）	我们使用信息技术来处理交易信息							
	27（ITC4）	我们与关键供应商具有电子信息交换的能力							
	28（ITC5）	我们使用电子技术处理采购订单、发票、资金之间的转换							
	29（ITC6）	我们使用先进的信息系统来追踪并且促进运输环节							

续表

项目	题号	题目	非常不同意 1	不同意 2	比较不同意 3	不确定 4	比较同意 5	同意 6	非常同意 7
供应链绩效（SCP）的相关题目	30（SCP1）	我们的供应链可以帮助我们降低内部生产成本							
	31（SCP2）	我们的供应链可以帮助我们实现低于竞争对手的生产成本							
	32（SCP3）	我们的供应链可以帮助我们降低产品缺陷率							
	33（SCP4）	我们的供应链可以帮助我们实现优于竞争对手的产品质量和稳定性							
	34（SCP5）	我们的供应链可以帮助我们提高产品的交付速度和可靠性							
	35（SCP6）	我们的供应链可以帮助我们实现优于竞争对手的交付速度和稳定性							
	36（SCP7）	我们的供应链可以帮助我们及时满足客户的个性化需求							
	37（SCP8）	相对于竞争对手而言，我们的供应链可以更加及时地满足客户的个性化需求							

再次感谢您的耐心回答！

第4章 跨组织信息系统投资对财务绩效的影响研究

4.1 引　　言

资源依赖理论主张资源本身具有高价值、稀缺性、不完全可模仿性和不可替代性特征，而是否具有隔离机制则是决定合作关系是否具有可持续性和可维护性的关键。这种难以被模仿的隔离机制和专属关系无法通过市场交易获得，而是基于路径依赖建立的（Miquel-Romero et al.，2014），它通常需要特定的专用资产投资，但同时这些投资也很容易导致持有风险并削弱一方的谈判能力（Kim and Henderson，2015），致力于组织间信息交流的跨组织信息系统就是此类专用资产投资。现有研究关于此类专用资产投资的观点大致可分为两类。持反对观点的交易成本理论学派主张，资产专用性使投资面临高昂的转换成本，往往未交付预期的经济利益，并且极易诱发被投资方的不合理侵占和使用行为，耗费巨大监督成本甚至引起巨额损失，即侵占效应（Kang and Jindal，2015）和"滞留风险"（Haruvy et al.，2019）。但同时，有研究表明交易成本理论在解释渠道问题上存在一定的局限性，其中最大的局限性就是交易成本理论通常单独评测每个交易关系，没有充分探索交易之间相互作用的可能性（Williamson，1985；Lin et al.，2017）。社会交换理论的价值主张则恰好弥补了这一不足，从相互作用的角度解释了跨组织信息系统投资被企业广泛使用的合理性。

对跨组织信息系统此类专用资产投资的不同理解引发了许多跨组织信息系统投资对绩效的作用机制的研究，常见的研究方向包括直接效应研究和中介效应研究。跨组织信息系统投资与绩效的直接效应研究，大多基于跨组织信息系统投资的使用实践探究其对关系绩效、运营绩效、业务流程绩效、供应链协作等多种结果指标的影响，以及影响跨组织信息系统投资的前因变量，如信息技术架构等。目前研究的重心已经从跨组织信息系统投资的直接影响转移到如何影响企业绩效。中介效应学派主张跨组织信息系统投资并不对企业绩效产生直接的影响，跨组织信息系统投资和绩效的关系中存在一些重要的介导因素，如信息系统策略安排（庄贵军和董滨，2020）、顾客满意度（Raguseo and Vitari，2018）等。最近的研究则正探索高阶能力的介导作用，许多学者考虑了促使企业绩效提升的更高阶的能力，认为跨组织信息系统投资本身并不能提供任何持续的竞争优势，但企业可以运用跨组织信息系统投资来开发财务绩效提升所需的更高阶的能力，如策略安排、知识应用、业务流程等。

涉及高阶能力，笔者主张运用信息处理观为这一问题的研究提供新视角。信息处理观分析了信息处理需求和信息处理能力的对应匹配关系，主张信息处理能力才是组织的核心能力（Jia et al.，2020）。信息处理观界定了三个重要概念——信息处理需求、信息处理能力，以及二者的匹配，以获得最佳产出。信息处理观认为，信息处理能力衡量了组织获取、分析、应用信息的全方位能力，主要由业务信息共享质量和业务流程的技术变革水平来衡量，即关系信息共享（relationship information sharing，RIS）和技术能力（technology capability，TeC）（Saldanha et al.，2017）。实践中也存在着截然相反的例子。典型案例就是新零售的代表——盒马。依托于阿里巴巴旗下淘宝和菜鸟等积累的全球电商供应链管理经验和坚实的优化算法能力，盒马站在"巨人的肩膀"上创立了以云计算和大数据为基础，契合生鲜特殊业务特点的智能型高响应力供应链系统，吸引了全国各地生产农产品的中小供应商入驻，构筑了品类较全、质量较高的供应系统。总而言之，无论是基于社会交换理论还是资源依赖理论，相关研究大多从信息获取的视角进行分析，强调价值信息的获取途径和获取效率，但信息获取并非组织追寻的目标，只有处理好所获取的信息，组织才能获得信息价值（陈金亮等，2019）。如今，企业资源计划（enterprise resource planning，ERP）、系统应用与产品（system applications and products，SAP）正逐步商品化和标准化，实时传输、解放人力的优势逐渐被削弱（Huang et al.，2018）。因此，笔者认为有必要以信息获取为目的，基于信息处理观对信息处理进行审视，区分跨组织信息系统投资和信息处理能力，考虑二者与组织间依赖、企业绩效的联系，对跨组织信息系统投资与财务绩效的关系做更深入的解读。

进一步地，跨组织信息系统投资引发的企业间协调问题需要在更广泛的企业间关系的背景下进行研究，其由定义角色和规范关系的治理机制所驱动。已有的关于企业间治理结构的研究都阐述了两种常见的控制机制：正式控制和社会控制。除了信息处理能力外，信息处理观还强调了组织运用控制机制来与合作方交换重要的信息，通过控制新流程的数量和质量来降低信息不确定性，搭建有效的组织结构提升信息处理能力（Long et al.，2015），并用以指导生产经营实现预期目标。根据信息处理观，如果组织设计与不确定性水平相匹配，则组织可达到预期绩效水平（Fan et al.，2016）。高度匹配的组织设计依赖于双方之间的有效的协调控制机制（Wang et al.，2013）。最合适的控制机制能够依据信息处理环境，降低组织内信息不确定性水平，疏通信息链路的障碍。正式控制主要依靠书面合同或协议的法律效力来协调交易各方的利益，确定各方行为准则，制定奖励和惩罚机制（Williamson，1985；Fu et al.，2018）。Schepker 等（2014）指出，合同是一种机制，它为贸易提供了三种功能：保障、协调和适应。以前的研究主要关注合同如何保障投资和最小化交易成本。事实上，合同还可以通过分配任务、定义监视联合行动的条款以及指定适应环境突发事件的举措来协调关系（Shen et al.，2017）。虽然正式合同在跨组织信息系统投资中很常见，但是频繁的会议和非正式的直接交互对于关系构建和技术战略层面的集成依然很重要。一般来说，社会控制是一种替代的治理机制，通过为交易各方建立一套可接受的社会标准，以实现通过社会规范和关系行为来调节关系的目标。偏离这些标准将面临社会压力、社会制裁以及关系纽带损害。正式控制和社会控制在管理企业间关系方面有各自的优缺点，以往大量的研究都涉及这两种机制对财务绩效的影响是互补还是替代的争论。而最近的研究则呼吁关注它们的使用环境和相互作用的动态本质，建议结合不同环境探讨适合的治理机制（Cao and Lumineau，2015；吕鸿江等，2020）。根据这一观点，笔者进一步引入两种控制机制，探讨其与跨组织信息系统投资的关系及其在财务绩效中的作用。

4.2 研究假设与理论模型

已有的跨组织信息系统投资与财务绩效关系研究大多从技术投资或系统能力入手，许多研究证实跨组织信息系统投资在促进组织间关系和协调上发挥着重要作用，作为系统核心能力的信息处理能力在提高组织绩效产出上也扮演着重要角色。在这样的理论基础上，本书从"信息获取+信息处理"的组合视角出发，研究跨组织信息系统是如何通过实物技术资产影响组织的信息处理能力，最终影响组织的绩效产出的，并且，在此基础上拓展跨组织信息系统投资的管理问题，研究组织如何采用有效的控制机制与跨组织信息系统投资发挥高效的协同作用，实现最优的绩效产出。

4.2.1 信息处理能力的中介效应及影响因素

跨组织信息系统投资是以促进组织间沟通交流、实现实时便捷信息传输为主要目标的信息系统投资，属于一项特殊的关系型专用资产投资。依据资源依赖理论，这类关系型专用资产投资能够紧密地连接供应链上的合作伙伴，加快供应链各主体之间的信息流动，增进组织间协调和组织间依赖关系。另外，依据信息处理观，信息处理能力反映了组织整合、分析所获取的信息，降低内部信息环境不确定性水平，以及运用先进的技术手段变革业务流程，促进流程自动化和高效响应的能力，在提升财务绩效上功不可没。

1. 跨组织信息系统投资与财务绩效的相关关系

与业务高度结合的跨组织信息系统投资具有一定的资产专用性。资产专用性表明，此类资产仅能支持某项特定业务（Williamson，1985），并带来与该专用资产投资相关联的专业化收益和关系租金。跨组织信息系统投资能够创建更精简的供应链流程，使企业能够运用供应商的生产和运输服务，响应规划和控制生产（Long et al.，2015）。相较于其他通用投资，跨组织信息系统投资可以节省管理费用，增加收入，帮助企业重新定位自身形象并提高进入市场的能力（Long et al.，2015）。

出于保护投资的意图，跨组织信息系统投资可以限制机会主义行为并鼓励长期激励措施，从而降低了对合作伙伴的监督支出。由于更小的机会主义动机、更低的监测保障成本和更大的关系持续性期望，组织间的交流和联合行动变得更加频繁有效（Parkhe，1993）。进而，当有效的信息交流与模糊的信息环境相匹配时，绩效将得到提高。也就是说，关键生产供应信息的共享使得双方计划得以同步执行，以缓解潜在的市场不确定性冲击，帮助企业实现更大的经营目标。类似的观点在基于资源依赖理论的关联领域的相关研究中也得到了证实。在资源依赖理论中，持久异质性是重要的假设基石。这意味着，在制订战略规划时，需要借助重要专用资产投资，如跨组织信息系统投资，促进长期竞争优势的形成（Inauen et al.，2015）。持续异构的信息技术资源和信息处理能力才是企业持续竞争优势的来源。已有研究表明，信息技术资源本身不具有持续的竞争优势，是容易被复制的，与信息系统紧密相连的企业的信息共享和处理架构才是竞争优势的核心所在，它牵涉企业组织设计，是极不易被复制的（Inauen et al.，2015）。此外，跨组织信息系统投资的水平越高，焦点企业获得的来自合作伙伴的知识就越多，这有助于焦点企业在未来交易中获得无可替代的竞争优势，超越竞争对手（Kang et al.，2009）。因此，当基于关系承诺和信任发展的合作伙伴在关系中投入大量时间、专用资产和知识，并建立了有效的治理结构时，就形成了一个基于组织资源依赖、以焦点企业为核心的整合有机体和精简的生产经营流程，同时机会主义行为的减少也降低了与监督绩效和保护投资相关的事后成本，进而产生卓越的绩效（Dyer and Singh，1998）。因此，笔者提出以下假设。

H4.1：跨组织信息系统投资对财务绩效有积极的影响。

2. 信息处理能力的中介效应

有限理性理论表明，环境不确定性会对管理者的认知能力产生不利影响，并产生机会主义问题（Eckerd and Sweeney，2018）。供应链协调或整合的目的是减少效率损失，提高所有利益相关者的收益。为了减少像牛鞭效应这样的因信息不对称产生的供应链损失，组织长期以来采用的治理措施包括使用电子数据交换和互联网技术来共享生产和销售信息、借助供应商管理库存、在常规业务中提供信息共享激励等。这些治理措施往往从关键业务负责人的战略层面互动开始，奠定双方信任基础，促进长远合作。企业可以通过与供应链伙伴进行战略合作或联盟来获得更多的利益（Frohlich and Westbrook，2001；Schoenherr and Swink，2012）。在组织层面的战略合作中，越来越多的关系信息共享使合作方基于"过去的经验"对对方的行为更加熟悉，信息的可见性和可追溯性得到增强（Fu et al.，2017），为充分实施关系治理机制奠定了基础。许多研究表明，有效的信息共享可以减少信息不对称、牛鞭效应和信息失真，降低不确定性，有助于组织迅速分析市场趋势和材料供应现状，优化经营策略，增加营业收入，减少不确定性损失。各类信息系统研究报告也表明，买方和供应商的战略信息共享对共享方和接收方的关系绩效都有积极的影响（Wang et al.，2013）。

除了关系信息共享，信息技术的发展为供应链伙伴之间的信息共享提供了更加便利的手段，增加了供应链伙伴之间的互动。实施信息系统是一个基本步骤，它可以促进跨公司信息交换及供应链的整合协调。详细来说，运用信息技术，焦点企业可以将供应商的需求、采购、生产和运输计划实时整合到自身的规划和控制中，通过如 SAP 的预先计划和优化等算法规则来生成能实现全局最优的供应链和生产计划。并且，信息技术还能实现这类生产计划的共享，以支持垂直协调和协作规划。在客户互动方面，信息技术还能促进企业和客户的联系，以吸收客户对产品的开发建议（Saldanha et al.，2017），并追踪客户的满意度和忠诚度，识别客户的独特价值，定制个性化产品（Saldanha et al.，2017）。许多研究表明，信息技术的使用和业务绩效之间存在直接的、积极的联系。Santhanam 和 Hartono（2003）证实拥有高信息技术能力的公司往往会在各种利润和基于成本的财务绩效上超过行业平均水平，并且，即使在排除了企业个体因素的影响后，这种优越的财务绩效产出在随后的几年里仍然是可持续的。Frohlich 和 Westbrook（2001）则观察到，在与供应商和客户的整合中，网络技术使用程度较高的制造商比使用程度较低的企业表现出更好的经营绩效。将多个独立系统或服务相互连接的信息系统集成的目标是整合多个有关联或存在冗余的独立模块，形成一个协调运行的整体，信息系统集成能力与绩效之间呈正相关关系。在市场不确定风险方面，Huang 等（2018）的研究也表明信息系统能力的提高有助于提高企业的风险管控能力，并且有助于公司运营柔性和市值的提升。综上，笔者提出 H4.2a 和 H4.2b。

H4.2a：跨组织信息系统投资对关系信息共享/技术能力有积极的促进作用。

H4.2b：关系信息共享/技术能力在跨组织信息系统投资与财务绩效的关系中起积极中介作用。

3. 跨组织信息系统投资与信息处理能力的关系及影响因素

在基于信任和承诺的交换关系中，焦点企业对供应商的跨组织信息系统投资更被视为双方联合行动的奠基石。如前所述，跨组织信息系统投资被定义为专门支持焦点企业-供应商信息交流而投资的有形或无形资产（徐梦丹等，2008）。这些具有一定专用性的资产难以在特定范围之外重新部署，关系一旦终止，就会产生极大的转换成本（Williamson，1985）。然而正是由于极大的转换成本，跨组织信息系统投资被认为是建立在信任和承诺上的善意表示，可以产生相互反馈的信任循环，激励合作伙伴及时提供市场信息、先进的机制设计和互惠的关系型专用投资，形成共同依赖（Chen et al.，2017）。由于耗费了巨大的成本，跨组织信息系统投资使双方都更加专注于共同价值创造，并促进信任和承诺的建立，带来更高的相互依赖。另外，通过塑造的强有力联系，专业信息和隐性知识得以传输，跨组织信息系统投资带来的联合学习为焦点企业创造了归属于供应链且不可替代的知识优势，增加了合作伙伴对焦点企业的关系黏性和依赖性（Charterina et al.，2016）。并且，这类信息（知识）能产生积极溢出效应，可在未来交易中被大量运用（Lin et al.，2017）。

跨组织信息系统投资属于较大的关系型投资，促进了高效密集的信息传输，使得双方的凝聚力量不断加强，即联合依赖得到了强化。联合依赖程度高，双方对交换关系的相互依存度就达到了高度平衡。在这种关系中，焦点企业和供应商对彼此来说都是高度重要的，从而形成了稳定且不易随时间消逝的依赖关系（Long et al.，2015；Daft and Lengel，1986）。可见，与通过机会主义行为追求短期利益相比，双方都具有更强的动机维持健康的合作关系，加深经济互动深度（Kim et al.，2016），更有可能制定高频且详细的信息共享规范，建立信息共享通道，通过信息交换维护合作价值（Lin et al.，2017）。但同时，在大多数渠道关系中，交换伙伴一旦发生改变，依赖性关系也会随即发生变化。焦点企业依赖优势反映了一种供应商依赖性高于焦点企业的关系（Daft and Lengel，1986）。拥有权力优势的焦点企业期望供应商使用共享的战略信息来保持高效且实时的供应，以使自身受益。同时，供应商可以使用焦点企业分享的战略信息增强其产品对终端客户的吸引力，更好地满足焦点企业的需求（Daft and Lengel，1986）。因此，为了焦点企业所掌握的稀缺资源和双方供应关系的稳健发展，供应商不太可能会采取机会主义行为。依赖于从跨组织信息系统中获得焦点企业共享的业务信息、稀缺的市场流量资源和提升效率的方法，以及开发高集成信息系统的能力，供应商会更有动力支持通过跨组织信息系统传递标准化信息。

除了关系信息共享方面的作用，跨组织信息系统投资带来的组织间依赖关系的改善还有助于提升技术能力。许多研究表明，拥有强大集成信息系统基础架构的企业更可能拥有较高的技术能力，以支持高效的信息传输和内部控制，以便管理层准确把握企业的现状（Huang et al.，2018）。更重要的是，技术方面的专用资产投资支持合作流程的完善和知识积累，提高了沟通频率和丰富度，促进了组织间高质量的横向交流协作和高效率的纵向信息处理，从而对内积累了促进企业合作竞争的最佳实践经验，对外创造了进行专业知识交流的社会整合机制（Estrada and Dong，2020）。另外，跨组织信息系统投资还促进了矛盾信息的储存和处理，可以帮助企业整理和处理某些特定嵌入在关系中的信息，从而更好地应对矛盾和冲突。综上，笔者提出 H4.3a 和 H4.3b。

H4.3a：联合依赖/焦点企业依赖优势在跨组织信息系统投资与关系信息共享/技术能力的关系中起积极中介作用。

H4.3b：联合依赖/焦点企业依赖优势与关系信息共享/技术能力的因果关系在跨组织信息系统投资与财务绩效的关系中起积极中介作用。

依据资源依赖理论，交换关系中双方所贡献的资源和知识并不一定是平衡的。事实上，大多数情况下是不相等的（Emerson，1962）。由于组织间存在异质性，双方在交换关系中所需获取的资源及获取资源的能力往往存在着较大差异，会出现一方因需求的资源相对较少、获取资源的能力较强而对另一方的依赖程度较弱的现象，另一方则相反，因需求的资源相对较多，获取资源的能力较弱，所以依赖程度较强。当双方交换关系的依赖程度差异较大时，就产生了不对称依赖（Eckerd and Sweeney，2018）。按照焦点企业对供应商依赖程度的相对强弱，依赖又分为焦点企业依赖优势和焦点企业依赖劣势（core-enterprise dependence disadvantage，CEDD）（顾桂芳等，2020）。同时，不对称依赖也是权力产生的基础。焦点企业依赖劣势表明焦点企业在交换关系中对供应商的依赖程度更强，极易引发供应商的强制性权力，并且迫于供应商的权力优势接受各种苛刻的交易要求，处于易受供应商控制的被动地位（Caniëls et al.，2018）。在企业合作和资源交换过程中，依赖劣势方可能无法获得公平的回报，并承担着较大的权力优势方的不合理侵占行为风险，进而阻碍双方资源的交换整合，扼杀了协同创造的机会。因此，处于依赖劣势的焦点企业会寻求新的优化整合双方资源的方式来调整双方的不协调关系，重构组织间依赖关系，如进行特殊的关系型投资，以加强双方的资源流动和整合，降低信息不确定性，提高其获取资源的能力，即进行跨组织信息系统投资（朱树婷等，2016）。与采用机会主义行为等方式改变依赖劣势等策略相比，一方面，跨组织信息系统投资能够通过搭建高效的信息传输通道加强双方互动，提高投资方获取信息和知识的效率和能力，加强知识的吸收与转化，降低投资方的信息不确定性水平；另一方面，作为有效的关系担保方式，跨组织信息系统投资能够建立信任，最大限度地争取双方长期合作，激励对方的价值信息共享行为，增进双方协调，转变由资源交换不协调导致的不对称依赖关系（Kim et al.，2016）。并且，从本质上来看，联合依赖基于嵌入逻辑强调双方交换关系的相互依存及互惠互利特征，而不对称依赖则是基于权力逻辑指出了双方合作中的竞争及权力对抗性质（李晓丹等，2018）。因此，笔者提出 H4.4a。

H4.4a：跨组织信息系统投资对焦点企业依赖劣势有负向影响。

李晓丹等（2018）指出，组织间的不对称依赖大多由合作双方在技术实力和市场资源上的差异产生，会对双方在合作中的议价能力、决策权力、知识共享和信息传输等产生较大的影响。在相对较对称的组织间依赖关系中，合作双方所拥有的技术实力和市场资源大体均衡，双方的依赖关系以联合依赖为主要表现形式，具有较强的互补性和兼容性，此时合作双方倾向于进行通力协作以交换关键资源，形成联合紧密的合作联盟（Zhao et al.，2018）。然而，在不对称依赖的组织间依赖关系中，处于依赖优势的供应商因其在技术实力和市场资源上有较大的相对优势，与处于依赖劣势的焦点企业合作通常做出低于自身付出的回报预期，在合作中倾向于使用权力优势控制焦点企业以获得大份额的合作收益；相对地，焦点企业也因此缺乏足够的谈判能力来抵抗优势供应商的控制要求（Qiu，2018），往往被迫接受优势供应商在业务合作中提出的各项要求，如采用特定规格的零部件、缔结特殊的合约条款和传输约定好的业务信息，处于易被控制的被动地位，并承担较大的机会主义风险（冯华和李君翊，2019）。尤其在信息共享方面，焦点企业通常需要按照优势供应商所规定的方式方法传送相关的市场需求、产品材料等信息。单向的、程序化的信息传输使得处于依赖劣势的焦点企业无法识别信息共享的价值，进而缺乏主动共享有价值的信息的积极性，且出于保护自身关键信息资源的需要在信息传输活动中采用消极的应对策略，造成低价值的、固化的信息流。僵化的组织间交流并不能为合作双方带来信息吸收、转化和利用的高效率，这就进一步加剧了合作双方对信息共享活动所创造的价值的识别差异（Eckerd and Sweeney，2018），合作双方不仅无法充分运用双方信息开展协同创新、优化资源配置、形成整合资源，反而使得其资源交换活动受阻，进而损害双方的长期合作。

不对称依赖意味着过度嵌入的组织间联系，较大的依赖关系差异使得处于依赖劣势的焦点企业高度依赖于处于依赖优势的供应商所提供的重要资源和市场信息，长期的资源依赖和重复交换易导致组织间关系的僵化。处于依赖优势的供应商由于占据权力优势地位，主观上不会积极进行关键信息共享，而处于依赖劣势的焦点企业迫于供应商的强制性权力大多只共享固化且低价值的信息，这就导致合作双方的互动交流陷入不充分且低效的窘境，在交易合作中缺乏高度的协调和一致性，发生矛盾和冲突的概率也随之提高（Qiu，2018）。并且，在不对称依赖的情境下，尽管合作双方可以通过长期合作建立的流程和模式稳定地交换资源，但权力地位差异导致双方具有不同的利益诉求。处于依赖优势的供应商会利用权力优势争取对自己有利的条款，而处于依赖劣势的焦点企业则渴求获得相对公平的回报。不同的利益诉求增加了双方的交易谈判难度，并导致较大的讨价还价及沟通成本，无法形成高效的信息流，也阻碍双方通过高频次的互动进行协商，联合解决问题，及时化解矛盾（Chu et al.，2019；李晓丹等，2018）。换句话说，不对称依赖导致的过度嵌入关系，导致双方无法就合作交易事宜进行适时且高效的沟通，过程中的矛盾和冲突得不到及时解决，导致组织无法获取有助于改善业务流程和创造创新收益的价值信息。此外，不对称依赖还导致合作双方对交易公平的判断不精确。在不对称依赖的组织间关系中，处于依赖优势的供应商关注权力的相对控制地位，而处于依赖劣势的焦点企业在权力强压下对长期合作的预期较低，更为关心收益的相对公平，即对交换行为的公平性更加敏感紧张，并且因为处于易被控制的劣势地位易于猜疑对方采取机会主义行为（Shen et al., 2017）。对交易公平的反复衡量和对机会主义行为的担忧进一步降低了双方之间的信任度，遏制了信息共享等协同行为。总的来说，不对称依赖蕴含的双方权力差异是抑制共享有价值的信息这一行为的根本原因，而跨组织信息系统投资能够削减双方权力差异带来的对抗性竞争关系。具体来说，跨组织信息系统投资搭建了透明、共享的信息平台，形成了便捷的资源传输渠道，消除了处于依赖劣势的焦点企业因权力地位差异感知到的信息隔墙，焦点企业通过透明高效的信息渠道可以获取所需的关键信息，加快信息流动的频率（陈文波等，2016）。并且，焦点企业还能够借助跨组织信息系统这一平台上的各类实时聊天工具进行及时沟通，有助于解决流程冲突、化解交易矛盾和达成合作共识。有价值的信息交流的频率提高了，及时的协调沟通也增加了，合作双方就能够通过高效高质的信息流识别信息共享的价值，进而增强共享关键信息的积极性，形成正向循环（Lin et al., 2017）。因此，笔者提出 H4.4b。

H4.4b：焦点企业依赖劣势对关系信息共享有负向影响，但焦点企业依赖劣势在跨组织信息系统投资与关系信息共享的关系中起积极的中介作用。

除了隐性的关系信息共享，不对称依赖还会影响组织间的技术交流行为。在不对称依赖的组织间关系中，过度嵌入逻辑使合作双方易形成对抗性竞争。一方面，处于依赖优势的供应商通过施加权力保持自身的优势地位，在组织间交流上倾向于高强度的技术保护（李晓丹等，2018），阻碍交换过程中自己的技术输出与运用，以防止自身的优势地位受到威胁。这就导致处于依赖劣势的焦点企业无法从关键供应商处获取与业务密切相关的技术知识，也无法学习供应商先进的技术手段和相应的业务流程管理经验（李纲，2014）。另一方面，从处于依赖劣势的焦点企业的角度来看，其所拥有的资源和获取信息的渠道天然不足，而处于依赖优势的供应商的控制又使其难以获得相对公平的技术交流回报，这使得处于依赖劣势的焦点企业在运用先进的技术手段处理业务信息、整合业务流程和提高业务处理效率上受到了较大的技术掣肘（王永贵等，2017）。并且，处于依赖劣势的焦点企业与处于依赖优势的供应商的技术实力可能存在较大的差距，焦点企业对关键供应商的复杂技术的吸收能力较弱，导致供应商即使秉持互惠共赢的原则提供的技术溢出也难以在双方交易中被充分地接受和切实地运用，从而无法获得预期的收益，进一步削弱处于依赖优势的供应商进行技术输出的意愿，导致恶性循环（李宇和唐蕾，2020）。另外，在高度不对称的组织间依赖关系中，由于双方的信息交流较少，处于依赖劣势的焦点企业面对的不确定性信息越多，供应链复杂性就越高，也就越不利于焦点企业的内部学习以及通过技术手段进行内部运营的变革与优化（霍宝锋等，2017）。在这样的情况下，类似地，作为一种实物资产，跨组织信息系统投资代表了处于依赖劣势的焦点企业进行持续性合作的期望与担保，它能够激励处于依赖优势的供应商以自身的技术优势进行关系投资，加强信任，建立互惠基础（刘行简等，2018）。并且，跨组织信息系统投资还能够帮助焦点企业以高效实时的方式与供应商进行技术互动与交流，有效学习和吸收供应商先进的技术知识和管理经营经验（邱泽奇和由入文，2020），并将其整合进双方的交易合作中，提升学习能力和业务信息处理能力，在内部加快业务技术变革，提升业务处理效率（张辽和王俊杰，2020）。因此，笔者提出 H4.4c 和 H4.4d。

H4.4c：焦点企业依赖劣势对技术能力有负向影响，但焦点企业依赖劣势在跨组织信息系统投资与技术能力的关系中起积极的中介作用。

H4.4d：焦点企业依赖劣势与关系信息共享/技术能力的因果关系在跨组织信息系统投资与财务绩效的关系中起积极中介作用。

4. 规范性关系承诺的调节效应

在社会交换理论中，信任和承诺被认为是应对机会主义风险和维护稳定的伙伴关系的关键要素。一旦交易双方就这一点达成共识，双方就会表现出忠诚行为，如良好口碑或持续交易。信任被定义为企业相信并依赖合作伙伴的一种意愿（Miquel-Romero et al.，2014）。交易过程中建立的信任关系可以激励合作伙伴的回馈信任，从而降低交易风险（Wu et al.，2015）。企业之间的承诺表明企业愿意承担风险并牺牲短期利益来维护长久互惠的关系。当交易关系中存在承诺时，合作伙伴愿意积极建立稳定和可持续的合作关系，主动降低解散关系的可能性（Miquel-Romero et al.，2014）。承诺的增加会减少机会主义行为，增加公司投资专用资产的意愿。尽管承诺无法改变跨组织信息系统投资可能造成的潜在损失，但该资产产生的后续回报将在承诺的环境下更易实现。基于短期风险和长期目标的平衡，高水平的承诺更可能导致合作关系的成功。进一步地，关系加强了合作伙伴之间的联系，跨组织信息系统投资是创造承诺的动力，并为稳定忠诚的关系提供支持。其中，由于认同某一供应链成员的价值或对该成员产生情感依赖而愿意与该成员维持关系的规范性关系承诺（normative relationship commitment，NRC）与长期互惠的意图最为契合。这种承诺建立在双方内化彼此的规范和价值观的基础上（Brown et al.，1995），表明一方确信其合作伙伴不追求投机行为，并积极对关系进行投资，对可共享的有价值的信息达成一致。通过培养信任，减少机会主义行为，创建共同发展目标，维持长久合作期望，规范性关系承诺可以降低由转换依赖引起的关系不确定风险，并发出规范性关系信号引导投资者更多地关注社会交往和可持续性的经济获益，而不纯粹考虑短期的经济得失（Brown et al.，1995）。总的来说，注重组织间信息交换的跨组织信息系统投资能够提高有价值的信息的传导效率，提供较一般投资更高的投资回报。进一步地，出于互惠的共同期望，基于规范性关系承诺建立的高度信任和承诺则连同跨组织信息系统投资一起增强了由多次买卖交易建立的组织间依赖关系（Shahzad et al.，2018）。因此，笔者提出以下假设。

H4.5a：规范性关系承诺对跨组织信息系统投资与焦点企业依赖优势之间的相互作用关系具有积极的调节效应。

信息共享意味着及时获取和传播有关规划及控制供应链运作的相关信息。许多研究指出，信息共享对供应链的效率、有效性和组织竞争优势至关重要。例如，企业和主要合作伙伴之间的客户需求信息共享，在确保运营通畅性、降低由缺货导致的订单损失率上扮演着重要角色（吴言波等，2021）。高质量的信息共享来源于组织与供应商的过程整合。在交易流程的整合和衔接过程中，协调是组织进行一系列组织间活动的首要目标。在这一方面，承诺被认为是促进人际关系、抑制流程冲突、增强组织间合作和提升经济效率的关键因素（张婧等，2017），在降低交易成本、激发专用资产投资和引导高质量的关系信息共享上发挥了重要作用（Chen et al.，2017）。规范性关系承诺，产生于组织对合作伙伴的价值认同与主观信任，有助于增加关系价值的创造机会。作为一种约定俗成的规范，承诺能够通过减少合作关系中的监控成本提高交易双方对业务交换的价值感知（刘晨等，2014）。企业对合作伙伴信誉和能力的信任是双方共享市场相关信息、创造新事物的基础（张延涛，2017）。尤其是在B2B（business to business，企业对企业）电子商务环境下，一方面，高质量的关系承诺使合作伙伴更愿意披露专有信息，有助于组织依据及时准确的市场信息正确定价产品，更有效地联合销售附加产品，进而增加销售量和利润（Shahzad et al.，2018；简兆权等，2018）。另一方面，高质量的关系承诺意味着双方建立了坚实的信任基础，合作伙伴相信彼此在合作中不会采取机会主义行为，共享的信息更易于被对方所吸收和运用，从而有效降低内部信息环境的不确定性水平，助益绩效提升（杨晓艳和顿妍妍，2017）。此外，规范性关系承诺的发展能够激励长期合作，形成稳定的交易模式和更高效的联合工作模式，提升产品开发和创造能力，最终带来更好的绩效表现。因此，笔者提出H4.5b。

H4.5b：规范性关系承诺对关系信息共享与财务绩效之间的相互作用关系具有积极的调节效应。

在已有研究的基础上，图4.1描绘了本章研究模型的直接作用路径图，图4.1未标注的中介作用假设示意见表4.1，本章采用偏最小二乘结构方程模型（partial least squares-structural equation model，PLS-SEM）来构建各个变量之间的路径分析模型，并进行中介效应和调节效应分析。

第4章 跨组织信息系统投资对财务绩效的影响研究

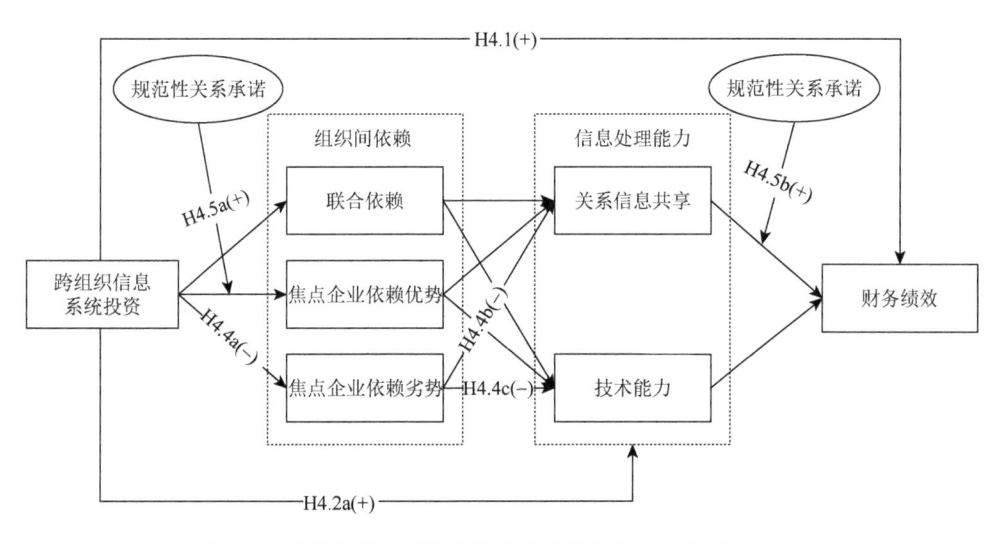

图 4.1 跨组织信息系统投资的联动作用的直接作用路径图

"＋"代表正向影响，"−"代表负向影响；另已被较多文献验证的直接路径未建立研究假设，后续计算会再次进行验证

表 4.1 信息处理能力中介效应及影响因素假设

研究假设路径	方向
H4.2b：跨组织信息系统投资→关系信息共享/技术能力→财务绩效	＋
H4.3a：跨组织信息系统投资→联合依赖/焦点企业依赖优势→关系信息共享/技术能力	＋
H4.3b：跨组织信息系统投资→联合依赖/焦点企业依赖优势→关系信息共享/技术能力→财务绩效	＋
H4.4b：跨组织信息系统投资→焦点企业依赖劣势→关系信息共享	＋
H4.4c：跨组织信息系统投资→焦点企业依赖劣势→技术能力	＋
H4.4d：跨组织信息系统投资→焦点企业依赖劣势→关系信息共享/技术能力→财务绩效	＋

注："＋"代表积极的中介作用

4.2.2 跨组织信息系统投资与控制机制的一致性关系

基于前文关于跨组织信息系统投资对财务绩效的影响机制的研究，笔者研究了跨组织信息系统投资与控制机制是否存在一致性关系，以及二者是如何共同影响绩效产出的，对跨组织信息系统投资与财务绩效的关系做了更深入的研究。

1. 基本假设

Long 等（2015）的研究指出，正式控制能有效降低跨组织信息系统投资短期交易的成本，而当预期交易时间持续较长时，关系投资的保护措施在多次重复博弈中会更加有效。此时合作两方之间的相互适应会激发信任和可信承诺，从而降低交易成本，增加交易价值（Inauen et al.，2015）。跨组织信息系统投资规模越大，控制机制的规模也应越大，治理形式就越趋近于纵向整合。这种一体化的治理结构常被用于解决更大规模的跨组织信息系统投资和信息不对称的市场风险（Long et al.，2015）。

另外，跨组织信息系统投资和控制机制的关系也可从信息技术管理领域一些运用信息处理观来解释信息系统应用的差异性结果的研究中见微知著。例如，许多公司依靠ERP系统实行广泛的供应链整合和流程标准化。Gattiker和Goodhue（2005）发现，正如信息处理观所指出的，ERP的影响取决于现有不确定性的类型和数量。许多ERP实施事故可归因于所应用的ERP（信息处理能力）与业务独特性（信息处理需求）的不一致性。二者相匹配所要求的高度一致性和实施过程中的巨大差异产生的矛盾的逐渐累积，是ERP实施效果大相径庭的原因。同样，Mani等（2010）在127个信息技术外包项目中发现了支持信息处理观匹配理念假设的有力证据。他们提出，信息投资和信息处理能力的规划需要对三个重要因素进行联合评估：治理结构、关系流程和信息技术。这种创新的结构可能是将公司治理结构与其信息处理能力联系起来的首次尝试。此外，供应链的不确定性增加了买方对供应商的信息处理需求。为了满足这些需求，Wang等（2013）证实，技术支持的系统更适合于促进制造供应链的同步预测和规划。在瞬息万变的市场环境下，除了先进的信息技术外，还需要通过控制机制促进制造供应链各主体间的相互适应。因此，综合现有理论基础，笔者认为跨组织信息系统投资与控制机制存在一致性关系，提出H4.6a和H4.6b。

H4.6a：相比跨组织信息系统投资与控制机制不匹配时，匹配时的财务绩效水平更高。

H4.6b：在匹配情形下，跨组织信息系统投资或控制机制水平越高，财务绩效水平越高。

供应链由存在相互依赖的节点组织网络组成。这种相互依赖创造了整合供应链各节点组织间的分工和组织间的信息流、物流的整合需求。一体化是一个相互适应和调整的持续进程，包括组织间合作和协调。合作的前提是贸易各方的动机和利益一致，协调则意味着行动一致（Gulati et al.，2005）。尽管合作可以通过正式契约和关系规范等控制机制来实现，并规避道德风险，但仅仅依靠这些机制却不足以实现协调。由于缺乏其他组织可能使用的决策规则和具体的交易信息，组织的行为如何与其他组织的行为相互匹配，以及组织间以何种方式相互依赖对于组织来说是模糊不清的（Gulati et al.，2005）。后续组织设计的研究人员逐渐认识到，信息处理观是他们讨论适应能力的核心，因为信息处理观的重点是协调和反馈问题。信息处理观还指出，有助于实现协调的组织结构都有助于提高合作方行动的可预测性，并增进组织对于行动如何相互依赖的了解（Long et al.，2015；Inauen et al.，2015）。Gulati等（2005）指出，不同采购模式的绩效差异，不单单是由治理机制和市场交易风险之间的不一致性造成的，还是由与信息交流相关的适应能力和适应需求之间的不一致造成的。相似的概念类比表明，致力于跨组织信息交流和沟通的跨组织信息系统在实现供应链协调和绩效产出上发挥着重要作用。

从控制机制的角度看，跨组织信息系统投资已日益成为信任和承诺关系中价值创造动机不足问题的解决方案（Rodríguez-López and Diz-Comesaña，2016）。缺少实物资产投资承载的信任和承诺往往不具备强说服力，依赖关系和关系质量不足以确保双方关系的持续性。跨组织信息系统投资因沉没成本的存在能够促进相互依赖，触发合作方投资意图，是企业组合资源、隔离竞争对手的关键（Chen et al.，2017）。并且，不同于监管企业间交易的控制机制不能为双方提供稳定的商业联系和实现交易价值，仅能维护日常经营事务，跨组织信息系统投资能够帮助创造一系列关系价值，包括隐性的关系信息共享、嵌入式的组织学习、改进的流程以及更高的协调集成效率（李宇和唐蕾，2020）。在许多研究已经逐步验证了跨组织信息系统投资和控制机制的相互适应关系的基础上，笔者提出以下假设。

H4.6c：在不匹配情形下，相比跨组织信息系统投资水平低于控制机制水平，跨组织信息系统投资水平高于控制机制水平对财务绩效的正向影响更强。

2. 理论模型

基于信息处理观和资源依赖理论的结合，组织信息处理需求应当与组织设计相匹配，也就是处于一致性水平上。在进行跨组织关系协调时，常用的组织设计和治理手段就是控制机制。笔者考虑二者的组合变量——控制机制与跨组织信息系统投资的一致性关系及二者对财务绩效的共同影响，建立了基于一致性匹配假设的理论模型（图 4.2）。本章的研究将通过"多项式回归方程+响应面分析"的方式进行。

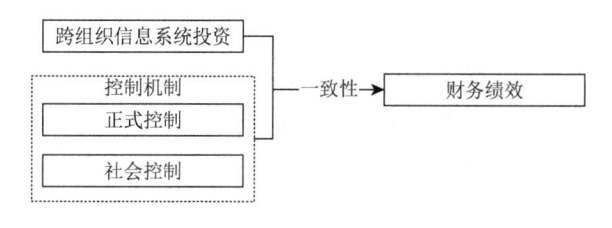

图 4.2　基于一致性匹配假设的理论模型

4.3　考虑信息处理能力中介效应的跨组织信息系统投资与财务绩效的关系

依据资源依赖理论和信息处理观的理论研究，跨组织信息系统投资能够影响供应网络中的组织间关系，改变组织内部的信息处理结构。

4.3.1 研究设计

1. 样本选择和数据收集

本章的研究选择从事供应链工作的专业从业人员为主要调查对象，如采购高管、物流管理人员、物流技术优化专员等，涉及常见的汽车制造及流通业、食品加工及流通业、医药生产及流通业等多个行业。由于工作的特殊性，这类人群对供应链关系、供应商合作、控制机制都有深入的理解，他们的意见能够较为客观地反映供应链各节点的实际关系，保证问卷数据的真实性和可靠性，是最合适的受访者。

在进行问卷设计时，为了保证问卷问题的有效性，本章的研究在正式调研开始前使用了 30 份问卷对部分供应链与物流管理企业的核心管理和技术人员进行了预调研。同时，为了保持较高的问卷有效回复率和质量，我们采取了以下调查方法：①在"问卷星"等问卷专用网站定向派发问卷，选择企业高管、采购/战略等方向的工作人员作为问卷被访者，提供问卷奖励；②将问卷当作 MBA 学生的个人作业，并请他们邀请身边的同领域同事完成；③在问卷填写过程中对被调查者发放现金红包，进行奖励激励，并定向邀请在本领域工作的校友回答问卷；④调查过程中，我们通过两轮电话及电子邮件提醒，以及多次日常提醒（如微信、QQ 提醒等）来提醒被调查者及时填写调查问卷并提交。

从 2019 年 3 月到 9 月，我们共发放 1000 份问卷（包括直接发放、邮寄、电子邮件等方式），最终收回 460 份问卷，有效问卷 307 份，有效率 66.7%。经 SPSS 统计，被调查者有 92.8%是基层以上的管理者，且有 89.6%已经在公司工作了 3 年及以上，保证了被调查者对公司经营情况有较全面的了解。此外，有 63.5%的被调查者来自年度销售额在 5000 万元及以上的企业，这类企业规模较大，拥有较全面的供应链结构和供应网络，能够保证调查结果的科学性，具体情况如表 4.2 所示，原始问卷见本章附录。

表 4.2　样本特征（N=307）

调查项		受测者百分比	调查项		受测者百分比
当前职位	一线员工	7.2%	在该企业的工作年限	8 年及以上	35.8%
	基层管理者	7.5%		5~8 年（不含）	41.4%
	中层管理者	68.4%		3~5 年（不含）	12.4%
	高层管理者	16.9%		1~3 年（不含）	8.4%
				1 年及以下	2.0%

续表

调查项		受测者百分比	调查项		受测者百分比
经营年数	小于10年	19.5%	行业类型	汽车制造及流通业	24.5%
	10（含）~25年	54.5%		食品加工及流通业	10.7%
	25（含）~50年	20.8%		计算机及电子通信设备业	24.5%
	50年及以上	5.2%		服装加工及流通业	9.4%
企业性质	国有企业	28.7%		医药生产及流通业	6.8%
	民营企业	42.3%		其他	24.1%
	股份制企业	12.7%	企业/独立核算部门的员工人数	少于100人	23.1%
	中外合资企业	16.3%		100（含）~300人	18.2%
企业/独立核算部门的年度销售额	少于500万	2.6%		300（含）~500人	18.2%
	500万（含）~1000万元	5.9%		500（含）~1000人	17.9%
	1000万（含）~5000万元	28.0%		1000人及以上	22.5%
	5000万（含）~1亿元	20.8%			
	1亿元及以上	42.7%			

注：数据之和不为100%是修约所致

2. 变量测量及分析工具

为了保证测量工具的信效度符合标准，本章的研究使用的量表均为国内外文献中使用的成熟量表，由两位供应链运营管理方面的专家翻译成中文，再转译为英文比对。所有变量测量均采用利克特7级量表，由被调查者根据实际情况进行判断，"1"表示非常不同意，"7"表示非常同意。经验证性因子分析剔除显著性水平较低的题项后，11个变量最终保留了33个测量题项。

1）自变量

跨组织信息系统投资的测量参考了已被广泛使用的Subramani和Venkatraman（2003）、Kang等（2009）、Jin等（2014）编制的量表，经验证性因子分析后共保留了6个题项（CISI1~CISI6）。

2）观察变量

参考Gulati和Sytch（2007）与Vijayasarathy（2010）的量表和计算方法，衡量焦点企业依赖（core-enterprise dependence，CED）和供应商依赖，共设计了12个题项，经验证性因子分析后最终共保留6个题项（CED1~CED3，SD1~SD3）。焦点企业依赖优势为供应商依赖和焦点企业依赖之差，当供应商依赖小于焦点企业依赖时取0；而焦点企业依赖劣势为焦点企业依赖和供应商依赖之差，当焦点企业依赖小于供应商依赖时取0；联合依赖则由焦点企业依赖与供应商依赖之和得出。

信息处理能力的测量包含两个维度：关系信息共享和技术能力。本章参考 Prajogo 和 Olhager（2012）、Jin 等（2014）、Calanni 等（2015）的研究共编制了 11 个题项。关系信息共享用信息交流水平衡量，最终保留 4 个题项（RIS1～RIS4）。技术能力用信息技术水平衡量，最终也保留了 4 个题项（TeC3～TeC6）。

财务绩效参考 Flynn 等（2010）的研究，要求被试者关注企业的各项财务指标。

3）调节变量

规范性关系承诺的测量参考 Kumar 等（1995）、Brown 等（1995）的研究，经验证性因子分析后保留了 3 个题项（NRC1～NRC3）。

4）控制变量

参考已有研究的常用做法（Feng et al.，2020；Sabherwal et al.，2019），笔者选用企业规模的相关变量——年度销售额（income，Inc）、经营年数（Year）、员工人数（employee，Emp）作为控制变量加入模型中，以尽可能地排除企业规模因素带来的替代解释。

4.3.2　模型建立

1. 统计描述与相关性分析

笔者利用 SPSS 21.0 对所观测到的全部样本数据做了基本的描述性和相关性分析，结果显示，核心自变量跨组织信息系统投资与主要观察变量有显著的正向关系，包含焦点企业依赖（$\beta=0.209$，$p<0.01$）、供应商依赖（$\beta=0.583$，$p<0.01$）、关系信息共享（$\beta=0.583$，$p<0.01$）、技术能力（$\beta=0.503$，$p<0.01$）和财务绩效（$\beta=0.503$，$p<0.01$）。可见，相关性分析结果为本章研究的假设提供了一定的参考。

2. 信效度检验

笔者运用验证性因子分析对所有构念及题项进行信度检验，研究发现，所有变量的 CR 值和 Cronbach's α 系数均超过阈值 0.7，表明所有变量内部一致性良好，信度良好。收敛效度用因子载荷和 AVE 来衡量，衡量对应题项的方差解释力，结果显示所涉及变量的各题项因子载荷均大于理想值 0.5，表明所有变量收敛效度良好。区分效度则衡量了不同变量题项之间的区别程度。结果显示，对角线上的各变量 AVE 平方根均大于各个变量之间的相关系数。并且，参考 Asamoah 等（2021）的研究，笔者运用 PLS-SEM 建模软件 SmartPLS 3 进一步检验结构方程模型各主要潜变量的异质-单质比率（heterotrait-monotrait ratio，HTMT），结果发现 HTMT 均低于阈值 0.9，表明模型涉及的主要构面均具有可接受的区分效度。

3. 共同方法偏差检验

为了排除共同方法偏差的影响，本章的研究首先运用 Harman（1976）的单因子分析，发现第一个主成分解释了 26.59%的方差，小于 30%。并且，笔者采用 PLS-SEM 方法构造共同方法偏差因子进行检验，发现各指标平均解释变异量为 0.648，共同方法平均解释变异量约为 0.007，二者之比约为 92.6∶1，比值较大。综上，共同方法偏差问题不严重。

4. PLS-SEM

结合研究目的和变量特征，本章的研究采用 PLS-SEM 建模软件 SmartPLS 3 构建 PLS-SEM 验证假设（图 4.3）。

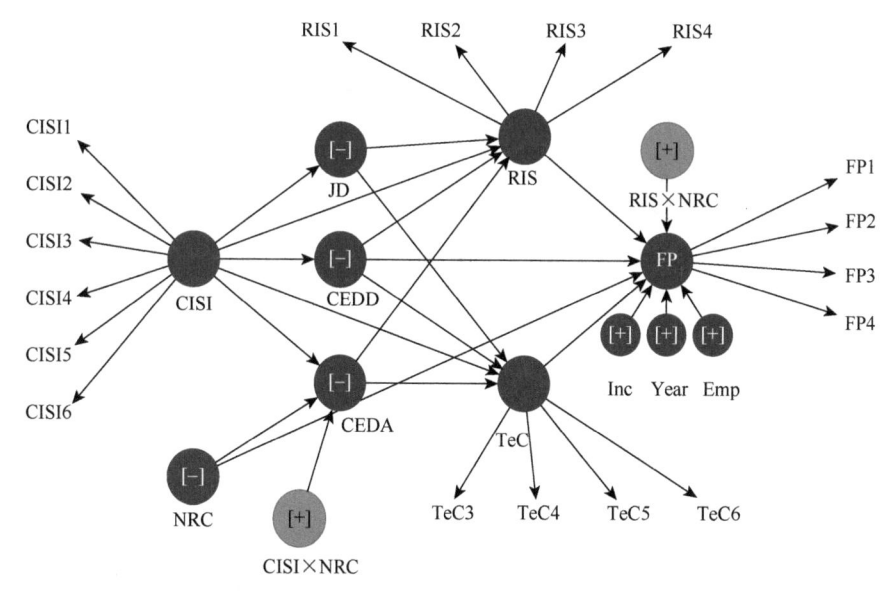

图 4.3　跨组织信息系统投资与财务绩效的关系模型图

[+]表示正向相关关系，[−]表示负向相关关系

5. 模型拟合度

本章的研究采用 PLS-SEM，整体拟合良好，其中，SRMR[①] = 0.061，NFI = 0.839，均优于 Hu 和 Bentler（1999）提出的 SRMR＜0.08，NFI＞0.8 的标准。模型主要因变量，关系信息共享（R^2 = 0.496）、技术能力（R^2 = 0.386）、财务绩效（R^2 = 0.388）可决系数均大于 0.33，表明模型中自变量对主要因变量的解释能力处于中高水平。

[①] SRMR 为 standardized root mean square residual，标准化均方根残差。

另采用 Blindfolding 检验主要因变量的预测相关性,关系信息共享($q^2 = 0.247$)、技术能力($q^2 = 0.186$)、财务绩效($q^2 = 0.218$)均大于 0,模型可接受。

4.3.3 假设检验

1. 直接效应检验

在联合依赖和焦点企业依赖优势情形下,跨组织信息系统投资对财务绩效的影响机制的直接效应检验结果中,在 0.05 的显著性水平下,除控制变量不显著,各个路径系数均正向显著,可知在联合依赖和焦点企业依赖优势情形下,H4.1、H4.2a 可接受;H4.3a 和 H4.3b 中介路径所涉及的变量两两之间的直接作用均正向显著,可进一步验证中介效应的存在。在焦点企业依赖劣势情形下,H4.4a 可接受;H4.4b 的直接作用负向显著,可验证中介效应;而 H4.4c 的直接作用不显著,实证结果拒绝了 H4.4c。此外,观察直接效应检验可知,焦点企业依赖优势比联合依赖对关系信息共享的积极作用更大,技术能力则在提升财务绩效上的作用比关系信息共享更大。这一结果证实了跨组织信息系统投资对联合依赖、焦点企业依赖优势、关系信息共享、技术能力和财务绩效的正向影响,以及对焦点企业依赖劣势的负向作用,初步论证了跨组织信息系统投资→组织间依赖→信息处理能力→财务绩效的作用机制,为后续中介作用分析奠定基础。

2. 中介效应检验

基于直接效应的检验结果,笔者运用 PLS-SEM 选取 5000 个 bootstrapping 样本通过乖离率修正(bias-corrected)进行 95%的置信区间验证。联合依赖和焦点企业依赖优势在跨组织信息系统投资与关系信息共享中的中介作用结果如表 4.3 所示,联合依赖和焦点企业依赖优势中介路径的乖离率修正区间均不包含 0,表明中介作用均显著。并且,由于跨组织信息系统投资对关系信息共享的直接效应显著,因此联合依赖和焦点企业依赖优势发挥的是部分中介作用。在跨组织信息系统投资对关系信息共享的影响路径中,焦点企业依赖优势的中介效应稍大,占比为 61.6%。

表 4.3 联合依赖和焦点企业依赖优势在跨组织信息系统投资与关系信息共享中的中介作用

作用	影响路径	点估计值	乖离率修正	
			95%以下	95%以上
总作用	跨组织信息系统投资→关系信息共享	0.592	0.489	0.718

续表

作用	影响路径	点估计值	乖离率修正	
			95%以下	95%以上
直接作用	跨组织信息系统投资→关系信息共享	0.446	0.329	0.547
间接作用	跨组织信息系统投资→联合依赖→关系信息共享	0.056	0.017	0.102
	跨组织信息系统投资→焦点企业依赖优势→关系信息共享	0.090	0.052	0.135

然而，如表 4.4 所示，在跨组织信息系统投资对技术能力的影响中，联合依赖和焦点企业依赖优势的部分中介效应相当，H4.3a 中介效应得证。

表 4.4 联合依赖和焦点企业依赖优势在跨组织信息系统投资与技术能力中的中介效应

作用	影响路径	点估计值	乖离率修正	
			95%以下	95%以上
总作用	跨组织信息系统投资→技术能力	0.561	0.205	0.555
直接作用	跨组织信息系统投资→技术能力	0.440	0.317	0.548
间接作用	跨组织信息系统投资→联合依赖→技术能力	0.055	0.031	0.100
	跨组织信息系统投资→焦点企业依赖优势→技术能力	0.066	0.011	0.099

此外，如表 4.5 所示，二维信息处理能力在跨组织信息系统投资与财务绩效的关系中的中介作用得到了证实，跨组织信息系统投资可以通过提升关系信息共享和技术能力两方面的信息处理能力提升绩效，尤其是技术能力的介导作用更强。并且，联合依赖/焦点企业依赖优势与信息处理能力的联动作用也得到了证实，跨组织信息系统投资可以通过促进联合依赖和焦点企业依赖优势，进而提升关系信息共享和技术能力，最终提高财务绩效。

表 4.5 联合依赖和焦点企业依赖优势在跨组织信息系统投资与财务绩效中的中介作用

作用	影响路径	点估计值	乖离率修正	
			95%以下	95%以上
总作用	跨组织信息系统投资→财务绩效	0.487	0.301	0.693
直接作用	跨组织信息系统投资→财务绩效	0.261	0.121	0.398

续表

作用	影响路径	点估计值	乖离率修正 95%以下	乖离率修正 95%以上
间接作用	跨组织信息系统投资→关系信息共享→财务绩效	0.063	0.009	0.122
	跨组织信息系统投资→技术能力→财务绩效	0.111	0.048	0.181
	跨组织信息系统投资→联合依赖→关系信息共享→财务绩效	0.008	0.001	0.021
	跨组织信息系统投资→联合依赖→技术能力→财务绩效	0.014	0.002	0.035
	跨组织信息系统投资→焦点企业依赖优势→关系信息共享→财务绩效	0.013	0.001	0.030
	跨组织信息系统投资→焦点企业依赖优势→技术能力→财务绩效	0.017	0.005	0.031

类似地，为了论证焦点企业依赖劣势在跨组织信息系统投资与信息处理能力关系中的中介效应，笔者选取 5000 个 bootstrapping 样本通过乖离率修正进行 95% 的置信区间验证，发现 H4.4b 得证，H4.4c 不成立。

在此基础上，笔者进一步探明焦点企业依赖劣势与关系信息共享/技术能力的因果关系在跨组织信息系统投资与财务绩效关系中的中介作用，发现 H4.4d 不成立。

3. 调节效应检验

为了检验规范性关系承诺对跨组织信息系统投资→焦点企业依赖优势和关系信息共享→财务绩效路径的调节作用，笔者将跨组织信息系统投资与规范性关系承诺的交互项加入原模型中进行回归，发现 H4.5a 成立。如图 4.4 所示，简单斜率分析的结果显示，当规范性关系承诺的水平较高时，单位跨组织信息系统投资的增加对焦点企业依赖优势的促进作用较大，而当规范性关系承诺的水平较低时，单位跨组织信息系统投资的增加对焦点企业依赖优势的促进作用较小。

紧接着，为了进一步研究规范性关系承诺对跨组织信息系统投资→焦点企业依赖优势路径的调节作用对组织间依赖和信息处理能力中介效应的影响，即被调节的中介效应，笔者采用潜调节结构方程模型法对规范性关系承诺的调节中介作用进行检验，并通过有调节的链式中介模型 Mplus 软件代码运算实现。

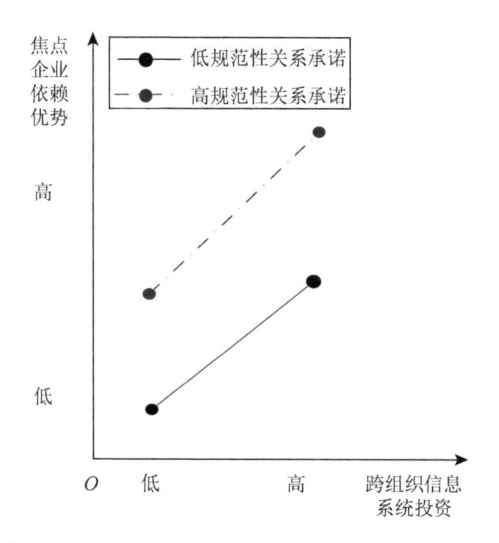

图 4.4 规范性关系承诺在跨组织信息系统投资→焦点企业依赖优势中的调节效应简单斜率分析

笔者采用系数乘积法对可能受到规范性关系承诺调节的中介效应进行分析，而规范性关系承诺对跨组织信息系统投资→焦点企业依赖优势的调节作用属于中介效应中被调节的第一阶段。在跨组织信息系统投资→焦点企业依赖优势→关系信息共享→财务绩效的链式中介里，交互项与中介变量之间的路径系数乘积为 0.006，在 0.05 的显著性水平上无法拒绝原假设，表明在跨组织信息系统投资与财务绩效的相互作用关系中，规范性关系承诺对链式中介焦点企业依赖优势与关系信息共享的因果关系的调节效应不显著，即该链式中介效应在高规范性承诺和低规范性承诺的情境下未表现出显著的中介效应差异。在跨组织信息系统投资→焦点企业依赖优势→技术能力→财务绩效的链式中介里，交互项与中介变量之间的路径系数乘积为 0.012，在 0.05 的显著性水平上不显著，表明在跨组织信息系统投资与财务绩效的相互作用关系中，规范性关系承诺对链式中介焦点企业依赖优势与技术能力的因果关系的调节效应不显著。

接着，笔者检验规范性关系承诺对关系信息共享与财务绩效的相互作用关系的调节效应假设，发现规范性关系承诺对关系信息共享与财务绩效有显著的正向调节效应，H4.5b 成立（图 4.5）。

4.3.4 主要结论

基于信息处理观，本节基于信息获取环节向信息处理环节的演变过程，将信息处理能力细分为反映价值信息共享程度的关系信息共享和业务流程变革程度的技术能力，研究了跨组织信息系统投资如何影响不同维度的信息处理能力及财务

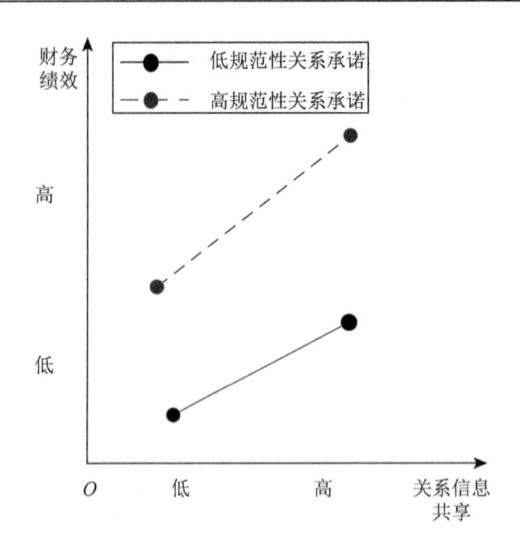

图 4.5 规范性关系承诺在关系信息共享→财务绩效中的调节效应简单斜率分析

绩效。并且，基于资源依赖理论，深入分析了不同组织间依赖维度对跨组织信息系统投资、信息处理能力和财务绩效的影响。

第一，笔者证实了跨组织信息系统投资对财务绩效有积极的影响（H4.1 得到支持）。

第二，笔者证实了跨组织信息系统投资对信息处理能力，包含关系信息共享和技术能力两个维度的促进作用（H4.2a 得到支持），并且信息处理能力在跨组织信息系统投资与财务绩效的关系中起着积极的部分中介作用（H4.2b 得到支持）。

第三，笔者探讨了跨组织信息系统投资与不同的组织间依赖之间的关系，包含联合依赖、焦点企业依赖优势和焦点企业依赖劣势三个维度，并观察到了不同的影响效果。跨组织信息系统投资对联合依赖和焦点企业依赖优势均具有正向影响，但跨组织信息系统投资与焦点企业依赖优势的关系同时受到规范性关系承诺的调节作用，在高规范性关系承诺下才表现出较强的积极作用；跨组织信息系统投资对焦点企业依赖劣势则产生了显著的负向影响。

与以往的研究结果略有不同的是，当焦点企业与其合作伙伴的组织间依赖关系并不那么相当，焦点企业表现出依赖关系优势时，焦点企业主动进行跨组织信息系统投资并不会因其实施了关系型专用资产投资而损害自身的依赖优势，反而会增强依赖优势。这是因为规范性关系承诺在跨组织信息系统投资与焦点企业依赖优势的关系中起到了重要的正向调节作用（H4.5a 得到支持），这是促使这类关系型专用资产由侵占效应向结合效应转变的关键因素。此外，当焦点企业与其合作伙伴的组织间依赖关系表现为焦点企业依赖劣势时，供应商处于依赖关系的权力优势地位时，焦点企业主动进行跨组织信息系统投资能够减轻自身的依赖劣势（H4.4a 得到支持）。

第四，基于跨组织信息系统投资对不同组织间依赖维度的不同影响，笔者分析了不同组织间依赖维度在跨组织信息系统投资对二维信息处理能力的影响中所发挥的中介效应，以及进一步详细分析了跨组织信息系统投资对财务绩效的作用机制，探讨了不同组织间依赖维度与二维信息处理能力的因果关系在其中的中介作用。经分析，笔者发现不同组织间依赖维度在其中表现出了不同的中介效应。结果表明，在组织间依赖关系更多表现为联合依赖和焦点企业依赖优势时，跨组织信息系统投资→联合依赖→关系信息共享→财务绩效、跨组织信息系统投资→联合依赖→技术能力→财务绩效、跨组织信息系统投资→焦点企业依赖优势→关系信息共享→财务绩效和跨组织信息系统投资→焦点企业依赖优势→技术能力→财务绩效四条链式中介路径均显著（H4.3b 得到支持），而在组织间依赖关系明显表现为焦点企业依赖劣势时，跨组织信息系统投资→焦点企业依赖劣势→关系信息共享→财务绩效和跨组织信息系统投资→焦点企业依赖劣势→技术能力→财务绩效两条链式中介效应均不显著（拒绝 H4.4d）（表 4.6）。

表 4.6　不同组织间依赖维度下信息处理能力中介效应结论对比

	变量间作用路径	不同组织间依赖维度检验结果		
		联合依赖	焦点企业依赖优势	焦点企业依赖劣势
相同点	跨组织信息系统投资→关系信息共享/技术能力→财务绩效成立，且技术能力中介效应较大			
	跨组织信息系统投资→依赖→关系信息共享成立			
不同点	跨组织信息系统投资→依赖		正向	负向
	跨组织信息系统投资→依赖→技术能力		正向	不显著
	跨组织信息系统投资→依赖→关系信息共享/技术能力→财务绩效			
	规范性关系承诺在跨组织信息系统投资→依赖中的调节作用	无影响	正向调节，调节中介不显著	无影响

第五，规范性关系承诺对关系信息共享与财务绩效之间的关系有显著的正向调节作用（H4.5b 得到支持）。高规范性关系承诺的关系信息共享对财务绩效的积极影响较低规范性关系承诺更强。同时，跨组织信息系统投资→关系信息共享→财务绩效和跨组织信息系统投资→焦点企业依赖优势→关系信息共享→财务绩效以及组织间依赖与关系信息共享的总间接效果均受到规范性关系承诺对中介效应第二阶段的调节作用的影响，而跨组织信息系统投资→联合依赖→关系信息共享→财务绩效路径的调节中介效果则不显著。

考虑信息处理能力中介效应的跨组织信息系统投资与财务绩效关系假设检验结果如表 4.7 所示。

表 4.7 考虑信息处理能力中介效应的跨组织信息系统投资与财务绩效关系假设检验结果

理论模型假设	检验结果
H4.1：跨组织信息系统投资对财务绩效有积极的影响	支持
H4.2a：跨组织信息系统投资对关系信息共享/技术能力有积极的促进作用	支持
H4.2b：关系信息共享/技术能力在跨组织信息系统投资与财务绩效的关系中起积极中介作用	支持
H4.3a：联合依赖/焦点企业依赖优势在跨组织信息系统投资与关系信息共享/技术能力的关系中起积极中介作用	支持
H4.3b：联合依赖/焦点企业依赖优势与关系信息共享/技术能力的因果关系在跨组织信息系统投资与财务绩效的关系中起积极中介作用	支持
H4.4a：跨组织信息系统投资对焦点企业依赖劣势有负向影响	支持
H4.4b：焦点企业依赖劣势对关系信息共享有负向影响，但焦点企业依赖劣势在跨组织信息系统投资与关系信息共享的关系中起积极的中介作用	支持
H4.4c：焦点企业依赖劣势对技术能力有负向影响，但焦点企业依赖劣势在跨组织信息系统投资与技术能力的关系中起积极的中介作用	拒绝
H4.4d：焦点企业依赖劣势与关系信息共享/技术能力的因果关系在跨组织信息系统投资与财务绩效的关系中起积极中介作用	拒绝
H4.5a：规范性关系承诺对跨组织信息系统投资与焦点企业依赖优势之间的相互作用关系具有积极的调节效应	支持
H4.5b：规范性关系承诺对关系信息共享与财务绩效之间的相互作用关系具有积极的调节效应	支持

4.4 考虑控制机制一致性的跨组织信息系统投资与财务绩效的关系

依据信息处理观和社会交换理论，笔者考察了跨组织信息系统投资对关系信息共享和技术能力两方面信息处理能力的影响，证明了跨组织信息系统投资对财务绩效的正向影响及组织间依赖和信息处理能力在其中所发挥的中介作用。在此基础上，如何制定管理控制措施以管控跨组织信息系统投资的机会主义风险，让跨组织信息交流类的专用资产投资致力于更好的信息处理能力和更卓越的绩效是本章接下来研究的问题。

4.4.1 研究设计

1. 样本选择和数据收集

为了验证假设，笔者通过问卷调查的方法向供应链从业人员收集跨组织信息系统投资和控制机制的相关信息,要求他们基于核心供应商来填写问卷。经调查,获得307份研究样本。

2. 变量测量及分析工具

1）自变量

为测量跨组织信息系统投资与控制机制的匹配关系及与财务绩效的关系,笔者选用跨组织信息系统投资和控制机制作为自变量,其中跨组织信息系统投资的测量采用与前文所述相同的评估方法。

控制机制由正式控制和社会控制组合而成,参考已被广泛验证的 Huang 等（2014a）、Li 等（2010a）的研究量表,正式控制设计了6个题项,最终保留的题项衡量了"合同角色""合同条款""争议处理"3个方面；社会控制设计了5个题项,最终保留的题项衡量了"关系质量""私人接触频率""沟通出发点"3个方面。

2）观察变量

笔者试图从经营结果分析跨组织信息系统投资与控制机制的匹配关系,因此继续选用财务绩效作为观察变量,测量方法与前文一致。

3）控制变量

作为企业经营成果的直接体现,财务绩效与企业的一切经营活动密切相关,本节的研究仍然选用企业规模相关变量,包括 Inc、Year、Emp 作为控制变量纳入模型中。

4.4.2 统计描述与测量模型

1. 统计描述与相关性分析

Pearson（皮尔逊）相关性分析表明,跨组织信息系统投资和控制机制均与财务绩效显著正相关（$\gamma_1 = 0.503^{**}, \gamma_2 = 0.224^{**}$,其中**表示 $p<0.01$）。

2. 信效度检验

在进行假设检验前,笔者运用验证性因子分析对所有变量及其题项进行信度和效度检验。变量的 CR 值和 Cronbach's α 系数均超过阈值0.7,表明所有变量具有较优的内部一致性,即信度良好。并且,AVE 超过阈值0.5,表明所有变量收敛效度较优。此外,对角线上 AVE 平方根均大于相应行列的相关系数,表明本节的研究所涉及的变量具有可接受的区分效度。

除此之外,由于调查问卷由同一被调查者填写可能会引发共同方法偏差问题,笔者通过 Harman（1976）的单因子分析进行检验,结果表明,第一个主成分解释了21.72%的方差,小于30%,可认为在本节的研究中,不存在严重的共同方法偏差问题。

3. 多项式回归

为进一步研究如何优化控制机制以匹配跨组织信息系统投资，本节的研究采用了响应面分析。在进行响应面分析之前，建立了多项式回归方程模型对采用响应面分析的必要条件进行检验，如式（4.1）所示。其中 FP 为财务绩效，CISI 为跨组织信息系统投资，CM 为控制机制，即正式控制和社会控制的和变量，b_0 为截距项，e 为残差。

$$FP = b_0 + b_1 CISI + b_2 CM + b_3 CISI^2 + b_4 CISI \times CM + b_5 CM^2 + b_6 Emp + b_7 Inc + b_8 Year + e \tag{4.1}$$

与已有研究方法一致（陈晨等，2020），为避免多重共线性和方便研究结果的解释，本节的研究对跨组织信息系统投资、控制机制、财务绩效等变量进行均值中心化处理，并计算出两个二次项（$CISI^2$ 和 CM^2）和一个交互项（$CISI \times CM$）。然后使用 SPSS 对控制变量和五个多项式逐步回归，结果如表 4.8 所示。

表 4.8 多项式回归结果

变量	财务绩效		
	模型 4.1	模型 4.2	模型 4.3
截距项	0.000 039	0.000 031	0.057 000
Emp	−0.058	−0.003	−0.009
Inc	0.086	0.016	0.013
Year	−0.011	−0.100	−0.112
跨组织信息系统投资		0.425***	0.417***
控制机制		0.106	0.050
跨组织信息系统投资的平方			0.025
跨组织信息系统投资×控制机制			0.134*
控制机制的平方			−0.220**
R^2	0.002	0.238***	0.260***
ΔR^2		0.239	0.028
F	1.175	21.469***	15.352***

***表示 $p<0.001$，**表示 $p<0.01$，*表示 $p<0.05$

模型 4.1 首先考虑了控制变量，模型 4.2 继续加入跨组织信息系统投资和控制机制的一次项，探讨线性关系，模型 4.3 则进一步引入两个变量的交互项和二次项，探讨交互作用和非线性关系。根据霍宝锋等（2016）、陶厚永和曹伟（2020）与吕鸿江等（2020）的研究，多项式回归的结果须满足三个条件才可进一步做响应面分析：①多项式回归方程的整体解释度必须显著；②方程的平方项和交互项的系数不同时为零；③交互项的系数显著。

由表4.8可知，模型4.3的$F=15.352$且$p<0.001$，表明多项式回归方程整体显著，满足条件①。跨组织信息系统投资的平方、跨组织信息系统投资×控制机制和控制机制的平方的系数分别为$b_3=0.025$，$b_4=0.134$，$b_5=-0.220$，均不为0，满足条件②，即方程的平方项和交互项的系数不同时为0。并且，跨组织信息系统投资×控制机制交互项的系数$b_4=0.134$，该系数在0.05的显著性水平上显著，满足响应面分析的条件③。综上所述，多项式回归结果表明，可做进一步的响应面分析。

4. 响应面分析

响应面分析是基于二项式回归的五个参数[如式（4.1）中的b_1，b_2，b_3，b_4，b_5]，运用科学数据分析和可视化软件OriginPro 2015软件绘制出的三维响应面来表现两个变量及其相互关系对因变量的影响，其突出优势在于使抽象复杂的变量之间的关系变得更为形象生动。使用响应面分析方法对变量之间的一致性关系进行分析，就是运用响应面中的关键特征值进行分析，主要是一致性匹配曲线和不一致性匹配曲线。在本节的研究中，一致性匹配曲线（CM = CISI）描述跨组织信息系统投资和控制机制两个变量完全一致时响应面的变化情况，不一致性匹配曲线（CM = −CISI）则描述跨组织信息系统投资和控制机制两个变量由不一致变成一致再变成不一致时响应面的变化情况。一致性匹配曲线通过将CM = CISI（或CISI = CM）代入式（4.1）中求得，该曲线是一个以CISI（或CM）为自变量的二次函数，如式（4.2）所示。具体来说，一致性匹配曲线代表的是沿着CISI = CM直线的铅直平面与响应面相交而得的曲线。一致性匹配曲线左侧的部分对应跨组织信息系统投资水平高于控制机制水平的区域，而右侧则对应跨组织信息系统投资水平低于控制机制水平的区域。曲线的走向可通过点（CISI = 0，CM = 0）斜率和曲率进行判断，并对其显著性进行t检验。类似地，将CM = −CISI（或CISI = −CM）代入式（4.1）可得不一致性匹配曲线方程，如式（4.3）所示。不一致性匹配曲线对应沿着CISI = −CM直线的铅直平面与响应面相交而得的线，曲线的走向表示当跨组织信息系统投资与控制机制处于完全相反的一致性水平时因变量财务绩效的变化规律，可通过不一致性匹配曲线的斜率和曲率进行判断。

$$\text{FP} = b_0 + (b_1 + b_2)\text{CISI} + (b_3 + b_4 + b_5)\text{CISI}^2 + b_6\text{Emp} + b_7\text{Inc} + b_8\text{Year} + e \tag{4.2}$$

$$\text{FP} = b_0 + (b_1 - b_2)\text{CISI} + (b_3 - b_4 + b_5)\text{CISI}^2 + b_6\text{Emp} + b_7\text{Inc} + b_8\text{Year} + e \tag{4.3}$$

参考陈晨等（2020）、吕鸿江等（2020）、柏帅蛟等（2018）、李树文等（2020）的研究介绍的响应面分析，本节的研究进一步考察响应面沿一致性匹配曲线

CM = CISI 和不一致性匹配曲线 CM = –CISI 的变化趋势，检验跨组织信息系统投资和控制机制是否存在一致性关系以及一致性关系的具体表现。依据多项式回归结果，笔者计算了三维响应面分析所需的一致性曲线和不一致性曲线的斜率、曲率特征值，并对特征值的估计值进行了显著性检验，结果如表 4.9 所示。然后，笔者依据所计算出来的特征值，运用科学数据分析和可视化软件 OriginPro 2015 软件绘制三维响应面图（图 4.6），X 轴代表跨组织信息系统投资，Y 轴代表控制机制，Z 轴代表观察变量——财务绩效，响应面表示随着跨组织信息系统投资与控制机制的变化，财务绩效的变化规律，观察响应面沿着一致性曲线和不一致性曲线的变化趋势，可以研究跨组织信息系统投资和控制机制对财务绩效的共同影响。

表 4.9 响应面特征

匹配曲线分类	特征	β	t	p
一致性匹配曲线 （CM = CISI）	斜率	0.467	5.768	**
	曲率	−0.061	−0.613	ns
不一致性匹配曲线 （CM = –CISI）	斜率	0.367	3.295	**
	曲率	−0.329	−2.338	*

注：ns 表示不显著
**表示 $p<0.01$，*表示 $p<0.05$

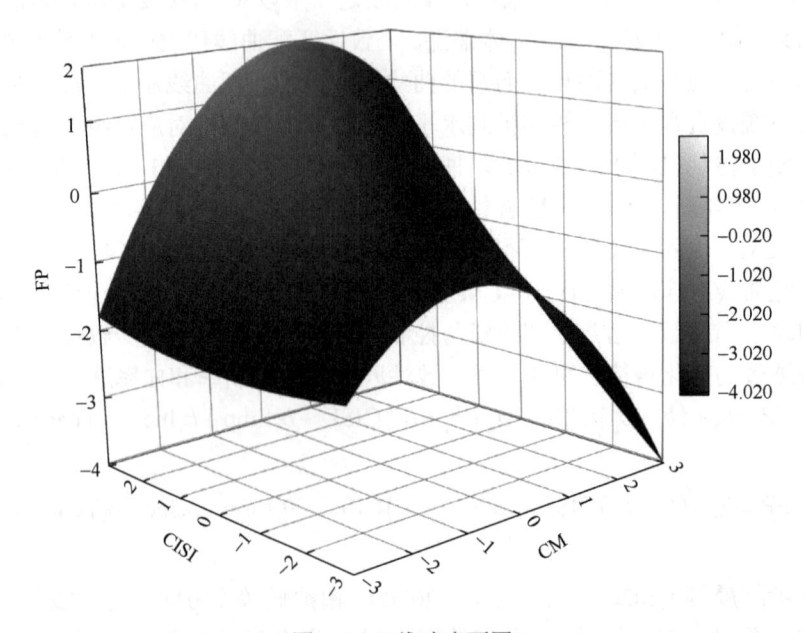

图 4.6 三维响应面图

数据分析结果显示响应面整体呈鞍形，观察表 4.9，笔者得出如下结论。

首先，针对 H4.6a，需要对比财务绩效在跨组织信息系统投资与控制机制处于一致性匹配关系和不一致性匹配关系时是否具有显著差异，可通过不一致性匹配曲线的曲率进行判断。结果显示，在 0.05 的显著性水平下，不一致性匹配曲线曲率（-0.329，$p<0.05$）显著为负，表明响应面沿 CM = -CISI 不一致性匹配曲线呈凹形，跨组织信息系统投资与控制机制的不一致性匹配曲线与财务绩效呈倒"U"形关系，响应面从一致性匹配曲线向左右两侧缓慢下降，即相较于在跨组织信息系统投资与控制机制处于不一致性匹配关系时，二者处于一致性匹配关系时，财务绩效的取值更大，H4.6a 得到支持。

其次，针对 H4.6b，需要特别关注当跨组织信息系统投资与控制机制处于一致性匹配关系时，高水平和低水平的跨组织信息系统投资与控制机制是否会带来财务绩效的显著差异，这可以通过一致性匹配曲线的曲率和斜率进行判断。具体来说，在 0.01 显著性水平下，CM = CISI 一致性匹配曲线斜率显著为正（0.467，$p<0.01$），曲率不显著且几乎为 0（-0.061），属于斜率显著为正但曲率不显著的情况，曲率不显著表明响应面沿着一致性匹配曲线接近一条直线，斜率显著为正则表明财务绩效这一因变量随着跨组织信息系统投资和控制机制的增强而增加。换句话说，在匹配情形下，相较于低水平上的一致性，高水平上的一致性将使得财务绩效更优，且在一致性程度不变的情况下，提升跨组织信息系统投资和控制机制时，绩效增长速度几乎保持不变，H4.6b 得到支持。

最后，针对 H4.6c，笔者需要关注当跨组织信息系统投资与控制机制处于不一致性匹配关系时，跨组织信息系统投资水平高于控制机制水平和跨组织信息系统投资水平低于控制机制水平两种情况下财务绩效的差异是否显著，以及具体的差异方向，这常通过不一致性匹配曲线的曲率和斜率进行判断。结果显示，在 0.05 的显著性水平下，CM = -CISI 不一致性匹配曲线的斜率（0.367，$p<0.01$）显著为正，曲率（-0.329，$p<0.05$）显著为负，说明不一致性匹配曲线的顶点偏离了一致性匹配曲线和不一致性匹配曲线的交点。

观察图 4.6，沿着不一致性匹配曲线，曲线左侧的响应面高于右侧，暗示在跨组织信息系统投资水平高于控制机制水平时，财务绩效更高。但是，仅根据这一观察尚不能得出可靠的研究结论。柏帅蛟等（2018）的研究指出，在不一致性匹配曲线的斜率和曲率均显著的情况下，不易根据响应面的形状得出直接的结论，直接观察响应面的变化趋势的方法缺少一定的统计证据支持，他们主张采用统计检验的方法对两种情况下的因变量变化差异进行比较验证。因此，笔者进一步运用统计检验方法对两种不一致匹配情形下的财务绩效差异是否显著进行了验证。参考柏帅蛟等（2018）的研究方法，笔者将跨组织信息系统投资与控制机制进行去中心化后求均值和标准差[$E(\text{CISI})= 0$，$D(\text{CISI})= 1.178$；$E(\text{CM})= 0$，$D(\text{CM}) = 1.518$]，以及跨组织信息系统投资与控制机制均值的中点和标准差的均值,并进一步求出跨组织信息系统投资水平高于控制机制水平（CISI＞CM）的值如点 C（$CISI_h = 1.348$,$CM_l = -1.348$）所示,以及表示跨组织信息系统投资水平低于控制机制水平（CISI＜CM）的值如点 D（$CISI_l = -1.348$,$CM_h = 1.348$）所示,其中,下标 h、l 分别表示跨组织信息系统投资水平、控制机制水平的高、低,并将点 C 和点 D 代入式（4.1）求得 FP 以及相应的 t 统计量（$t = 1.973$）,根据 t 分布在 95%置信水平上的临界值可知点 C 和点 D 存在显著差异（$t = 1.973 > 1.960$）,且差异为正,这一结果表明在不匹配情形下,跨组织信息系统投资水平比控制机制水平高时,财务绩效更高,H4.6c 得到支持。

4.4.3 主要结论

综上所述,本节探讨了跨组织信息系统投资与控制机制的一致性关系,得到的主要结论汇总如下。

第一,跨组织信息系统投资对财务绩效有正向显著的线性作用,而跨组织信息系统投资与控制机制的不一致性匹配曲线与财务绩效呈倒"U"形曲线关系。这再次论证了跨组织信息系统投资对财务绩效的积极作用。同时,结论也表明,控制机制与财务绩效并不是正相关或负相关的简单线性关系。

第二,跨组织信息系统投资与控制机制的交互项正向显著,即二者的交互作用对财务绩效产生积极的影响,为后续的一致性分析提供了初步结论。这一结果也从侧面印证了跨组织信息系统投资与控制机制之间并不是单向的线性因果关系,而是相互影响,共同作用于最终的绩效产出,可见,从双边视角来研究跨组织信息系统投资与财务绩效之间的关系是必要的。

第三,一致性分析结果表明,当跨组织信息系统投资水平与控制机制水平处于高水平的一致性匹配关系时,财务绩效更优;反之,财务绩效较差。并且,在高水平的一致性匹配关系下,跨组织信息系统投资水平与控制机制水平提升推动的财务绩效增长速度相近。正所谓"过犹不及",控制机制的实施也遵守这一规律,切忌为了"全方位"扼制机会主义行为和道德风险而实施过高的控制机制水平,相反,在跨组织信息系统投资与控制机制处于较高水平的一致性匹配关系时,二者共同作用,相互促进,对财务绩效的助力作用是比较突出的。

第四,当跨组织信息系统投资水平与控制机制水平处于不一致性匹配关系时,跨组织信息系统投资增长拉动的财务绩效提升较控制机制高。一方面,这一结论从侧面印证了跨组织信息系统投资在提高财务绩效上发挥的积极作用,另一方面,这一结论也凸显出所实施的控制机制水平应当与跨组织信息系统投资水平处于较

第4章 跨组织信息系统投资对财务绩效的影响研究

为合适的一致性匹配关系上,否则在二者的水平并不相称时,控制机制过高带来的财务绩效损失可能会更大。

综上所述,表 4.10 汇总了笔者考虑控制机制一致性关系的跨组织信息系统投资与财务绩效关系的假设检验结论,图 4.7 概括了跨组织信息系统投资和控制机制在不同一致性匹配关系下的财务绩效表现结论。

表 4.10 考虑控制机制一致性关系的跨组织信息系统投资与财务绩效关系的假设检验结论

假设	检验结果
H4.6a:相比跨组织信息系统投资与控制机制不匹配时,匹配时的财务绩效水平更高	支持
H4.6b:在匹配情形下,跨组织信息系统投资或控制机制水平越高,财务绩效水平越高	支持
H4.6c:在不匹配情形下,相比跨组织信息系统投资水平低于控制机制水平,跨组织信息系统投资水平高于控制机制水平对财务绩效的正向影响更强	支持

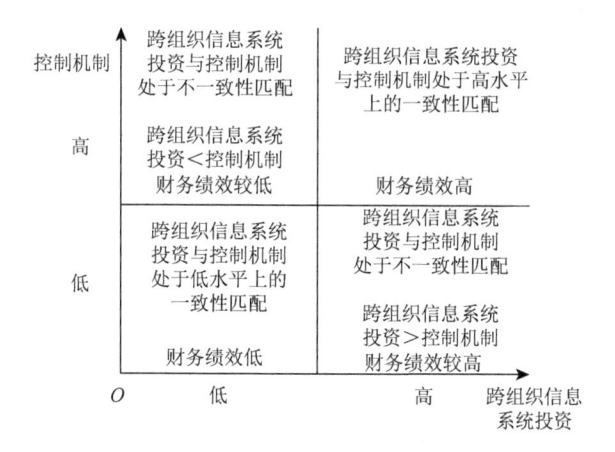

图 4.7 考虑控制机制一致性关系的跨组织信息系统投资和控制机制与财务绩效的关系示意图

4.5 结论与展望

4.5.1 研究结论

基于信息处理观,笔者构建了跨组织信息系统投资的评估框架,通过实证分析检验跨组织信息系统投资与组织间依赖、信息处理能力和财务绩效的联动作用,识别了跨组织信息系统投资与财务绩效的中间环节,以及规范性关系承诺在其间发挥的调节作用,并进一步延伸跨组织信息系统投资的管理问题,探究跨组织信息系统投资与控制机制的相互作用。分而述之,有以下几点主要结论。

1. 跨组织信息系统投资与信息处理能力的中间环节：组织间依赖

基于信息处理观对企业信息环境和实现信息价值的过程进行分析，本章特别关注了跨组织信息系统投资的价值实现机制。按照信息处理能力的表现形式，笔者将信息处理能力分为关系信息共享和技术能力两个维度，分别衡量组织横向共享、分析及运用业务关键信息的能力和通过跨组织信息系统纵向地变革组织业务流程，实现流程自动化和协同化的能力。结合资源依赖理论和信息处理观的相关理论基础，笔者探究了跨组织信息系统投资这一特殊的关系型专用资产投资是如何影响组织内部与财务绩效密切相关的信息处理能力的。一方面，笔者证实了跨组织信息系统投资能够直接促进关系信息共享和提高技术能力。另一方面，笔者发现了组织间依赖在跨组织信息系统投资对信息处理能力产生影响过程中的重要中介作用，且表现出了不同的中介作用差异。首先，在跨组织信息系统投资对关系信息共享的影响路径中，联合依赖、焦点企业依赖优势和焦点企业依赖劣势均表现出了积极的中介作用，但原理各不相同，跨组织信息系统投资可以通过促进联合依赖或焦点企业依赖优势增强其对关系信息共享的积极作用，还可以通过减弱焦点企业依赖劣势削减其对关系信息共享的消极作用。其次，在跨组织信息系统投资对技术能力产生影响的过程中，笔者论证了联合依赖和焦点企业依赖优势在其间的中介效应，但在焦点企业依赖劣势情形下并未观察到显著的中介作用，主要是因为焦点企业依赖劣势对技术能力的负面影响并不显著。一个可能的解释是，横向价值信息共享由合作双方的主观共享意愿驱动，因而在焦点企业处于依赖劣势时，其难以从具有依赖优势的供应商处获得高价值的共享信息；但纵向业务流程变革水平则更多受到双方关系型专用资产投资的影响，如笔者所观察到的跨组织信息系统投资对技术能力的直接促进作用较大，因而在焦点企业处于依赖劣势时无法观测到显著的消极影响。总的来说，组织间依赖在跨组织信息系统投资对信息处理能力产生影响的过程中起到了重要的介导作用，表明跨组织信息系统投资通过影响不同的组织间依赖关系影响组织内部的信息处理能力。

2. 跨组织信息系统投资与财务绩效的中间环节：信息处理能力

基于对跨组织信息系统投资对信息处理能力的影响机制的研究，笔者发现跨组织信息系统投资可直接促进关系信息共享和提高技术能力，同时也可通过增强组织间依赖关系，包括联合依赖和焦点企业依赖关系，进而提高自身的信息处理能力，还可通过削弱焦点企业依赖劣势来减轻其对关系信息共享的负面影响。在这个结果的基础上，笔者深入研究了跨组织信息系统投资→组织间依赖→信息处理能力→财务绩效的联动机制，探讨组织间依赖和信息处理能力是否是跨组织信息系统投资与财务绩效关系的中间环节。首先，研究结果表明，关系信息共享和技术能力的中介效应较为突出，跨组织信息共享通过提高关系信息共享和技术能力两方面的信息处理能力提高财务绩效产出。信息处理能力在跨组织信息系统投资到财务绩效的价值实现过程中发挥着非常重要的中介作用。其次，笔者考察了组织间依赖各维度与信息处理能力的联动机制在跨组织信息系统投资与财务绩效关系中的传导效应。研究结果证实了联合依赖和焦点企业依赖优势与关系信息共享和技术能力的因果关系在跨组织信息系统投资与财务绩效的关系中发挥着显著的积极中介作用，其中焦点企业依赖优势与技术能力的联动促进作用在间接影响中均较为突出。然而，研究并未发现焦点企业依赖劣势与关系信息共享和技术能力的联动作用在跨组织信息系统投资与财务绩效的关系中发挥着显著的中介作用。关于这一结果的解释主要是，在焦点企业依赖劣势的情况下，跨组织信息系统投资对组织信息处理能力，包括关系信息共享和技术能力的直接促进作用较突出，此时焦点企业依赖劣势对信息处理能力的作用较小，因此在跨组织信息系统投资对财务绩效的影响机制中，信息处理能力的介导作用较为突出，尤其技术能力的间接作用较大。

3. 规范性关系承诺在跨组织信息系统投资与财务绩效的关系中的调节效应

在跨组织信息系统投资与财务绩效的关系研究中，笔者还论证了驱使跨组织信息系统投资的侵占效应发生了系统性转变，变为促进焦点企业依赖优势的结合效应的关键要素是规范性关系承诺。高规范性关系承诺条件下，跨组织信息系统投资对焦点企业依赖优势的促进作用较低规范性关系承诺高。这是因为，承诺是实现合作、解决问题和建设性对话过程的核心，有助于提升效率。集体文化的本质是对归属感、依赖性和互惠性的持续关注。高度的集体文化将自身与他人的亲密关系视为自身资源的基本组成部分，规范性关系承诺在中国更容易发展。对合作提升关系价值的感知增强了各供应链成员对伙伴关系的重视，融合了一致的价值观和目标规范。这一结果说明，在跨组织信息系统投资决策中，只有当焦点企业对现有的关系主观上抱有强烈的持续性期望和认可，认为未来的投资回报将大于相关的机会成本时，组织间才会出现以互惠、灵活性高、信息共享和团结为目标的各类协调行为。作为反映供应链成员投入资金、实体资源建立和维持发展长期稳定关系态度的规范性关系承诺激励了更多的未来交易行为，跨组织信息系统投资才能更好地驱动组织间协调，降低交易成本，并进一步引导相互忠诚的行为。

并且，笔者还证实了规范性关系承诺在关系信息共享与财务绩效相关关系中的正向调节作用。这说明规范性关系承诺在促进经营信息的横向交换和信息价值的高效实现上扮演着重要角色。当规范性关系承诺水平较高时，关系信息共享对财务绩效的正向促进作用较强，反之当规范性关系承诺水平较低时，关系信息共享对财务绩效的正向促进作用较弱。更重要的是，该调节作用影响了组织间依赖和关系信息共享在跨组织信息系统投资与财务绩效关系中的中介效应。若组织与合作伙伴之间存在较高水平的规范性关系承诺，跨组织信息系统投资通过焦点企业依赖优势和关系信息共享的因果关系，以及直接通过关系信息共享提高财务绩效的间接作用均较强，此时跨组织信息系统投资与财务绩效之间的作用路径更多以组织间依赖和信息处理能力的中介效应为主。这说明，规范性关系承诺不仅能够加强关系信息共享在提升财务绩效中的积极作用，而且能够促进跨组织信息系统投资通过组织间依赖和关系信息共享的联动过程来提升信息价值，助推财务绩效。

4. 跨组织信息系统投资与控制机制的一致性匹配关系

笔者进一步延伸了跨组织信息系统投资与控制机制的关系研究，探讨跨组织信息系统投资的管理评价问题，研究组织如何运用控制机制来管控跨组织信息系统投资以实现最优的财务绩效。基于资源依赖理论，笔者关注了常用于平衡组织间依赖关系和增进组织间协调的重要手段——控制机制，并结合信息处理观的内核——信息需求环境和所应用的控制机制需要相互匹配的思想，以跨组织信息系统投资为情境来讨论控制机制的应用和设计问题。研究发现，跨组织信息系统投资与控制机制处于一致性匹配关系时，组织能获得更高的财务绩效。并且，二者处于高水平的一致性匹配关系比低水平的一致性匹配关系更能实现卓越的财务绩效，财务绩效随跨组织信息系统投资的增加和控制机制水平的提高而增长的速度几乎保持不变。这一结果表明，控制机制水平的选择不是越高越好，也不是越低越好，而是应当与跨组织信息系统投资的水平处于一致性匹配关系，且二者同时处于高水平的一致性匹配关系时，才能实现最优的财务绩效。另外，在跨组织信息系统投资与控制机制处于不一致性匹配关系的情形下，相较于跨组织信息系统投资水平低于控制机制水平，跨组织信息系统投资水平高于控制机制水平时的财务绩效表现更好。也就是说，控制机制水平的选择和运用均要匹配相应的跨组织信息系统投资水平以保持一致性匹配关系。控制机制的设计和实施是为了管控跨组织信息系统投资的风险，增进双方之间的协调，但如若实施控制机制的强度高于跨组织信息系统投资，可能会伤害合作双方的相互信任关系，损害跨组织信息系统投资的积极作用和最终的财务绩效表现，反而得不偿失。

4.5.2 管理启示

上述结论阐明了跨组织信息系统投资对财务绩效的影响过程和作用机制，为企业综合评估跨组织信息系统投资的价值并对其进行管控提供了一定的参考价值,具体来说有以下几点管理启示。

1. 跨组织信息系统投资≠信息处理能力

无论是投资决策还是日常维护,企业除了将跨组织信息系统投资看作建立牢固的关系纽带和系统设置的投资项目,关注实际开支外,还应将该跨组织信息系统的实施是否提高企业关系信息共享和技术能力两方面的信息处理能力、改善企业信息环境、降低企业信息不确定性作为项目的重要目标和评价标准之一。广泛运用跨组织信息系统并不一定就能提升业务效率并获得成功,组织需要借助跨组织信息系统投资提升自我信息收集和处理能力,并将其转化为应对风险的灵活响应力。典型的案例为瑞典电信设备公司爱立信,当芯片的主要供应商飞利浦工厂的一场大火导致供应中断时,爱立信迟滞的反应使其缺少数百万个用于新产品的芯片,并损失了至少四亿美元的潜在收入,间接导致了爱立信退出电池和手机市场。而百货连锁店 Sears 在"9·11"事件后面临物流道路不确定性骤增的严重打击,正是依靠早先对现代信息化技术工具、互联网技术和移动物流系统的投资,Sears 能够及时处理物流信息,快速统筹规划线路,恢复其物流运营,将损失控制在最低水平,保证了企业的正常运营。

2. 主观上的认同是影响跨组织信息系统投资与财务绩效关系的重要因素

研究结果表明,规范性关系承诺是促使跨组织信息系统投资与焦点企业依赖优势的关系由侵占效应转变为结合效应的关键要素。这种主观上的认同是影响跨组织信息系统投资与组织间依赖关系的关键要素。并且,跨组织信息系统投资与组织间依赖的关系是影响信息处理能力及财务绩效的重要因素。因此,企业在进行跨组织信息系统投资决策时,需要特别考虑自身与合作伙伴的关系承诺因素。只有当企业与合作伙伴的关系承诺是基于主观上的价值认同和信任而建立时,社会交换活动才是有益且持久的,此时企业与合作伙伴之间建立了深厚的合作关系和紧密的组织间依赖关系,并坚信对方不会做出损害合作伙伴利益的机会主义行为,形成坚实的信息共享和协同合作基础。在这样的情境下,跨组织信息系统投资才能最大限度地加强组织间依赖关系,进而提高组织内部的信息处理能力,并进一步实现最终的财务绩效优化。

3. 控制机制水平应当高度匹配跨组织信息系统投资水平

控制机制与跨组织信息系统投资的一致性匹配关系及其对财务绩效的共同作用表明用以调节跨组织信息系统投资实施效果的控制机制水平当与跨组织信息系统投资水平相互匹配,即二者处于一致性匹配关系。作为管理跨组织信息系统投资的组织机制，正式控制和社会控制在防范机会主义风险、规范各方行为方面发挥了重要作用。但是契约常常被认为是不信任的表现，过高的正式控制水平会打击交易伙伴的积极性，破坏信任纽带，不利于关系的正常延续；而社会控制则容易导致滥用信任和消极怠工，过高的社会控制水平无法管控交易伙伴的机会主义行为，会使组织背负较高的机会主义损失风险。因此，高水平的跨组织信息系统投资应当匹配高水平的控制机制，以避免机会主义行为，而低水平的跨组织信息系统投资不能搭配高水平的控制机制，否则会阻碍合作伙伴间的横向信息交流，损害合作信任。一般来说，高水平的跨组织信息系统投资体现了交易双方主动增加交易价值的倾向。在高度信任和可信承诺的环境下，采用高水平的控制机制将有助于搭建更具一体化的结构，以保护合作各方免受交易成本过高和机会主义风险的侵害。利益趋同的情况下，交易合作各方将更专注于创造合作价值，谋求共赢，互帮互助，共同实现更高的财务绩效。

4.5.3　研究展望

基于信息处理观，笔者主要从组织间依赖和信息处理能力来研究跨组织信息系统投资与财务绩效之间的中介效应问题，以及考虑了控制机制的影响，在获得了上述研究结论的前提下，本章的研究还可以进行以下几个方面的探索。

首先，笔者论证了组织间依赖和信息处理能力的中介效应，但由于不同的企业性质、不同的行业类型对于跨组织信息系统投资和信息处理能力的具体定义和要求是不同的，因此这一效应可能会受到企业特征或市场经济特征的调节作用的影响，甚至在不同行业具有不同的中介表现。因此，我们可以将行业特征或市场特征作为情境变量，对比探讨组织间依赖和信息处理能力在跨组织信息系统投资与财务绩效关系中的中介效应差异。

其次，笔者将研究视角聚焦于焦点企业，重点关注焦点企业的跨组织信息系统投资与财务绩效的联系及其路径黑箱。后续研究可以转换研究视角，考察供应商在焦点企业投资跨组织信息系统下的情境反应及跨组织信息系统投资的影响条件。

再次，受限于调查方法和数据可得性，笔者在探究信息处理能力的中介效应时收集的是问卷调查数据。但实际上，由于各个受访者感知水平具有差异，问卷调查数据具有主观性，在一定程度上具有不可靠性，并且难以衡量动态变化，这也是信息处理能力相关研究现存的较大局限。后续研究可以尝试运用可靠性较高的客观数据指标对组织的信息处理能力进行更准确的调研和更精密的分析，提高结论的可靠性。

最后，基于资源依赖理论、信息处理观和社会交换理论，笔者所建立的研究框架主要从"信息获取+信息处理"视角入手，探讨跨组织信息系统投资与组织间依赖、信息处理能力的关系及联动机制来分析其如何影响财务绩效。已有信息技术投资与财务绩效的相关研究中，也有部分学者指出信息技术投资的作用可能具有时滞效应，笔者并未从时间角度进一步对跨组织信息系统投资与财务绩效关系的时滞效应进行研究。后续研究可以尝试基于详细的跨组织信息系统投资数据对时滞效应做详细的研究，从时间角度探讨跨组织信息系统投资与财务绩效的关系。

本章附录　调查问卷

基于信息处理观的跨组织信息系统投资对财务绩效的影响研究

亲爱的朋友：

您好！

非常感谢您百忙之中抽出宝贵的时间来填写这份问卷，本问卷旨在调查跨组织信息系统投资对财务绩效的影响，请根据您的真实体会作答，本次问卷不记名，调查结果仅供统计分析之用，不会对外公开。由于答题不全的问卷无法进行统计分析，请您逐题作答，不要遗漏，对于不同的问题，尽量根据实际情况给予不同分值的评价。

真诚感谢您的支持与合作！

第一部分：背景资料

1. 您所在企业的行业（　　）

A. 汽车制造及流通业　B. 食品加工及流通业　C. 计算机及电子通信设备业

D. 服装加工及流通业　E. 医药生产及流通业　F. 其他

2. 您当前的职位（　　）

A. 一线员工　　B. 基层管理者　　C. 中层管理者　　D. 高层管理者

3. 您所在企业/独立核算部门的员工人数（　　）

A. 少于100人　B. 100（含）～300人　C. 300（含）～500人

D. 500（含）～1000人　E. 1000人及以上

4. 您所在企业的性质（　　）

A. 国有企业　　B. 民营企业　　C. 股份制企业　　D. 中外合资企业

5. 您所在的企业的经营年数（　　）

A. 小于10年　　B. 10（含）～25年　　C. 25（含）～50年

D. 50年及以上

6. 您所在企业/独立核算部门的年度销售额（　　）

A. 少于500万元　　B. 500万（含）～1000万元

C.1000万（含）～5000万元　　D.5000万（含）～1亿元　　E.1亿元及以上

7.您在该企业的工作年限（　　）

A.8年及以上　　B.5～8年（不含）　　C.3～5年（不含）

D.1～3年（不含）　　E.1年及以下

第二部分：变量测量

计分方式：本部分采用利克特7级量表，由"非常不同意"到"非常同意"，请客观地将您的真实想法表达出来，在相应选项上做标记，如打"√"。（请根据您的主要供应链合作伙伴进行回答）

项目	题号	题目	非常不同意1	不同意2	比较不同意3	不确定4	比较同意5	同意6	非常同意7
跨组织信息系统投资（CISI）的相关题目	1（CISI1）	在信息技术方面进行大量投资，致力于与供应商互动							
	2（CISI2）	投入时间和资源来开发供应商交付产品时所使用的特定程序							
	3（CISI3）	对运输设备进行全面智能化投资，致力于有效地与供应商打交道							
	4（CISI4）	进行全面投资，以整合双方的生产系统与生产信息的输出系统							
	5（CISI5）	投入时间和资源来制定适合供应商的系统技术标准							
	6（CISI6）	为供应商相关人员安排系统培训和指导							
焦点企业依赖（CED）的相关题目	7（CED1）	终止交易的转换成本低							
	8（CED2）	潜在合作供应商数量多							
	9（CED3）	其他可用的短期可替代供应商的数量多							
供应商依赖（SD）的相关题目	10（SD1）	为了更好地与主要合作伙伴合作，进行重要的特定关系资产投资							
	11（SD2）	可替代的数量							
	12（SD3）	额外商业联系（如共享董事会成员、慈善委员会等）多							
关系信息共享（RIS）的相关题目	13（RIS1）	敏感信息共享程度高							
	14（RIS2）	提供可能会帮助合作双方的任何信息							
	15（RIS3）	信息交换频率高							
	16（RIS4）	面对面交流频次高							

续表

项目	题号	题目	非常不同意 1	不同意 2	比较不同意 3	不确定 4	比较同意 5	同意 6	非常同意 7
技术能力（TeC）的相关题目	17（TeC3）	使用信息技术与供应商交换交易信息的程度高							
	18（TeC4）	交换电子信息的频率高							
	19（TeC5）	使用跨组织信息系统处理订单、采购、资金流转业务的程度高							
	20（TeC6）	使用先进的信息系统来检测并且优化物流环节的程度高							
控制机制（CM）中正式控制（FC）的相关题目	21（FC1）	合同准确定义了合伙人和公司的角色/责任							
	22（FC2）	合同明确且具体地规定了其可执行性以及违约的法律责任							
	23（FC3）	合同明确且具体地规定了合同修改（重新谈判）的方法/过程							
控制机制（CM）中社会控制（SC）的相关题目	24（SC1）	非正式沟通和交往的程度高							
	25（SC2）	合作信息通过双方私下接触、小团体互动等非正式渠道流通							
	26（SC3）	双方的合作目标和愿景达成一致							
财务绩效（FP）的相关题目	27（FP1）	市场占有率的增长率高							
	28（FP2）	利润增长率高							
	29（FP3）	投资报酬率高							
	30（FP4）	销售收入增长率高							
规范性关系承诺（NRC）的相关题目	31（NRC1）	继续合作的倾向高							
	32（NRC2）	享受与主要供应商的合作关系							
	33（NRC3）	主要供应商的积极态度是继续合作的主要原因							

再次感谢您的耐心回答！

第 5 章 组织间依赖对供应链运营绩效的影响研究

5.1 引　　言

经济全球化背景下，供应网络伙伴关系日益成为企业生存和可持续发展的关键资源，供应链与供应链之间的竞争为节点企业应对动荡多变的商业环境提供了更多的机会。根据资源依赖理论，当企业依赖其外部环境及其合作伙伴来应对环境不确定性、市场波动和竞争时，交易双方便存在相互依赖的关系，但是一方对另一方的依赖程度不可能完全相同，依赖是全球化竞争中关键的关系因素。由于依赖是一个矢量构念，现有研究分别从不对称依赖和联合依赖两个层面展开探讨，其中关于不对称依赖的研究重点关注焦点企业依赖优势和供应商/顾客依赖优势。不过，现有研究侧重于讨论买方（或供应商）对供应商（或买方）的依赖程度如何影响交易中买方/供应商的行为和绩效，而忽略了不对称依赖在其中所起到的作用；或者讨论两方或多方交易关系中的共同/相互依赖对企业行为或绩效的影响，而联合依赖和不对称依赖是否同时对企业行为和绩效产生影响则并不明确。

根据嵌入逻辑，联合依赖能够正向影响企业行为选择，进而对绩效产生积极影响；根据权力逻辑的机会主义观，不对称依赖会导致依赖更少的一方利用权力，攫取依赖更多一方的价值，有损于企业之间的长期合作关系，即依赖更少的一方由此获利，而依赖更多的一方则蒙受损失。然而，已有研究文献关于不对称依赖对企业行为和绩效的影响的结论并不一致。一方面，组织间依赖不对称，意味着双方的影响力不同，这种不对称的依赖是机会主义行为的来源之一（Emerson，1962），这意味着企业将会失去一定的自主权，增加交易过程中的不确定性，这时，核心企业可以通过采取某种行动（如并购、联盟或者董事会成员交叉），或者发展合适的治理结构等方式（Mahapatra et al.，2010），达到控制外部环境、降低不确定性、消除或者平衡组织间依赖的目的（Emerson，1962），即不对称依赖不可能持久存在。另一方面，供应网络的不稳定性使得供应商和客户成为节点企业的重要资源，通过建立良好的合作关系所获得的利益有可能远超过通过利用不对称依赖而引致权利不对等，进而所获得的利益（Petersen et al.，2008）。依赖与权力有着本质的不同，依赖强调合作伙伴的重要性，期望形成一种优于任何可替代关系的特定关系（Emerson，1962），而权力强调企业对资源的控制以及对合作伙伴行为的影响（Caniëls and Roeleveld，2009）。当交易双方处于不对称的依赖时，若一方利用其权力来满足自身利益,将导致次优的供应链绩效,但是潜在地拥有权力而不滥用却可以为双方带来效益(Maloni and Benton,2000),这意味着依赖是内生的,企业可能会采取策略避免不对称依赖可能引致的权力利用–价值攫取行为。综上所述,依赖与企业行为和绩效之间的作用机制十分复杂,明确界定依赖的不同维度,全面探讨依赖对节点企业的行为选择和绩效的影响十分必要。

  作为供应链管理的一个重要环节,供应商整合也是全球化竞争背景下供应链管理中的焦点问题(Ataseven and Nair,2017)。Kamal 和 Irani(2014)通过元分析进行研究的结果表明,已有研究大多从结果驱动的视角来分析企业实施供应链整合实践的动机,提高绩效则是其中最为重要的驱动因素。此外,部分学者从关系视角进行实证分析表明:依赖、权力、信任等也是驱动供应商整合的关键因素(Petersen et al.,2008;Vijayasarathy,2010;Yeung et al.,2009)。Chae 等(2005)也指出,社会因素(如信任、相互依赖、信息共享)是组织之间构建信息系统实现预期绩效目标的关键因素。尽管如此,鲜有研究综合探讨依赖的不同维度对供应商整合的作用机制,以及由此对绩效产生的影响。可见,深入研究依赖对供应商整合实践的影响,以及依赖于供应商整合实践最终能带给企业正向还是负向的效用对于丰富供应商整合实践驱动因素的研究,以及细致化探讨供应链治理机制至关重要。

  根据社会网络理论,供应链中的每个节点企业都处于复杂的网络关系中。供应链管理的本质是关系网络治理。现有文献多聚焦于单一的关系治理对绩效的影响,如信任(McCarter and Northcraft,2007;Lee and Cavusgil,2006)、联合行动(Gulati and Sytch,2007;Heide,1994)等,并得出了不同的研究结论。近年来,许多学者从社会控制的角度探讨了供应链关系治理机制的理论价值和实践模式,社会控制机制,即建立在信任基础之上的,以联合计划、联合解决问题和协作沟通为表现形式的关系治理机制(Huang et al.,2014a;Jin et al.,2014;Li et al.,2010b)。现有研究大多将关系治理用作绩效改进的前因变量,但是关系治理本身也是一种机制,它所治理的关系或者对象也有可能成为绩效改善的重要因素(如依赖、供应商整合实践)。此外,现有关于供应链整合与绩效之间关系的实证研究也对两者之间作用关系中的调节效应进行了探讨,其中的调节因素有供应链整合维度、环境、战略、关系因素等(Tarifa-Fernandez and de Burgos-Jiménez,2017)。可以看出,在复杂的供应网络关系中,焦点企业采取供应商整合实践后的管理和运作策略对绩效有深远的影响(焦点企业是笔者的调研对象,焦点企业不一定是核心企业)。

  在现实的企业运作实践中,依赖与供应商整合的战略意义日益受到关注,而这又对社会控制机制提出了更高需求。例如,苹果曾向富士康工厂派出 5000 名驻厂工程师,苹果所推行的工程师管理和对富士康的生产和制造流程进行控制的治理模式看似使富士康处于弱势地位,但这也可以视为一种深入的供应商整合模式。

又如，在沃尔玛供应商峰会暨年度会议上，沃尔玛将与其供应商共享下一年的采购和营销策略，共同探讨未来发展方向，并表彰优秀的供应商。这一做法也可看作社会控制的一种体现，有利于稳定焦点企业与供应商整合的关系和结构，增加特定关系投资，推动双方共同制订年度发展计划。

可以看到，依赖、供应商整合以及社会控制在供应链管理领域中的重要性日益凸显，但是面对具有不确定性的依赖，焦点企业与供应商是否愿意投资进行整合实践？抑或采取行动去平衡依赖、退出合作，或者反其道而行之？社会控制机制能否在企业的战略规划中发挥作用？企业所采取的这一系列行动对运营绩效究竟会产生怎样的影响？现有文献对上述问题的理论探讨和实证研究都相对比较匮乏。借鉴Hibbard 等（2001）的研究思路，笔者拟从"依赖—对依赖的反应性行动—行动的结果"这一逻辑出发，探讨焦点企业与供应商之间的依赖对焦点企业运营绩效的影响。需要强调的是，笔者尝试将供应商整合与社会控制这两个概念纳入研究框架，其中，前者是焦点企业与供应商参与全球化竞争过程中的重要的战略举措，是企业应对市场大环境冲击的关键策略，而后者则是节点企业面对网络关系中的冲突、机会主义行为、低效的运作、复杂的管理活动等所能够采取的有效治理模式，是企业应对合作关系所面临冲突的有效举措。概言之，笔者拟通过实证分析方法来探讨供应商整合实践是否能强化联合依赖在改善绩效过程中有可能呈现出的正向影响，或者缓冲不对称依赖在其中可能存在的负向影响，从而明确供应商整合在依赖与运营绩效之间所扮演的中介角色，识别社会控制机制在绩效改善中有可能存在的调节效应，以期为供应网络的运营绩效改善提供较为全面的理论框架。

5.2 研究假设与理论模型

5.2.1 依赖与运营绩效之间的相互作用关系假设

1. 联合依赖与运营绩效的相关关系

联合依赖反映的是双方相互依赖的程度，是焦点企业依赖与供应商依赖的程度之和，减去双方不对称依赖的程度。联合依赖对企业相关行为存在正向影响的这一论点在很多研究中都已经被证实，但是直接研究联合依赖对运营绩效影响的文献并不多，并且早期学者使用组织间相互依赖水平这一单一维度对联合依赖企业行为和绩效的影响进行研究的比较多。Gulati 和 Sytch（2007）最早在制造商与供应商之间的采购关系的研究中表明，基于嵌入逻辑，联合依赖可以显著提高制造商绩效，这与姜翰和金占明（2008）的实证研究结论相似，即联合依赖能够促进联合价值创造行动，进而提高焦点企业的关系价值。从嵌入逻辑来看，联合依赖使组织倾向于建立长期合作关系,企业之间将采取联合价值创造的行为机制。高度的联合依赖会让合作伙伴的态度和行为趋于一致。如此一来,交易主体更容易形成一致的目标,并以长期合作为目标来采取行动,从而避免了合作中的一些冲突和运作中的摩擦,降低了不必要的交易成本(Hofer,2015;Huo et al.,2017)。在嵌入逻辑的支配下,交易主体倾向于在面对关系困境的时候采取相互顺服的行动,同时增加一起创造价值的机会。战略联盟中,伙伴间相互依赖的水平能够增加关系资本,有利于联盟目标的实现和企业进行价值创造活动等(Sambasivan et al.,2013)。联合依赖体现了交易主体一荣俱荣、一损俱损的心态。焦点企业与供应商和分销商之间资源的相互依赖程度增大,能促使彼此建立合作性的目标,提高双方之间的信任度,进而让下游顾客对产品更加满意(Wong et al.,2005)。李玲(2011)对技术创新网络的研究表明,联合依赖程度越高,网络伙伴之间的合作满意度和合作关系的稳定程度就越高,这表明焦点企业与供应商之间的联合依赖,有利于他们进行技术创新,提高产品质量和灵活性。综上所述,联合依赖一方面可以降低成本,另外一方面有利于企业进行价值创造,因此,能够直接对运营绩效产生显著的正向影响,笔者提出如下假设。

H5.1:联合依赖对运营绩效有显著的直接正向影响。

2. 不对称依赖与运营绩效的相关关系

虽然不对称依赖与运营绩效的相关关系的结论暂不统一,但是已有研究倾向于基于价值攫取和权力逻辑来论证不对称依赖对运营绩效有负向影响,即较强的行动者会以牺牲弱者的利益为代价来提高自己的价值份额(Gulati and Sytch,2007;Hofer,2015)。根据资源依赖理论,企业无法依赖其内部资源和能力来应对环境不确定性、市场波动和竞争,因此供应链中的节点企业是相互依赖的交易关系。如果一个行动者更加依赖其合作伙伴,那么对其合作伙伴则会产生净正向依赖,即其合作伙伴具有依赖优势,这也被解释为合作伙伴的权力;同样,如果一个行动者的净依赖性是负面的,那么这个行动者被认为具有依赖优势,从而该行动者具有相对权力(Emerson,1962)。这种不对称依赖会产生权力差异,因此行动者将更可能发生对抗性的行为。除了不公平地分配价值以外,依赖优势方还可能使用敌对行为,因为他们不害怕依赖劣势方的报复,从而夺得更大的价值(Maloni and Benton,2000;Gulati and Sytch,2007)。比如,依赖优势方可以要求依赖劣势方按照非最优的生产规模和时刻表来进行排产,依赖劣势方无法获得运作所需的充分信息等,这些要求对依赖优势方是有利的,对依赖劣势方明显不利(Huo et al.,2017)。此外,依赖优势方也可能在谈判中利用权力提出不合理要求,并让谈判结果更有利于依赖优势方(Crook and Combs,2007)。这种强权行为可能让依赖弱势方绩效降低,且依赖弱势方缺乏可替代的合作伙伴,可能长期处于这种关系中，依赖弱势方可能因担心依赖强势方采取机会主义行为而不愿意与对方深入合作，如共享信息、采取联合行动等，如此一来，双方交易的效率将很低，从而导致较低的运营绩效。因此，笔者提出如下假设。

H5.2a：焦点企业依赖优势对焦点企业运营绩效有显著的直接正向影响。

H5.2b：供应商依赖优势对焦点企业运营绩效有显著的直接负向影响。

5.2.2 依赖与供应商整合的相互作用关系假设

基于权力运作的逻辑，依赖优势对运营绩效有直接的负向影响。

1. 联合依赖与供应商整合的相关关系

供应商整合是一种实践，其实现不仅需要焦点企业与供应商有长期合作的意愿，更需要他们付诸行动进行投资。Gulati 和 Sytch（2007）早期研究组织间网络关系的形成时指出，相互依赖的关系是解释这种关系形成最常见的因素，如相互依赖有利于战略联盟的形成。根据资源依赖理论和嵌入逻辑，处于资源劣势的一方，需要与另外一方建立合作关系，来获得稀缺的资源，以实现他们的组织目标，在联合依赖的条件下，依赖劣势方此时不会担心自己被依赖优势方所利用，从而将非常愿意与伙伴建立长期合作关系（Hibbard et al., 2001）。正如 Casciaro 和 Piskorski（2005）的实证研究所表明的，相互依赖程度越高，不论是通过联盟还是并购的方式，双方采取合作行为的可能性都将越高。另外，当伙伴间相互依赖水平越高时，双方将有越强的动机去投资于关系特定技术，重新设计交易流程和程序等，双方都会采取合作行动来同步相关业务（Seggie et al., 2006; Mentzer et al., 2000）。Vijayasarathy（2010）的实证研究表明相互依赖对供应商整合有正向影响。根据资源基础观，焦点企业可以通过供应商整合来实现竞争优势，而联合依赖又能够鼓励焦点企业与供应商进行整合的投资建设。由此，笔者提出如下假设。

H5.3：联合依赖水平越高，供应商整合程度越高。

2. 焦点企业依赖优势与供应商整合的相关关系

焦点企业具有依赖优势，意味着供应商依赖程度大于焦点企业依赖程度。在这种不对称的买方与供应商的依赖中，焦点企业有权力不再购买供应商的产品，即退出合作，也可能采取强权行为要求供应商降价或者提前供货等，而供应商可能选择降价，或者退出合作，但是根据资源依赖理论和资源基础观，供应商整合实践带来的协同效应远大于终止合作可能避免的损失或者造成的代价。

协同的供应链能产生竞争优势，协同的行动能创造价值，而非协同关系却恰好相反（Dyer and Singh，1998）。Mentzer 等（2000）认为协同供应链的益处只有在权力和依赖平衡的时候才能存在，不过 McCarthy-Byrne 和 Mentzer（2011）在研究供应链价值整合的框架时，提出当供应商更依赖其客户的时候，采取低价策略并不能为其带来竞争优势，但是投资于供应链基础设施，通过与客户一起整合流程来实现共同价值创造，能为供应商提供难以模仿的竞争优势。例如，当供应商预期未来关系交换会增加的情况下，可能会投资信息技术基础设施，以及时准确地共享供应信息和需求预测信息，从而通过减少客户的冗余工作量来增加交换关系的价值（Hsu et al.，2008），而不是通过低价策略让焦点企业继续购买产品，反而通过主动的投资，增加双方的关系价值。专家权力意味着权力来源方具有权力目标方所需的知识、专业或技能，而强制力意味着权力来源方有能力惩罚权力目标方。在制造商与客户的关系中，客户比制造商更接近最终消费者并了解终端市场，因此客户对制造商具有专家权力（Huo et al.，2016）。根据社会交换理论，制造商可能认为与客户共享信息是他们的义务，制造商的主动共享行为还能促进与客户的双边信息共享。因此，当供应商感知到的客户专家权力越大时，越会更加努力地投资信息技术和系统，用来与客户建立联系来加强双方共享信息的意愿和能力（Huo et al.，2016）。不仅如此，客户的专家权力，即制造商认为客户拥有更加专业的知识，能够增加制造商对客户的规范性承诺（Zhao et al.，2008），这是一种以相互承诺和共享为基础的持续的伙伴关系，此外，规范性承诺能够正向影响制造商与顾客之间的整合程度（Zhao et al.，2008）。我们看到，当焦点企业具有依赖优势时，焦点企业净依赖背后的权力有可能会激发机会主义行为或其他敌对行为，然而这种依赖也体现出供应商的一种需要（如供应商需要制造商的信息、制造商需要客户的专业知识），使得供应商愿意对双方的关系付出承诺，甚至是进行投资、共享信息等，从而提高供应商整合程度。在这种不对称依赖的关系中，依赖劣势方愿意投资或付出努力与依赖优势方建立整合关系，这种整合关系不仅对依赖劣势方有利，对依赖优势方也有益处，如信息共享有助于减少信息不对称、提高交易效率。因此，笔者提出如下假设。

H5.4a：焦点企业依赖优势越大，供应商整合程度越高。

3. 供应商依赖优势与供应商整合的相关关系

供应商依赖优势，意味着供应商依赖程度小于焦点企业依赖程度，焦点企业具有净依赖，在这种不对称依赖的买方与供应商的关系中，供应商有权力不与买方合作，而买方由于担心供应商的机会主义行为，如供应商提高价格等，而不再与供应商合作。虽然如此，实践中，供应商的生产与库存信息对买方安排和同步生产是非常重要的，这些信息对买方来说是稀缺的、有价值的信息。此外，如果买方需要供应商参与产品设计或采购，会耗费供应商的人力、时间等资源，这都体现出买方对供应商的依赖。基于资源基础观，买方有动机与供应商建立整合关系，意味着，虽然继续合作可能面临一定的风险，但是继续合作比退出合作要好。

根据资源依赖理论，组织采取"控制"的方式来减少依赖可能并不那么有效，尤其是全球化竞争的背景下，买方和供应商之间的关系对买方来说尤为重要。当买方更依赖供应商的时候，买方将通过一系列社会化过程，如建设沟通指南，开展团队建设、社交活动和联合研讨会等，来模糊组织边界，产生合作规范，激励供应商参与到买方发起的各项互动行为当中，平衡双方的依赖，增加供应商整合程度，来提升彼此间相互信任、相互尊重和互动的程度（Petersen et al.，2008）。Scheer 等（2015）对营销领域的上下游依赖进行荟萃分析也发现，有利于合作伙伴的不对称依赖能够激发焦点企业进行特定的关系投资，从而提高焦点企业与伙伴之间的关系质量，加强双方的合作关系。不仅买方有动机建立供应商整合，拥有很重要的资源的供应商对买方而言更具强制权，供应商也会使用这种强权来影响买方，从而对供应商整合产生正向影响（Yeung et al.，2009）。在买方更依赖供应商的情境中，由于供应商的资源对买方很重要，买方将有动机采取行动增进与供应商之间的关系，来促进供应商整合。因此，笔者提出如下假设。

H5.4b：供应商依赖优势越大，供应商整合程度越高。

5.2.3 供应商整合与运营绩效的相互作用关系假设

虽然已有实证文献关于供应商整合与运营绩效的相互作用关系的结论并不一致，但近几年的几篇文献表明，供应商整合对运营绩效有着明显的积极影响。例如，Ataseven 和 Nair（2017）通过元分析，表明供应商整合对运营绩效确实存在显著的正向作用，具体而言，供应商整合有助于降低产品成本，提高配送绩效，提高柔性，但是与质量绩效的关系不显著。Tarifa-Fernandez 和 de Burgos-Jiménez（2017）通过文献综述的方式，总结整理了影响供应商整合与运营绩效之间关系的调节变量，最终发现供应商整合对运营绩效有正向促进作用。供应商整合对运营绩效的影响可以从两个角度进行分析，一是协调运作，提高交易效率，降低成本；二是节点企业进行资源共享，资源利用，创造价值（Huang et al.，2014a；Chang et al.，2016）。首先，缺乏有效的供应商整合，会让制造企业面临零件短缺、产品无法及时交付、次品率高等问题，提高了运作成本（Kim，2009）。但是在制造商与供应商实施了整合实践后，这种战略伙伴关系一方面可以让供应商更好地理解和预测制造商的需求，从而帮助制造商高效应对来自市场不断变化和定制化的需求，此外，交换信息和产品也有助于制造商合理制订生产计划，按时生产，提高质量和交付绩效（Flynn et al.，2010）。焦点企业与供应商可以通过特定的关系投资、知识和信息共享的流程来增强竞争优势，这些也能够提高协调运作的效率和可靠性（Cao and Zhang，2011）。对于高度整合的供应链中的参与者，他们的成本都将降低（Quesada et al.，2008），因为协调运作可以减少低效的资源利用和非增值的活动（Esper et al.，2010）。其次，通过供应商整合，焦点企业与供应商能够更好地实现任务协调，减少管理中的浪费和冗余，如此一来，焦点企业能够为客户提供更多服务，并有效满足个性化需求（Christopher，1993）。焦点企业与供应商也可以联手进行新产品开发、流程的改革和创新（Mentzer et al.，2000），从而为客户创造更多价值。综上所述，笔者提出如下假设。

H5.5：供应商整合对运营绩效有显著的直接正向影响。

5.2.4 供应商整合的中介作用假设

1. 联合依赖与运营绩效的相关关系中的中介效应

联合依赖本身是一种关系，这种关系从某些方面可能对运营绩效产生正向影响。联合依赖可以通过激励焦点企业与供应商进行整合来提高运营绩效。一方面，联合依赖使得焦点企业与供应商有意愿进行整合实践；另一方面，联合依赖能够加强焦点企业与供应商之间的合作关系，激励双方进行特定关系资产投资，这正是供应商整合的必要条件。

就联合依赖而言，虽然联合依赖本身可以对运营绩效产生正向影响，但是从资源整合和利用的角度来看，共享和使用资源的平台和机制也是重要影响因素。因为，拥有资源和整合资源以实现价值创造的目标之间存在巨大差异（Harrison et al.，2001）。即使焦点公司及其供应商之间的相互依赖程度很高，但是如果没有协调的流程和有效的整合运营平台，公司可能无法充分利用互补资源来创造价值，或者由于流程效率低而增加交易成本（Shi and Liao，2013；Dyer and Singh，1998）。业务流程的无缝对接和与业务合作伙伴的协调活动是企业通过整合获得竞争优势的主要手段（Ataseven and Nair，2017）。根据资源基础观，供应商整合可能是企业利用互补资源来改善运营绩效的一种强有力的举措。因此，笔者将供应商整合视为一个中介或者一种协调和协作的机制，这种机制所包含的因素有可能就是改善运营绩效的源头，如嵌入到联合依赖中的资源。

在已有的实证研究当中，Gulati 和 Sytch（2007）认为从关系视角来看，联合依赖不仅对制造商运营绩效有正向促进作用，也能够激发嵌入关系网络中的行动，如联合计划和联合解决问题，以及提高信息交换的质量来促进制造商运营绩效的提升，而 Huo 等（2017）则从嵌入逻辑的角度分析，认为联合依赖有利于企业进行联合行动、信息交换及建立信任关系，而这些进一步能够提升运营绩效。Scheer 等（2015）通过荟萃分析表明，相互依赖能够促进焦点企业进行特定关系资产投资，进而加强双方的合作关系，从而提高焦点企业运营绩效。联合行动、特定资产投资、信息交换等正是建设供应商整合必不可少的几个方面。由此，笔者提出如下假设。

H5.6：供应商整合在联合依赖与运营绩效之间起着显著的部分中介作用。

2. 不对称依赖与运营绩效的相关关系中的中介效应

基于权力逻辑，依赖优势对依赖劣势方的运营绩效有负向影响，但是就企业行动者的动机来看，全球化竞争背景下，合作是比退出或者控制更优的选择。因此，笔者预测，在不对称依赖的情况下，一旦依赖劣势方采取行动，进行了供应商整合实践，这种不对称的依赖会通过整合实践对焦点企业的运营绩效产生正向影响，即供应商整合是不对称依赖对运营绩效产生影响的关键中间变量。当供应商具有依赖优势的时候，焦点企业采取行动开展供应商整合实践，有助于改善焦点企业运营绩效；在焦点企业比较依赖供应商的情况下，说明稀缺的、有价值的资源超出了焦点企业的控制，此时焦点企业与供应商之间的合作关系可能会破裂，因此以长期合作为导向的供应商整合成为焦点企业获取资源的关键策略（Swink et al.，2007）。焦点企业依赖供应商的程度越高，则越容易信任供应商，从而促进供应商整合，最终改进焦点企业财务绩效（Zhang and Huo，2013）。此外，探究不对称依赖与运营绩效的相关关系的研究指出，当第三方物流客户更依赖供应商的时候，他们将采取行动进行物流整合，进而改进焦点企业财务绩效（Lai et al.，2013）。因此，笔者将这种不对称依赖通过整合与运营绩效联系在一起是合理的，供应商整合实践的中介效应有可能抑制供应商依赖优势对运营绩效的负向效应。值得注意的是，在焦点企业处于依赖优势的情况下，发起整合行动的一方可能是供应商，但是只要供应商整合被成功实施，焦点企业依赖优势就会通过供应商整合对焦点企业运营绩效产生正向影响，因此，笔者提出如下假设。

H5.7a：供应商整合在焦点企业依赖优势与运营绩效之间起着显著的中介作用。

H5.7b：供应商整合在供应商依赖优势与运营绩效之间起着显著的中介作用。

5.2.5 社会控制的调节作用假设

作为一种限制机会主义行为、减少不确定性和降低交易成本的关系治理机制（Lumineau and Henderson，2012；Li et al.，2010b），社会控制可视作节点企业在供应网络中共享、使用资源和实现价值创造的保护机制（Kataike and Gellynck，2018）。Jin 等（2014）从统一、信息共享和灵活性三个维度来定义社会控制。可以看出，在供应商整合的基础上，社会控制可以提高实体资源和产品流的流动效率。根据 Lee 和 Cavusgil（2006）对 184 个商业联盟的研究，关系治理是一个有效且有影响力的机制，可以加强企业间的合作伙伴关系，稳定联盟运作，促进联盟伙伴之间的知识转移。合作伙伴之间的信任和密切的社会活动可以促进无形知识的交流，因此，基于信任的联合行动可以积累丰富的无形的知识，提高创新能力。

供应商整合是合作伙伴协调业务、联合行动和解决问题的平台（Prajogo and Olhager，2012），是节点公司在供应链网络中进行互动和协作的过程（Huang et al.，2014a）。虽然供应商整合可以作为收集和利用资源的平台和协调与协作的机制，但在资源利用和价值创造方面，长期定向合作、持续创新是关键，而联合行动则是这些关键行动的基础或前提。关系质量和集体主义的民族文化加强了供应链整合与企业绩效之间的关联（Chang et al.，2016）。有效的治理机制可以通过降低交易成本或激励合作伙伴创造价值来产生关系租金（Dyer and Singh，1998）。基于信任的联合行动可被视为公司努力建立相互依赖关系的愿望，这为长期供应商整合实践和绩效改善提供了保障。例如，与主要供应商合作解决问题可以帮助企业识别出降低成本和获得更多收益的机会（Shi and Liao，2013；Chang et al.，2016）。供应商整合可以帮助焦点公司获得它们以前没有的资源，而社会控制则可以让公司将外部获取资源与现有资源相结合以创造价值。此外，社会控制的固有灵活性使焦点公司和合作伙伴能够共同努力，在紧急情况下提出新的解决方案，而不是坚持原始条款（Tangpong et al.，2010；Jin et al.，2014）。可以看出，作为焦点企业和合作伙伴共同行动的治理机制，社会控制可以提高资源交换的效率，使节点企业能够识别、创造和利用机会，并开展创新活动，进行价值创造以拓展整合的长度和深度（Zhang and Huo，2013），从而扩大了整合对运营绩效的正向影响。因此，笔者提出如下假设。

H5.8：社会控制显著地正向调节供应商整合与运营绩效之间的相互作用关系，即社会控制程度越高，供应商整合对运营绩效的正向影响越大。

综上所述，笔者构建起如图5.1所示的理论模型。

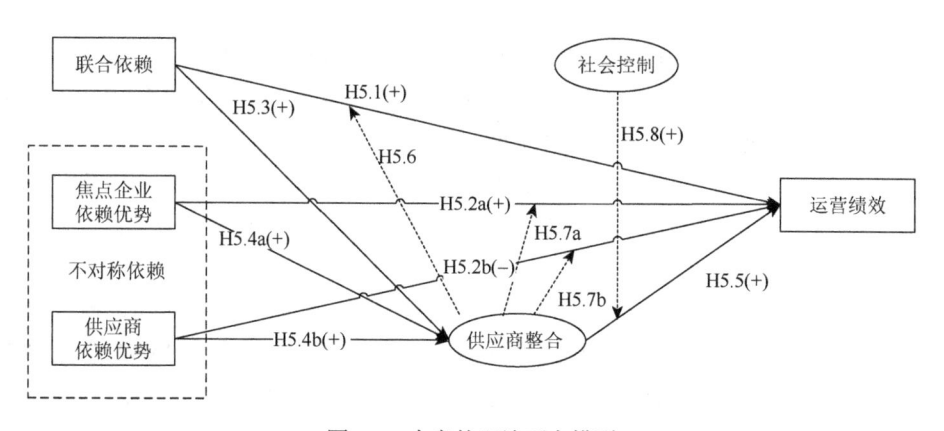

图 5.1　本章的理论研究模型

"+"表示正向相关关系，"-"表示负向相关关系

为了确保实证研究的顺利开展，笔者进行了相关模型的研究设计和调研工作。首先，通过文献调研和实践工作进行问卷设计和预调研；其次，确定调研问卷的受访对象及其调研方式等；最后，通过描述性统计方法对研究样本进行描述。

5.3 问卷设计与调查

5.3.1 调查问卷基本内容

理论模型涉及如下构念：联合依赖、不对称依赖（包括焦点企业依赖优势和供应商依赖优势两个层面）、供应商整合（Flynn et al.，2010；Zhao et al.，2015）、运营绩效（Azadegan and Dooley，2010；Jin et al.，2014）和社会控制（Huang et al.，2014a；Hibbard et al.，2001）。其中，联合依赖和不对称依赖由焦点企业依赖优势（Shi et al.，2012；Zhang and Huo，2013）和供应商依赖优势（Hofer，2015；Shi et al.，2012）两个构念的测量值经转化而得到。调查问卷中每个构念的测量题项均来自已有的权威文献，以确保问卷的内容效度。

调查问卷由两个部分组成：第一部分是问卷调查的调研对象及被调查企业的背景资料，主要有职位以及其他企业相关信息；第二部分是与测量变量相关的题项，包含测量社会控制、运营绩效、依赖和供应商整合的题项。所有问卷题项均使用利克特7级量表的形式，1~7代表被调查者对于测量题项所描述内容的认可程度，其中"1"代表"非常不同意"，"7"代表"非常同意"。量表的具体内容见本章附录。

5.3.2 数据收集

本次调研基于焦点企业的视角进行，并要求焦点企业根据主要的供应商关系进行回答。为了明确焦点企业与供应商之间的依赖关系，焦点企业的受访人群需要对焦点企业与供应商的关系比较了解，并且对采购、生产、分销和供应链关系管理等比较熟悉。从2016年3月到2017年6月，研究团队共发送530份问卷，剔除回答不完整及存在明显错误等不合格问卷，共回收有效问卷359份，问卷回收有效率为67.7%。

问卷主要通过以下两种方式发放：第一是现场发放问卷的方式，研究团队选择985高校经济管理专业MBA学生进行调研，调研之前会对MBA学生的专业背景、工作经历等进行筛选，在学生回答问卷期间及时回答他们的提问，以确保MBA学生根据实际情况对问卷题项给予不同分值的评价。第二是线上和线下远程发放问卷的方式。研究团队通过与已经有一年以上工作经验的符合调研要求的亲朋好友联系，邀请他们及其符合调研要求的同事作为调研对象进行远程调研。

5.3.3 样本描述

在本次调研所涉及的企业中，国有企业和民营企业比例相当，样本量占比分别为 33.1%和 31.5%，在企业运作实践中均运用了较为成熟的供应链管理理念；在所有参与调研的企业中，企业经营已经超过 10 年的占比为 78%，绝大部分企业经营年数都较长，有着较为丰富的管理运作实践经验；年度销售额在 500 万（含）～1000 万元和 1000 万（含）～5000 万元的企业占比分别为 14.2%和 13.1%。此外，调研对象多为公司中层及以上管理者，占比达 73.5%，这些调研对象对企业的运作实践都有较为深入的了解，这在一定程度上保证了问卷测量的信效度。

5.4 统计分析与假设检验

在使用调研数据对前文所提出的研究假设进行验证之前，笔者使用 SPSS 22.0 和 AMOS 22.0 软件来计算研究量表的信度和效度的各项指标，以确保研究数据达到所建议的信效度标准。

5.4.1 无反应偏差与共同方法偏差

笔者对第一轮调查回收的 245 份问卷和第二轮调查回收到的 114 份问卷进行 t 检验来确保无反应偏差问题，数据分析结果显示两轮调查的员工数量和行业类别没有显著性差异。进一步，笔者使用 Harman（1976）的单因子检验来识别共同方法偏差问题，提取特征值大于 1 的因子，总的方差贡献率为 67.73%，其中最大的因子方差贡献率不大，远低于 Podskoff 和 Organ（1986）所建议的 50%的阈值。此外，利用 AMOS 22.0 对包含所有题项的单因子模型进行检验，数据分析结果表明：$\chi^2/df = 9.565$，GFI = 0.549，CFI = 0.647，AGFI = 0.459，NFI = 0.623，RMSEA = 0.155，模型适配度明显不符合标准，因此不存在共同方法偏差的问题（Huo et al.，2016；Podsakoff and Organ，1986）。

5.4.2 量表的信效度分析

由于问卷题项均来源于已有文献，这在一定程度上保证了问卷题项的内容效度。继而，笔者利用 SPSS 22.0 进行主成分分析以确保构念的单维度性，其中，

KMO 的值大于 0.5，显著性值小于 0.005，数据符合因子分析的标准，表明该研究数据呈球形分布，即研究测量的构念相互独立。此外，通过因子分析，按照问卷设计及 Huo 等（2016）的建议，每个构念的测量题项在其构念上都应该有超过 0.5 的因子载荷，因此剔除掉因子载荷小于 0.5 的题项。可以看出：每个变量题项的因子载荷几乎都大于 0.7，每个变量的 Cronbach's α 系数值及组合信度 CR 值都大于 0.8，说明问卷具有良好的信度。

笔者使用 AMOS 22.0 的验证性因子分析来验证数据的收敛效度和区分效度，每个测量题项都与其对应的构念相连接，并自由估计这些构念之间的协方差，模型拟合相关指标如下：$\chi^2/df = 2.055$，GFI = 0.901，CFI = 0.958，AGFI = 0.875，NFI = 0.923，RMSEA = 0.054。评价指标均符合标准。此外，数据分析结果中所有构念的因子载荷都大于 0.6，绝大部分因子载荷大于 0.7，并且每个因子载荷的 t 值远远大于 1.96，反映出所获得的调研数据具有较强的收敛有效性。

根据 Fornell 和 Larcker（1981）提出的区别效度判别标准，即每一个变量 AVE 的阈值为 0.5，且 AVE 大于各成对变量间的相关系数平方值，对比分析表 5.1 中的数据，可知研究所用的变量间具有良好的区别效度。

表 5.1 变量间的区别效度分析

变量	AVE	焦点企业依赖优势	供应商依赖优势	供应商整合	运营绩效	社会控制
焦点企业依赖优势	0.650	1.000				
供应商依赖优势	0.705	0.642**	1.000			
供应商整合	0.637	0.624**	0.612**	1.000		
运营绩效	0.699	0.496**	0.498**	0.594**	1.000	
社会控制	0.538	0.477**	0.454**	0.527**	0.518**	1.000

**表示 $p<0.01$

5.4.3 描述性统计分析

为了进一步剖析研究数据的特征，笔者将验证后的每个变量的测量题项取平均值后作为五个变量的测量指标值，并据此对焦点企业依赖优势、供应商依赖优势、供应商整合、运营绩效和社会控制五个变量进行了初步的统计分析。可以发现，单方依赖水平均大于 0.5，说明焦点企业与供应商之间普遍存在相互依赖，并且供应商整合和社会控制治理也同时存在于这种二元关系之中，值得我们进一步探究每个变量之间的深层相互作用关系。

5.4.4 相关性分析

笔者运用 Pearson 相关分析初步分析变量间的相关关系，可以看到，五个变量之间均有着显著的相关关系，但是这些相关系数中每个潜变量的值是用测量题项的平均值测算得到的，不足以反映潜变量之间的相关关系。此外，研究模型中所用到的联合依赖与不对称依赖变量也均由上述变量转换而来，因此，笔者将用结构方程模型来进一步验证前文所提出的相关假设。

5.4.5 依赖对供应商整合与运营绩效的作用效果分析

1. 依赖的测量

为了体现出依赖的方向性与维度性，笔者将依赖分为联合依赖和不对称依赖，其中，不对称依赖又包括焦点企业依赖优势和供应商依赖优势。Casciaro 和 Piskorski（2005）与 Gulati 和 Sytch（2007）均使用一方对另一方的依赖之和来表示联合依赖；Casciaro 和 Piskorski（2005）使用一方对另一方的依赖之差的绝对值表示不对称依赖，而 Gulati 和 Sytch（2007）则将不对称依赖分为了制造商依赖优势和供应商依赖优势，制造商依赖优势等于供应商依赖减去制造商依赖（当供应商依赖大于制造商依赖时），或者等于 0（当供应商依赖小于制造商依赖时）。此后，Hofer（2015）也用此方法对依赖进行了衡量。不过 Vijayasarathy（2010）对上述联合依赖的衡量方式进行了修改，他认为不对称依赖等于一方对另一方的依赖之差的绝对值，但是相互依赖应该等于制造商依赖与供应商依赖之和减去不对称依赖，这样才能更加真实地反映交易主体之间的依赖程度，确保交易主体之间的联合依赖程度是不同的。例如，假设制造商依赖供应商的程度是 1，而供应商依赖制造商的程度是 7，按照 Casciaro 和 Piskorski（2005）的方法，那么双方的联合依赖程度是 8，不对称依赖程度是 6；另外一个情境是制造商依赖供应商的程度是 4，而供应商依赖制造商的程度是 4，那么双方的联合依赖程度是 8，不对称依赖程度是 0，如果联合依赖程度没有减去不对称依赖程度，那么这两种情境下得到的联合依赖程度是相同的，但是很明显前者的不对称依赖程度很高，后者的依赖是平衡的，两者关系具有本质的不同。因此，关于联合依赖的测量方式，笔者更为赞同 Vijayasarathy（2010）的计算方法，即联合依赖等于焦点企业依赖优势与供应商依赖优势之和减去不对称依赖的值；关于依赖优势，笔者主要参考 Gulati 和 Sytch（2007）的研究，即制造商依赖优势等于供应商依赖减去制造商依赖（当供应商依赖大于制造商依赖时），或者等于 0（当供应商依赖小于制造商依赖时)。通过数据运算发现,不对称依赖等于焦点企业依赖优势与供应商依赖优势之和。

2. 路径分析

基于 AMOS 22.0 计算出的模型结果,笔者使用表 5.2 和表 5.3 来探讨每个自变量对中介变量(供应商整合)与因变量(运营绩效)的作用方向和作用结果。可以看到,基于假设模型而运行的结构方程模型的各项拟合指标均达到了吴明隆(2010)所建议的阈值。具体来看,研究模型的卡方值 χ^2 与自由度 df 的比值为 1.980,远小于阈值 3;RMSEA 为 0.052,远小于阈值 0.08,并且其他几种类型的适配指标 GFI、CFI 均大于 0.9,适配指标良好,说明研究模型的拟合程度较高。

表 5.2 变量间的相互作用关系

作用路径			UNSTD	S.E.	C.R.	p	假设	检验结果
供应商整合	←	联合依赖	0.820	0.026	14.688	***	H5.3	接受
供应商整合	←	供应商依赖优势	0.246	0.083	5.026	***	H5.4b	接受
供应商整合	←	焦点企业依赖优势	0.196	0.098	4.046	***	H5.4a	接受
运营绩效	←	供应商整合	0.489	0.082	6.423	***	H5.5	接受
运营绩效	←	联合依赖	0.243	0.039	3.124	**	H5.1	接受
运营绩效	←	供应商依赖优势	0.081	0.097	1.526	0.127	H5.2b	拒绝
运营绩效	←	焦点企业依赖优势	0.088	0.113	1.690	0.091	H5.2a	拒绝

***表示 $p<0.001$,**表示 $p<0.01$

表 5.3 结构方程模型拟合优度指标(一)

指标	数据	指标	数据
χ^2	114.863	RMSEA	0.052
df	58	GFI	0.953
χ^2/df	1.980	CFI	0.981

通过表 5.2 可以看到,供应商整合对焦点企业的运营绩效的确具有显著的正向促进作用,UNSTD 为 0.489,C.R.为 6.423(远大于 1.96),H5.5 得到支持,这与 Flynn 等(2010)的结论保持一致。此外,不仅供应商整合对运营绩效有促进作用,联合依赖对运营绩效也有显著的正向促进作用,UNSTD 为 0.243($p<0.01$),H5.1 得到

支持，这与 Hofer（2015）和 Huo 等（2017）的结论相一致。不过，虽然焦点企业依赖优势对运营绩效有正向作用关系，但是 UNSTD 较小（0.088），且不显著，H5.2a 被拒绝；此外，供应商依赖优势对运营绩效不仅没有负向作用，反而产生了正向作用（0.081），不过 UNSTD 较小且不显著，H5.2b 被拒绝。

通过表 5.2 也可以看到，联合依赖、供应商依赖优势和焦点企业依赖优势对供应商整合的 UNSTD 分别为 0.820、0.246 和 0.196，且三个系数的检验统计量临界比均大于 1.96，每个 UNSTD 都在 0.001 水平上显著，因此，H5.3、H5.4b 和 H5.4a 得到支持，这与 McCarthy-Byrne 和 Mentzer（2011）以及 Petersen 等（2008）的研究结论一致，与 Vijayasarathy（2010）的研究结论部分一致。值得注意的是，由于依赖与供应商整合不在同一个量纲上，将非标准化系数进行标准化转化以后，联合依赖对供应商整合的标准化系数明显大于供应商/焦点企业依赖优势对供应商整合的标准化系数。

3. 不对称依赖的作用效果分析

Vijayasarathy（2010）假设不对称依赖对供应商整合有负向影响，不过该假设并未被实证结果所证实，究其原因在于样本的不对称依赖水平较低。Casciaro 和 Piskorski（2005）通过实证研究表明在借助对称依赖提升组织的整合能力的过程中，交易主体间的不对称依赖方向将不会起作用。不对称依赖可以用焦点企业依赖优势与供应商依赖优势之和来加以界定，为了更为清晰地识别依赖方向对供应商整合的影响，笔者拟将不对称依赖作为一个整体变量，从依赖优势的角度进行实证研究，探讨不对称依赖对供应商整合以及运营绩效所产生的影响。

将研究模型中的依赖优势变量换为单一的不对称依赖变量之后，变量间的作用关系结果如表 5.4 和表 5.5 所示。对比表 5.4 和表 5.2 可以看到：①联合依赖到供应商整合/运营绩效，以及供应商整合到运营绩效的 UNSTD 几乎没有变化；而不对称依赖对供应商整合依然产生正向的促进作用，与表 5.2 中焦点企业依赖优势和供应商依赖优势对供应商整合的促进作用一致，这个结论与 Vijayasarathy（2010）的研究结果并不一致，对此，笔者将在 5.5 节专门进行总结和讨论。②不对称依赖对运营绩效没有像已有研究（Huo et al.，2017）所假设的那样对运营绩效产生负向作用，不对称依赖对运营绩效也没有显著的作用效果，这与表 5.2 中所显示的焦点企业依赖优势和供应商依赖优势对运营绩效没有显著作用的结果一致。综上，笔者对 Casciaro 和 Piskorski（2005）的研究结论进行了证实，即不对称依赖的方向对结果没有影响，为了进一步明确交易主体的行为与结果之间的相互作用关系，笔者将继续使用焦点企业依赖优势和供应商依赖优势来表征不对称依赖。

表 5.4　不对称依赖对运营绩效的影响

作用路径			UNSTD	S.E.	C.R.	p	假设	检验结果
供应商整合	←	联合依赖	0.821	0.026	14.714	***	H5.3	接受
供应商整合	←	不对称依赖	0.262	0.076	5.400	***		
运营绩效	←	供应商整合	0.489	0.082	6.420	***	H5.5	接受
运营绩效	←	联合依赖	0.242	0.039	3.114	0.002	H5.1	接受
运营绩效	←	不对称依赖	0.097	0.090	1.827	0.068		拒绝

***表示 $p<0.001$

表 5.5　结构方程模型拟合优度指标（二）

指标	数据	指标	数据
χ^2	106.862	GFI	0.953
df	50	AGFI	0.926
χ^2/df	2.137	CFI	0.980
RMSEA	0.056	NFI	0.960

5.4.6　供应商整合的中介效应分析

如表 5.2 所示，联合依赖对供应商整合与运营绩效有着显著影响，但是不同依赖类型对运营绩效的作用路径究竟是怎样的呢？笔者拟进一步探讨供应商整合在其中所扮演的角色，潜变量之间的作用结果如表 5.6 所示。

表 5.6　潜变量之间的作用结果

作用路径			直接效应	p	间接效应	总效应
运营绩效	←	联合依赖	0.123/0.243	***	0.203/0.401	0.326/0.644
运营绩效	←	焦点企业依赖优势	0.191/0.088	0.127	0.208/0.096	0.399/0.184
运营绩效	←	供应商依赖优势	0.149/0.081	0.091	0.220/0.121	0.368/0.202

注："/"之前的值为非标准化效应值，"/"之后的值为标准化效应值，总效应一列的数据进行了修约。
***表示 $p<0.001$

由表 5.6 可以看到，联合依赖、焦点企业依赖优势和供应商依赖优势对运营绩效都存在一定的间接效应，且间接效应均大于直接效应。基于此，笔者进一步对这些间接效应的显著性进行验证，以期对供应商整合的中介效应进行证实/证伪。

根据 Hayes（2009）的 bootstrapping 置信区间法的中介效应评估标准，当一个作用路径中 Z 值大于 1.96，乖离率修正 95%的置信区间不包含 0，且百分点函数 95%的置信区间也不包含 0 时，作用效果存在，否则作用效果不存在，而由 bootstrapping 的分析结果可知，联合依赖对运营绩效的直接效应和间接效应均显著，表明供应商整合在联合依赖与运营绩效的相互作用关系中起着部分中介的作用，H5.6 成立。值得注意的是，焦点企业依赖优势和供应商依赖优势对运营绩效的直接效应均不显著，但是总效应和间接效应显著，说明供应商整合在焦点企业依赖优势/供应商依赖优势与运营绩效之间起着显著的中介作用，H5.7a 和 H5.7b 均成立。

5.4.7 社会控制的调节效应分析

根据 Preacher 等（2007）的建议，笔者将社会控制重新编码为分类变量，用来表示社会控制的高低两种水平，其中当社会控制的值小于或等于 5.5 的时候，将社会控制编码为 0，当社会控制的值大于 5.5 的时候，则将社会控制编码为 1。基于吴明隆（2010）的研究方法，笔者利用多群组分析和 bootstrapping 来估计被调节的中介模型，此时，结构方程模型的拟合优度指标符合标准（$\chi^2(174) = 331.814$，$\chi^2/df = 1.907$，GFI = 0.935，CFI = 0.972，RMSEA = 0.036）。

笔者限定供应商整合与运营绩效之间的路径系数在社会控制高与低两组模型中均相等，AMOS 运行结果显示，在本节的研究假定未限定系数的模型正确的前提下，模型比较的 p 值为 0.037（小于 0.05），说明社会控制显著地调节了供应商整合与运营绩效之间的关系，H5.8 成立。

1. 社会控制对联合依赖与运营绩效之间中介效应的调节

此外，笔者对高低两组模型下每个路径系数的差异进行了比较，实证结果显示，在社会控制程度高与低两组模型中，联合依赖对供应商整合均有显著的正向作用。更进一步，笔者使用异质性检验方法（Altman，2003）来检验两组模型中联合依赖对供应商整合的非标准化系数是否有显著差异，根据公式计算出 Z 的绝对值为 0.261，说明两组模型的系数没有显著差异。然而，当社会控制程度较低时，联合依赖对运营绩效的作用效果不显著，当社会控制程度较高时，联合依赖对运营绩效的作用效果则显著。可见，社会控制有可能影响联合依赖对运营绩效的作用路径。

值得注意的是，虽然在社会控制程度高与低两种情况下供应商整合对运营绩效都有显著的正向促进作用，但是通过异质性检验计算出 Z 的绝对值为 2.102，大于 1.96，说明供应商整合对运营绩效的影响在社会控制高与低两种情况下有显著的差异，即当社会控制程度较高时，供应商整合对运营绩效的促进作用较大，H5.8

再次得到证实。这样，为了明确社会控制的中介调节效应，有必要对每组模型中介效应的大小与显著性的差别进行深入剖析。

由表 5.7 可知，无论社会控制程度高还是低，中介效应均存在且显著，即社会控制对中介效应不存在调节作用，但是，当社会控制程度高时，供应商整合的中介效应形式从部分中介变为了完全中介。具体而言，当社会控制程度高时，联合依赖不会直接对运营绩效产生正向影响，而是通过促进供应商整合来改善运营绩效；而当社会控制程度低时，联合依赖不仅可以通过供应商整合来正向影响运营绩效，也可以直接促进运营绩效的提升。

表 5.7 联合依赖与运营绩效相关关系中的中介效应比较

假设	总效应	直接效应	间接效应	中介形式
联合依赖→运营绩效（未分组）	(0.326/0.644)**	(0.123/0.243)*	(0.203/0.401)***	部分中介
联合依赖→运营绩效（社会控制程度低）	(0.278/0.594)***	(0.148/0.317)**	(0.130/0.278)**	部分中介
联合依赖→运营绩效（社会控制程度高）	(0.310/0.554)***	(0.041/0.074)(ns)	(0.269/0.483)***	完全中介

注：ns 表示未通过检验；"/"之前的值为非标准化效应值，"/"之后的值为标准化效应值，总效应一列的数据进行了修约

***表示 $p<0.001$，**表示 $p<0.01$，*表示 $p<0.05$

2. 社会控制对不对称依赖与运营绩效之间中介效应的调节

在社会控制程度高与低两种情况下，通过异质性检验分析焦点企业依赖优势对供应商整合影响的非标准化系数，计算出 Z 的绝对值为 1.225（小于 1.96）。这表明，社会控制对焦点企业依赖优势与供应商整合之间的相互作用关系没有调节效应，不过，社会控制对供应商整合与运营绩效之间的相互作用关系的调节效应显著。接下来，笔者将对不同程度社会控制情况下供应商整合的中介效应进行对比，以期进一步剖析焦点企业依赖优势对运营绩效的影响路径。

根据表 5.8 可知，社会控制并未对供应商整合在焦点企业依赖优势与运营绩效之间中介效应的显著性产生影响，即社会控制程度高与低两种情况下都存在中介效应，但是社会控制对焦点企业依赖优势对运营绩效的直接效应有影响。具体而言，当社会控制程度低时，焦点企业依赖优势对运营绩效具有显著的正向作用，同时焦点企业依赖优势可以通过正向影响供应商整合来提高运营绩效，即供应商整合在其中起着部分中介的作用；反之，焦点企业依赖优势对运营绩效没有显著的直接影响，其只能通过供应商整合来改善运营绩效，供应商整合在其中起着完全中介的作用。

表 5.8 焦点企业依赖优势与运营绩效相关关系中的中介效应比较

假设	总效应	直接效应	间接效应	中介形式
焦点企业依赖优势→运营绩效（未分组）	(0.399/0.184)***	(0.191/0.088)(ns)	(0.208/0.096)***	完全中介
焦点企业依赖优势→运营绩效（社会控制程度低）	(0.349/0.209)***	(0.232/0.139)*	(0.117/0.070)*	部分中介
焦点企业依赖优势→运营绩效（社会控制程度高）	(0.595/0.210)*	(0.179/0.063)(ns)	(0.417/0.147)**	完全中介

注：ns 表示未通过检验；"/"之前的值为非标准化效应值，"/"之后的值为标准化效应值，总效应一列的数据进行了修约

***表示 $p<0.001$，**表示 $p<0.01$，*表示 $p<0.05$

在社会控制程度高与低两种情况下，笔者也比较了供应商依赖优势对供应商整合影响的非标准化系数，通过异质性检验计算出 Z 的绝对值为 1.714（小于 1.96），说明供应商依赖优势对供应商整合的影响没有显著差异。此外，根据表 5.9 的结果，无论社会控制程度高还是低，供应商依赖优势对运营绩效都没有直接效应，但是供应商依赖优势会通过提高供应商整合程度来促进运营绩效的改善，即供应商整合在其中扮演着完全中介的角色。

表 5.9 供应商依赖优势与运营绩效相关关系中的中介效应比较

假设	总效应	直接效应	间接效应	中介形式
供应商依赖优势→运营绩效（未分组）	(0.368/0.202)***	(0.149/0.081)(ns)	(0.220/0.121)***	完全中介
供应商依赖优势→运营绩效（社会控制程度低）	(0.356/0.227)**	(0.247/0.158)(ns)	(0.108/0.069)*	完全中介
供应商依赖优势→运营绩效（社会控制程度高）	(0.387/0.207)*	(−0.031/0.016)(ns)	(0.418/0.221)*	完全中介

注：ns 表示未通过检验；"/"之前的值为非标准化效应值，"/"之后的值为标准化效应值，总效应一列的数据进行了修约

***表示 $p<0.001$，**表示 $p<0.01$，*表示 $p<0.05$

5.5 结论与展望

5.5.1 研究结论

1. 依赖对运营绩效的影响

联合依赖对运营绩效的确存在直接的正向促进作用，但是焦点企业依赖优势和供应商依赖优势对运营绩效则没有显著的直接效应。

本章的研究中，联合依赖测度的是焦点企业对供应商的依赖，以及供应商对焦点企业的依赖，并排除了不对称依赖的影响，可见，嵌入逻辑支配了联合依赖中焦点企业与供应商的行动。联合依赖反映了交易主体相互需要，一方对另一方的重要性、不可替代性以及影响力的大小，体现了交易主体一荣俱荣、一损俱损的心态。在联合依赖水平较高的情况下，更少的冲突与更多的协调行动将降低交易成本、提高运作效率和改善运营绩效。

焦点企业依赖优势和供应商依赖优势对运营绩效没有显著的直接效应。该结论似乎违背了权力逻辑的假设，不过本章的实证研究结果与Gulati和Sytch（2007）及Hofer（2015）的部分研究结论相似，他们也在权力逻辑的背景下提出与本章研究相同的假设，但是其研究并未对依赖优势对运营绩效的负向作用进行完全证实。究其原因：①依赖优势不会自动转化为权力，这体现出了依赖与权力的本质不同，依赖更加强调合作、一方对另一方的重要性，以及依赖方愿意与被依赖方建立依赖的渴望；②如果较小依赖的合作伙伴从依赖中提取不成比例的可分配结果，该合作伙伴可以选择以符合双方利益的方式使用权力，而不是以自私自利的方式行事，这与权力的"仁慈"观点相似，或者如果依赖弱势方从一方受到了不公平待遇，则其有可能从供应链网络中其他方得到弥补，从而不影响其以符合双方利益的方式使用权力，这与Huo等（2017）基于嵌入逻辑所提出的观点一致；③面对依赖方，被依赖方有权力使用其特权，但是这种特权在当今激烈竞争的市场背景下可能并不适用，因为合作所产生的价值远超过利用权力获得的价值，前者有利于行为主体进行价值创造和企业长远发展，而后者只能满足企业的短期利益，因此更有权力的一方可能会潜在地持有权力而不滥用；④企业的某些行为选择不是以平衡依赖为目的，而是以加强合作为目的，这也有可能会激励依赖优势方不使用其权力。

2. 供应商整合的中介效应

1）依赖对供应商整合的促进作用

基于嵌入逻辑，联合依赖对供应商整合产生积极影响，但是与权力逻辑相悖，即使在不对称依赖的关系下，节点企业依然会选择合作，而且会进行特定关系资产投资。笔者认为，权力逻辑的潜在假设，即不对称依赖会自动转化为另外一方手中的权力，并非一直成立（Vijayasarathy, 2010; Gulati and Sytch, 2007）。

当焦点企业具有依赖优势时，焦点企业有权力选择不再与供应商合作，或者对供应商提出其他无理要求，但是处于弱势的供应商，在供应链价值整合和资源利用的驱动下将对供应链进行投资，如此，焦点企业将从供应商的投资中得到益处，这样的益处有可能远远超过其利用权力攫取的价值，而且整合实践也提高了信息、原材料、产成品等的流通速度，减少了信息不对称所导致的无效活动，提高了交易效率,并且能为焦点企业创造价值。长远来看,焦点企业也会在这种整合实践中进行投资,如将终端客户的需求信息等专业知识分享给供应商,使得供应商提供更符合市场需求的零部件等原材料,最终提高产品质量和灵活性。

当供应商具有优势时,供应商有权力根据最优的生产规模来对供货数量、供货时间和成本进行再决策,或者将产品出售给出价更高的买方,这些选择对买方不一定有利,而买方也可能选择退出合作,不过,已有实证研究指出,买方也有可能通过一些社会化活动,或者其他关系行为来促进双方关系的改善。

2)供应商整合的中介效应

供应商整合在联合依赖、焦点企业依赖优势和供应商依赖优势与运营绩效之间起着显著的中介作用。嵌入到联合依赖网络中的资源能够通过供应商整合而得到有效利用并创造价值。作为一个聚合资源和能力的特殊交易实体,供应商整合有助于提高原材料和其他资源的流动效率,降低交易成本,优化资源配置,有助于该交易实体充分利用资源互补优势与企业间的合作关系。Tarifa-Fernandez 和 de Burgos-Jiménez(2017)认为合作伙伴可以通过整合获得有价值和稀缺的资源,以实现组织目标和可持续的竞争优势。此外,制造商和供应商之间的紧密整合有助于制造商利用供应商的资源/能力,并重新配置双方的资源/能力,以创造更大的价值,如戴尔以"按需生产"和"直销模式"为核心特点的供应链模式。

已有研究指出,不对称依赖对运营绩效可能产生负向影响,不过,笔者并未对该假设进行证实。节点企业(依赖弱势方)可以通过合作性行动,如投资信息系统建设、整合流程、共享信息等供应商整合举措来提升运营绩效。值得注意的是,即便是处于劣势地位的供应商,也会基于价值创造而对基础设施进行投资,从而对焦点企业的运营绩效产生正向促进作用。可见,不论是联合依赖还是不对称依赖,一旦节点企业行动起来实施供应商整合,就有可能将依赖及关系网络中的资源转化成价值,有助于提高效率、节省成本,从而对焦点企业的运营绩效产生正向影响。

例如,京东充分利用自己的电子商务平台销售其自有商品,并实现次日交付。京东利用高度的信息化来确保供应链上下游协调运作,京东供应链可视为典型的供应链整合实体,产品供应商可与客户无缝连接。在该供应链中,供应商依赖于京东快速准确的分销系统,而京东则依靠供应商提供高质量的产品,双方通过电子商务平台与客户建立密切联系,以最低的成本和最快的速度为客户提供最大的价值。可见,供应商整合被视为将互补资源转化为运营绩效的管理机制,或者协调、共享资源和创造价值的平台。

3. 社会控制与依赖的替代效应

1)联合依赖与运营绩效的作用路径分析

社会控制程度的高低影响了联合依赖对运营绩效产生影响的路径,究其原因:

联合依赖与社会控制在改善运营绩效方面存在一定的替代效应，这与 Chen 等（2016）的观点一致，即依赖是交易关系治理研究中一种重要的关系规范。

当社会控制程度较低时，根据嵌入逻辑理论，联合依赖可以直接对运营绩效产生正向的促进作用，即联合依赖能够增进节点企业之间的相互信任与承诺，从而减少交易中的不确定性和机会主义行为，进而改善运营绩效，这与已有研究将依赖与信任/承诺放到同一框架去讨论供应链节点企业的行为所得到的结论一致。

当社会控制程度较高时，联合依赖不需要通过产生信任和承诺来促进依赖中的资源被有效地利用而达到改善绩效的目的。社会控制放大了供应商整合的效果，激励焦点企业与供应商共同践行供应商整合实践，从而正向影响焦点企业的运营绩效。可见，作为一种自我执行的关系治理机制，社会控制可以极大降低交易成本，促使焦点企业与供应商联合行动，进而有效利用嵌入在供应链网络中的有形和无形资源进行价值创造和提升运营绩效。本章的实证结果也证明了这一点，即当社会控制程度较高时，供应商整合的间接效应为 0.483，明显大于社会控制程度较低时的供应商整合的间接效应 0.278。不过，联合依赖与社会控制的替代关系猜想以供应商整合的中介效应为前提。

2) 焦点企业依赖优势与运营绩效的作用路径分析

当社会控制程度较高时，焦点企业依赖优势对运营绩效没有显著的直接效应，供应商整合起着完全中介作用，反之，焦点企业依赖优势能直接促进绩效的提升。这在一定程度上支持资源依赖理论的观点，交易主体之间的不对称依赖有可能会被有意使用，即被依赖的一方有可能会将这种依赖优势转换为权力（Huo et al.，2017）。换言之，当焦点企业更具依赖优势时，焦点企业有权力要求供应商按照有利于焦点企业的方式去行动，甚至会牺牲供应商的权益来满足自己的目标，如果供应商接受焦点企业的要求并继续与其维持交易关系，焦点企业的绩效在短期内可能会得到改善（价值攫取观点），但这种行为模式并不能持续存在（Gulati and Sytch，2007），因为交易中的一方频繁地使用自己的强制权力将会破坏节点企业之间的信任关系，甚至有可能降低企业建立特定的信息系统的意愿（Huo et al.，2016），不利于长期交易和运营绩效的改善。可见，利用依赖优势获得对运营绩效的正向促进作用并不稳定，甚至有可能会损害到企业的运营绩效，正如很多学者认为不对称依赖对运营绩效有负向影响一样。换个角度看，当供应商更依赖焦点企业时，供应商可能会采取一些社会化行动来提高焦点企业与供应商之间的关系资本，这种关系资本也有可能提升焦点企业的运营绩效。例如，苹果公司对其代工厂拥有较强的控制力，由于苹果公司实力强大，供应商对苹果公司依赖程度较高，苹果公司会深入了解代工厂的每一个生产环节，并对代工厂制定相应的监控措施，从而保证高质量的产品和高效的生产。此外，苹果公司要求其零部件供应商共享生产计划和生产进程等信息,以提高生产效率,降低库存成本,快速准确地响应顾客需求。很明显,苹果公司运用权力对其运营绩效产生了显著的促进作用。

当社会控制程度较高时,焦点企业依赖优势不会对运营绩效产生显著的直接作用,该结论与未将数据进行分组前的结论一致。根据前面的研究结论,焦点企业可能更愿意与供应商建立社会控制机制以发展长期稳定的合作关系,并通过与供应商进行整合来提升运营绩效。

可见,焦点企业依赖优势也可能与社会控制之间存在某种替代关系,即当社会控制程度较低时,焦点企业可以利用依赖优势所激活的权力从供应商那里攫取价值,若供应商愿意继续与焦点企业合作(如苹果公司与富士康的合作),双方都可以通过关系资本的积累来促进绩效的改善。不过,当社会控制程度较高时,焦点企业与供应商之间有良好的信任关系和联合行动机制,不需要焦点企业利用其依赖优势来强制供应商参与行动,供应商也不会因为担心焦点企业的机会主义行为而采取负面行动,此时,焦点企业与供应商均有动机为供应商整合进行投资,进而改善运营绩效。不过,这种单方面的焦点企业依赖优势对运营绩效所产生的正向影响(0.184)比联合依赖对运营绩效所产生的正向影响(0.644)要小很多,这与 Molm(1981)的研究结论一致,即权力不对称最多解释了因变量变化量的 28%。

3)供应商依赖优势与运营绩效的作用路径分析

与其他两个维度的依赖不同,不论社会程度高或者低,供应商依赖优势对运营绩效均无直接影响,供应商整合所起到的完全中介作用十分关键。如前述数据分析所示,当供方更具依赖优势时,这种依赖优势并没有对买方的运营绩效产生负向影响,这与 Gulati 和 Sytch(2007)的研究结论一致,即即使供应商意识到了自己所拥有的权力优势,通常也不会使用这些权力,从而保持价值的分配比例不变。究其原因,一方面,虽然供应商拥有依赖优势,但供应商对制造商施加权力有可能引致较高的成本;另一方面,供应商一般希望其客户越多越好,没有必要使用权力来追求短期利益,长期合作更能为公司带来持久的收益。

不过,在这种不对称的依赖中,供应商虽然不会使用其强权,但是也不会像焦点企业依赖优势一样对焦点企业的运营绩效产生正向影响,即不论社会控制程度高或者低,供应商可能不会主动去转化关系中的资源来促进焦点企业运营绩效的提升,反而需要焦点企业主动采取行动来改善关系质量(如社会化行动等),实行供应商整合,进而促进自身的绩效提升。这与 Scheer 等(2015)通过元分析来研究市场营销中的依赖的结论一致,即企业对合作伙伴的依赖可以促进企业与伙伴间关系质量的提升,从而促进双向合作,进而改善企业绩效。

可见,依赖与社会控制之间存在着较为复杂的交互作用,一方面,两者存在微妙的替代关系，并且这种替代关系以供应商整合为前提，因为真正创造价值的是资源和行动，而不是关系本身。另一方面，这种替代效应与不对称依赖的方向有关，社会控制在供应商依赖优势与焦点企业运营绩效的相互作用关系中并没有显著的调节效应。

综上所述，嵌入逻辑的正向作用被证实，而供应商整合与社会控制能够抑制权力逻辑可能存在的负向影响，前者作为整合供应链关系网络中资源的平台，后者则作为加强企业合作、进一步创造价值的治理机制。

5.5.2 管理启示

笔者通过实证研究，结合现有企业的实践案例，针对供应链节点企业间依赖的治理和供应商整合提出以下管理建议。第一，正确对待依赖。焦点企业在其与供应商的依赖关系中，无论处于优势还是弱势地位，首先应该树立合作意识，其次，当焦点企业更具优势时，不应该采取短期利己主义行为，否则会损害焦点企业与供应商之间的关系，不利于供应商整合，也不利于双方的长期合作与价值创造。中国家装行业近年来发生了重大变化，很多装饰公司破产，包括一些国内曾经比较知名的苹果装饰公司、一号家居网、成都大筑装饰等，然而，专注于整装业务的欧昊在社区的家庭装修领域做出了不菲的业绩，这主要源于欧昊整合了其上游多家房地产企业资源。可见，供应商整合能够转化看似不对称的依赖中的资源，促使企业建立长期、互相协作、互利共生的关系，继而改进双方绩效。第二，重视供应商整合对于缓解或消除不对称依赖有着重要作用，但是企业将行动落实十分关键。当焦点企业处于弱势地位时，其为获取稀缺资源可能会进行先期资本投入以构建起供应商整合关系，不过供应商整合实践需要大量投资以及后期的管理资源投入，实施过程中也可能会遇到困难，焦点企业不应过早放弃。因为供应商整合可以抑制供应商由于享有依赖优势而可能发生的机会主义行为，其将焦点企业与供应商联系在一起，在发展的后期，供应商也将更有动力参与整合的投资与建设。例如，沃尔玛"天天低价"的价值主张，主要源于其全球信息网络的建立，以及销售点与供应商之间的订单信息沟通、需求预测和库存信息共享等。此外，信息共享能力的大小还取决于核心企业与供应商之间是否能够频繁而有效地沟通，高效的信息交流会进一步激励伙伴的合作行为，并促进战略性信息在各节点企业之间的实时共享。沃尔玛作为一个较大的零售商，其"天天低价"的主张对供货商要求很高，沃尔玛会主动建设很多整合的基础设施，虽然前期投入很多，但是这些投资为沃尔玛提供了一个高效的供应网络，使得其低价战略得以实现。第三，适度建设社会控制机制。虽然焦点企业依赖优势可以直接促使其绩效改善，但是焦点企业应该追求长期的利益,当供应商投资建设相关的整合基础设施之后,应该与供应商搭建信任机制,采取联合行动,这样才能使整合相关的基础设施发挥应有的功效,供应商整合最终能够促进焦点企业绩效的改善。当供应商具有依赖优势的时候,焦点企业可以专心投资,践行供应商整合,基于整合的投入足以吸引供应商与其长远合作,共同创造价值。例如,福耀集团的曹德旺曾声称该企业与其生意伙伴是不可分割的,福耀集团上游供应商积水中间膜(苏州)有限公司董事长张俊称其在与福耀集团合作的23年中,每年都会经历一场激烈的谈判。彼此信赖的伙伴关系和良好的协作沟通使福耀集团与积水中间膜(苏州)有限公司成为相互依赖的合作伙伴,有利于它们共同建设专业化的玻璃供应链,福耀集团当今的成功与曹德旺对其企业与合作伙伴之间的关系实施社会控制机制是密切相关的。

5.5.3 研究展望

虽然笔者通过梳理文献,提出研究问题,使用实证数据来验证研究假设,最终为依赖与运营绩效之间的作用路径和作用结果提出了新的见解,但是本章的研究依然存在以下局限。

首先,虽然已有研究对正式控制与社会控制之间存在的竞争/互补关系的研究结论不一致,但是这两种治理模式存在显著的不同之处,考虑到模型的复杂性和研究的可行性,本章的研究没有考虑正式控制对供应商整合与运营绩效之间的相互作用关系的影响。

其次,笔者所探究的依赖发生在焦点企业与供应商之间,实际上,从供应链网络关系的角度来看,焦点企业与其下游合作伙伴之间的依赖也很重要,将依赖的主体进行扩大来研究,或许会有更多新的发现。但是受到现有依赖测量工具的限制,笔者并未对供应网络中的多重依赖进行研究。

最后,样本的选择具有一定的随机性,未考虑地区差异,也没有考虑企业所处行业的差别,未来的研究可以跨国家、地区或行业进行。此外,研究样本局限在横截面数据上,容易忽略依赖在发展过程中的变化。

虽然本章的研究受到一些客观条件的限制,但是笔者也期待未来的研究能够在以下几个方面进行突破:①扩展现有研究模型,将正式控制纳入研究框架,这样可以对比分析社会控制与正式控制在调节供应商整合与运营绩效之间相关关系时所起到的不同作用,为关系治理机制的运作提供更为全面的视角;②可以考虑同时研究焦点企业与上游供应商、下游分销商/客户之间的关系,对比分析多重依赖对焦点企业运营绩效独自发挥作用、交互发挥作用的结果;③可以考虑在不同的地区集中调研某几种类型的企业,在不同行业背景下研究依赖,尤其是不对称依赖对绩效的影响是否会发生改变；④可以考虑使用简化的依赖测量方法，如使用焦点企业与供应商之间的销售额占总销售额的比例来测量依赖，收集10年间依赖与运营绩效的数据，使用纵向数据来探究依赖随时间而发生的变化，以及这种变化对运营绩效的影响。依赖关系在企业合作过程中普遍存在，并且对企业行为及运营绩效产生着深远影响，若能妥善处理依赖必将极大提高企业的竞争力。

本章附录　调查问卷

依赖对运营绩效的影响——供应商整合的中介作用和社会控制的调节作用研究

亲爱的朋友：

您好！

非常感谢您百忙之中抽出宝贵的时间来填写这份问卷，本问卷旨在调查依赖对运营绩效的影响，请根据您的真实体会作答，本次问卷不记名，调查结果仅供统计分析之用，不会对外公开。由于答题不全的问卷无法进行统计分析，请您逐题作答，不要遗漏，对于不同的问题，尽量根据实际情况给予不同分值的评价。

真诚感谢您的支持与合作！

第一部分：背景资料

1. 您当前的职位（　　）

  A. 一线员工　　B. 基层管理者　　C. 中层管理者　　D. 高层管理者

2. 您所在企业/独立核算部门的年度销售额（　　）

  A. 少于500万元　　B. 500万（含）～1000万元

  C. 1000万（含）～5000万元　　D. 5000万（含）～1亿元　　E. 1亿元及以上

3. 您所在企业的性质（　　）

  A. 国有企业　　B. 民营企业　　C. 股份制企业　　D. 中外合资企业

  E. 其他

4. 您所在的企业的经营年数（　　）

  A. 小于10年　　B. 10（含）～25年　　C. 25（含）～50年

  D. 50年及以上

第二部分：变量测量

计分方式：本部分采用利克特7级量表，由"非常不同意"到"非常同意"，请客观地将您的真实想法表达出来，在相应选项上做标记，如打"√"。（请根据您的主要供应商进行回答）

第5章 组织间依赖对供应链运营绩效的影响研究

项目	题号	题目	非常不同意1	不同意2	比较不同意3	不确定4	比较同意5	同意6	非常同意7
社会控制的相关题目	1	我们相信我们的供应商会履行承诺							
	2	我们相信供应商是真诚地与我们合作							
	3	我们与合作伙伴搭建了良好的日常合作流程							
	4	我们与供应商能够高效地配合并完成相应的工作							
	5	我们与供应商能够一起努力并做出调整来应对不断改变的状况							
	6	当发生冲突时,合作双方可以共同努力达成新的协议来解决问题而不是坚持原有的条款							
	7	我们的供应商可以与我们一起对产品的开发做长期的规划							
	8	我们的供应商可以与我们一起预测客户需求的改变							
	9	我们的供应商可以与我们一起测试市场对于新产品的接受程度							
运营绩效的相关题目	1	我们的供应链可以帮助我们降低内部生产成本							
	2	我们的供应链可以帮助我们实现低于竞争对手的生产成本							
	3	我们的供应链可以帮助我们降低产品缺陷率							
	4	我们的供应链可以帮助我们实现优于竞争对手的产品质量和稳定性							
	5	我们的供应链可以帮助我们提高产品的交付速度和可靠性							
	6	我们的供应链可以帮助我们实现优于竞争对手的交付速度和稳定性							
	7	我们的供应链可以帮助我们及时满足客户的个性化需求							
	8	相对于竞争对手而言,我们的供应链可以更加及时地满足客户的个性化需求							
焦点企业依赖优势的相关题目	1	对本企业来说,保持与主要供应商的良好关系很重要							

续表

项目	题号	题目	非常不同意1	不同意2	比较不同意3	不确定4	比较同意5	同意6	非常同意7
焦点企业依赖优势的相关题目	2	供应商的产品质量有很高的声誉							
	3	丢失了该供应商，我们将付出高代价							
	4	我们必须与主要供应商建立紧密的合作关系以维持在行业中的竞争优势							
	5	我们公司的长期战略依赖于与主要供应商保持良好健康的关系							
	6	当我们公司制定战略时，我们会把主要供应商作为战略的一部分							
供应商依赖优势的相关题目	1	在我们与供应商的合作中，当供应商做出研发项目的选择时，会认真考虑我方的情况							
	2	供应商在合作运营决策中会重点关注我们，我们是其主要客户							
	3	我们公司的订单对供应商很重要，我们对其预算分配有重要影响							
供应商整合的相关题目	1	我们与主要供应商的战略伙伴关系水平很高							
	2	通过与我们的主要供应商进行网络合作，我们可以实现稳定采购							
	3	我们的主要供应商在供应链各阶段的参与程度较高							
	4	我们帮助我们的主要供应商改进其流程以更好地满足我们的需求							

再次感谢您的作答！

第6章 重点产业链供应链安全风险特征识别与联动治理机制设计

6.1 引　　言

产业链供应链作为我国经济发展的关键领域，是推动经济高质量发展、促进制造业升级的重要动力，对构建以国内大循环为主体、国内国际双循环相互促进的新发展格局起到举足轻重的作用。在中国共产党第二十次全国代表大会上，习近平总书记两次提到了产业链供应链安全，第一次在第四部分——加快构建新发展格局，着力推动高质量发展，提到要"着力提升产业链供应链韧性和安全水平"；第二次在第十一部分——推进国家安全体系和能力现代化，坚决维护国家安全和社会稳定，提到"确保粮食、能源、产业链供应链可靠安全和防范金融风险还须解决许多重大问题"[①]。在党的二十大报告里面，产业链供应链安全被首次上升到国家安全体系的层面来进行布局，并已经上升到和粮食安全与能源安全一样的高度。随着供应链在国民经济以及企业竞争中的战略作用日益凸显，我国关于供应链的政策也在不断调整。2017年《国务院办公厅关于积极推进供应链创新与应用的指导意见》提到的是供应链创新；习近平在中国共产党第十九次全国代表大会上的报告里面提到是"现代供应链"[②]；由于疫情以及大国博弈产生的产业链供应链风险，从2020年开始慢慢关注的是"产业链供应链协同"；疫情复工复产以后，更加关注"产业链供应链稳定"；2021年《中华人民共和国国民经济和社会发展第十四个五年规划和2035年远景目标纲要》提出"提升产业链供应链现代化水平"；党的二十大报告关注"产业链供应链安全"[①]。这体现了产业链供应链安全对维护国家安全和经济稳定发展的重要性。

百年变局以及大国博弈带来的不稳定地缘政治，对全球产业链供应链稳定体系造成了极大冲击。如何维护和保障产业链供应链的安全稳定，已成为各国面对的共同考验和重大现实问题。针对上述现象和问题，各国都对供应链战略进行了重

---

① 《习近平：高举中国特色社会主义伟大旗帜　为全面建设社会主义现代化国家而团结奋斗——在中国共产党第二十次全国代表大会上的报告》，https://www.gov.cn/xinwen/2022-10/25/content_5721685.htm，2022年10月25日。

② 《习近平：决胜全面建成小康社会　夺取新时代中国特色社会主义伟大胜利——在中国共产党第十九次全国代表大会上的报告》，https://www.gov.cn/zhuanti/2017-10/27/content_5234876.htm，2017年10月18日。

大调整。美国在 2012 年就发布了《全球供应链安全国家战略》，2021 年的《美国供应链行政令》要求联邦政府相关部门对关键矿物材料、半导体芯片与先进封装技术、大容量动力电池以及药品供应链进行国家安全审查，2022 年美国纠集 18 个经济体发布《关于全球供应链合作的联合声明》；欧盟和德国也在 2021 年 3 月通过了《供应链法》草案；日本、印度和澳大利亚在 2020 年 8 月启动了"供应链弹性倡议"。因此，党的二十大报告中强调了产业链供应链安全的重要性，对国民经济的高质量稳定发展具有重要的战略意义。

现有关于产业链供应链安全的研究主要包括确定产业链供应链安全的概念，以及从定性的角度对产业链供应链安全管理提出对策建议。在安全战略方面主要有战略的逻辑转换（王静，2021）、供应链安全国家战略的解析（林梦等，2020）。在稳定安全策略建议方面主要有新发展格局下发展的思路与策略（盛朝迅，2021）、风险研判与维护策略（张杰和陈容，2022）、新发展格局下的政策建议（李雯轩和李文军，2022）、关键核心技术及其攻关策略（仲伟俊等，2022）。在系统提升产业链供应链的路径方面主要有产业链供应链现代化的内涵与发展路径（宋华和杨雨东，2022）、提升产业链供应链现代化水平路径研究（中国社会科学院工业经济研究所课题组和张其仔，2021）等。部分研究尝试采用定量研究探索产业链供应链安全治理方面的机制。比如，张子健和李傲（2020）研究了供应链安全弹性投资协调机制，王静（2023）基于 BP-SVM（back propagation-support vector machines，反向传播-支持向量机）联合优化模型，研究了产业链供应链现代化水平的共融机制。综上所述，现有研究鲜有从重点产业链供应链视角来研究产业链供应链安全风险，同时也没有针对产业链供应链安全风险的特征来构建系统的安全风险治理机制体系。

为从理论上支撑重点产业链供应链安全风险这一重大现实问题的解决，需要研究并回答下面的问题：一是重点产业链供应链如何界定以及产业链供应链安全如何界定？二是重点产业链供应链安全风险特征和风险类型如何识别？三是重点产业链供应链安全风险治理机制如何设计？笔者对这些问题进行了系统的梳理和回答，不仅对我国提升产业链供应链安全水平有重要的现实意义，还能从理论上丰富产业链相关理论。

6.2　重点产业链供应链安全的内涵

6.2.1　重点产业链供应链

要科学界定重点产业链供应链安全，首先需要准确把握产业链供应链的相关概念及其边界。Stevens（1989）将产业链定义为由供应商、制造商、分销商和消费者连接在一起，并结合物流和信息流的系统，产业链可看作产品链、信息链和功能链的综合。供应链管理这一概念最早由Oliver和Webber（1982）提出，目的是实现全过程的高效协同。Lee（2004）提出的"3A供应链"[①]已经成为目前供应链领域重要的理论基础。考虑到风险的突发性，Cohen和Kouvelis（2021）提出了3A和3R框架，即在传统3A框架下，增加了鲁棒性（robustness）、韧性（resilience）及目标重新协同（realignment）。

产业链系统是西方经济学的一个具体概念，供应链环节是管理学的一个具体概念。产业链和供应链作为经济发展的重要支点和动力，二者呈现出融合的发展趋势。在微观层面，供应链环节促进了产业价值链的跨组织形成，构成了产业链系统运行管理体系的基本组织形态。产业链上下游企业周边组织的高效协作，使全场景覆盖的经济效益达到最大。在宏观层面，供应链环节促进了跨行业、跨地区、跨国家的高质量合作，从而逐步形成具备强大市场竞争力的产业链体系。产业链则被认为是一种在时间和空间两个维度上整合多个行业、多个区域、分工明确的局域网连接系统。因此，产业链供应链实现了价值创造在跨组织的流程协同与跨产业的时空布局两个方面的统一，构成了新型经济组织形态的内在特征（宋华和杨雨东，2022）。

产业链供应链反映的是存在着有机关联的各个经济部门之间依据特定的逻辑关系和时空布局客观形成的相互交织的网络关系。针对我国产业链众多的现状，考虑到产业链与供应链的复杂交互关系，笔者通过产业链供应链经济地位（产业链供应链对GDP的贡献率）、基础作用，以及特征代表性三个方面来确定重点产业链供应链，重点产业链供应链的界定逻辑如图6.1所示。

1. 产业链供应链经济地位

（1）产业链供应链的经济规模，即在产业达到一定规模程度后，由产业链供应链的完整性、资源的合理配置等带来的企业边际效益的增加。

（2）工业和信息化部重点产业名单，即工业和信息化部根据国家战略发展、国内资源优势、国际贸易形式拟定的重点产业名单。

（3）省重点产业链供应链名单，即各省份结合当地产业领军优势、市场开拓优势、资源集聚优势拟定的重点产业名单。

（4）科技部顶尖产业集群详细名单，即科技部根据各地特色公布的产业集群名单。

2. 产业链供应链基础作用

（1）国计民生支撑作用。产业链供应链能带动当地的就业人数并增强产业对其上下游的联动作用。

[①] 3A指：敏捷性（agile）、适应性（adaptable）和协作性（aligned）

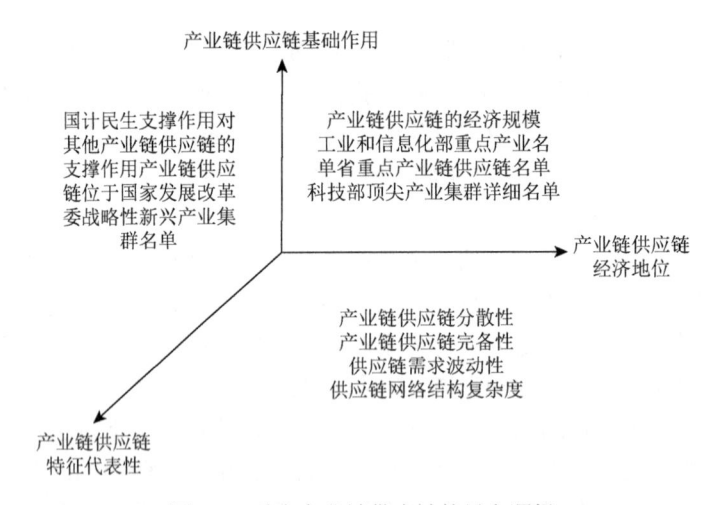

图 6.1 重点产业链供应链的界定逻辑

（2）对其他产业链供应链的支撑作用。集聚可使该产业链供应链与其他产业链供应链形成交互作用或促进第三产业的发展等。

（3）产业链供应链位于国家发展改革委战略性新兴产业集群名单。该产业链供应链符合国家战略发展需要。

3. 产业链供应链特征代表性

（1）产业链供应链分散性。产业链的全球布局与国际分工导致产业链供应链分散。

（2）产业链供应链完备性。产业经济发展要追求效率，导致资本总是往生产效率最高的地区集中，形成产业链供应链的完备性。

（3）供应链需求波动性。产品需求订货量的波动程度远远大于产品的实际市场销售量的变化幅度。

（4）供应链网络结构复杂度。供应链一般呈现链状、树状、双向树状和星状等复杂的网状结构。

6.2.2 产业链供应链安全的界定

目前学界对于产业链供应链安全的界定和理解还较为模糊，其中李天健和赵学军（2022）认为应将统筹发展和安全作为整体去理解，优化和稳定是理解产业链供应链安全的两个重要支点，两者互为补充。笔者认为产业链供应链安全反映在产业链供应链在受到外部冲击后仍能保持生产、分配、流通、消费各个环节畅通，维持产业链上下游各环节环环相扣，供应链前后端供给需求关联耦合、动态平衡的状态。在国家层面体现为产业链的自主可控（稳定），在产业层面体现为产业链的国际竞争力（优化），在企业层面体现为抗风险韧性（恢复）。

6.3 重点产业链供应链安全风险的特征

新国家形势下，欧洲的国家和美国对产业链供应链安全战略进行了重大调整，基于产业链供应链的结构与要素，重点产业链供应链安全风险呈现五大新特征。

1. 动态性

外部经济环境的变化、突发性事件的影响或公司内部的业务计划和供应链战略的调整，导致产业链供应链中各个环节的管理和技术都不是墨守成规的，反而各个环节的管理和技术呈现新旧迭代、动态演化的过程。因此，由于供应链外部环境的不确定性以及供应链运作的交互性，供应链风险具有动态演化特征。针对风险的动态演化进行定期的回顾和更新以及快速响应是产业链供应链安全管理的重要挑战之一。

2. 传递性

产业链的价值链分工导致供应链层级的增加，上下游参与主体通过合作提高效率实现共赢，因此，供应链风险在上下游企业之间可以进行传递与积累，显著影响到整体供应链的安全水平。避免风险的传递和传递过程中的风险放大现象是产业链供应链安全管理的重要挑战之一。

3. 博弈性

各环节涉及主体众多，各主体决策往往以自身利益最大化为目标制定战略而忽视产业链供应链整体的利益。所以，供应链各主体作为独立的市场主体有各自不同的利益取向，会为争夺系统资源以及实现自身利益最大化而展开激烈博弈。通过机制设计实现产业链供应链各主体和产业链供应链整体利益最大化是产业链供应链安全管理的重要挑战之一。

4. 不对称性

供应链各主体为实现利益最大化而展开激烈博弈，导致了供应链各主体信息不完全与不对称性的现象，同时供应链各主体缺乏有效的监督协调机制，影响了安全风险决策的科学性。信息不对称问题易滋生道德风险和逆向选择等问题，使产业链供应链整体运行效率低下。防范和管理信息不对称问题是产业链供应链安全管理的重要挑战之一。

5. 复杂性

风险系统随着事件、事实以及相互产生影响的因素的种类和数量的增加而呈现出等级层次结构，层次越多，越易产生复杂性（孙卢东和肖东生，2006）。具体而言，全球分工导致产业链供应链的层级增加和参与主体的数量增加，供应链风险的来源范围更广，如宏观环境、经济政策、产业链延伸、供应链运作，风险类型也更多，表现方式也更加复杂。有效协同产业链供应链中各主体的复杂关系是产业链供应链安全管理的重要挑战之一。

6.4 重点产业链供应链安全风险的类型

百年变局以及大国博弈带来了不稳定地缘政治，考虑到全球产业链逆全球化、区域化，发展中国家产业升级等转移新趋势，结合重点产业链供应链安全风险的动态性、传递性、博弈性、不对称性与复杂性五大特征，重点产业链供应链安全风险可分为以下五种类型。

1. 缺链风险

价值链的细化分工以及科学技术的快速发展，单个国家难以形成完备的产业链供应链体系，导致产业链的部分环节缺乏自主可控能力并产生风险。例如，我国存在芯片、光刻机、飞机发动机、工业软件等领域的"卡脖子"问题。西方发达国家在关键领域拥有技术优势，发展中国家或者新兴国家对重要资源的垄断性等国际形势，都使得我国在重点产业链供应链的关键环节没有自主可控能力，缺链风险随时存在。

2. 断链风险

受不可抗力因素（如疫情）影响，产业链供应链生产停工停产，迫使下游生产线因零部件短缺而出现供应链断裂。比如，2020年疫情暴发以后，武汉是汽车零部件的重要生产地，受疫情影响当时汽车零部件的生产全面停工停产，全球很多地方汽车品牌商的整车生产线因零部件供应链断裂而停止生产。

3. 短链风险

短链风险是指不完备的产业链主要集中在上游增值较低的环节，当全球产业链供应链体系呈现逆全球化和"去中国化"等产业链区域化特征时，低端产业链将面临需求断裂的风险。

4. 堵链风险

全球供应链供需两端不匹配、阶段性供需不匹配，使得不少港口码头拥堵、集装箱紧缺，导致外贸企业出货难、运货贵。疫情检查等因素导致了供应链的运输、装卸、配送、搬运等操作层的低效。极端天气导致了运输环节的堵塞，苏伊士运河发生了历史上的第一次堵塞。

5. 齐套率风险

齐套率风险主要体现在企业内部对物料的采购是否能够满足需求上。多源业务系统的信息共享程度低、内部供应链信息整合缺失、系统执行效率低下、BOM（bill of material，物料清单）层级多、订单变化频繁等诸多因素都是产生齐套率风险的重要原因。

6.5 重点产业链供应链安全风险的联动治理机制

由于重点产业链供应链安全风险呈现出动态性、传递性、博弈性、不对称性和复杂性等新型特征。传统的单一主体治理和被动治理逻辑不再适用于重点产业链供应链安全风险的治理，因此，在国家安全治理能力现代化的背景下，本书提出以下关于重点产业链供应链安全风险的治理机制。

6.5.1 重点产业链供应链安全风险的治理框架设计

从风险的治理主体出发，重点产业链供应链安全风险的治理主体包括国家、产业、企业以及消费者多个主体，由于各主体的利益诉求不一致，统一各主体的治理理念、发挥各主体的作用能有效弥补现有机制的不足。从重点产业链供应链安全风险的形成机理可知，创新驱动战略影响安全风险的源头，供应链韧性影响风险的传播，因此，治理机制的设计要考虑供应链韧性与创新驱动战略两个关键驱动力的影响，以及二者的相互影响。从支撑系统来看，重点产业链供应链安全风险的治理离不开政策支持、模型支持、数据支持以及决策支持系统的支撑。从治理的目标来看，治理机制旨在提升主体治理以及结构治理的效率，从而会倒逼企业加快创新和提高供应链韧性，推动新格局发展。综上所述，笔者将从安全风险管控以及安全水平提升的视角提出四类治理机制，重点产业链供应链安全风险的治理机制框架如图6.2所示。

图 6.2 重点产业链供应链安全风险的治理机制框架

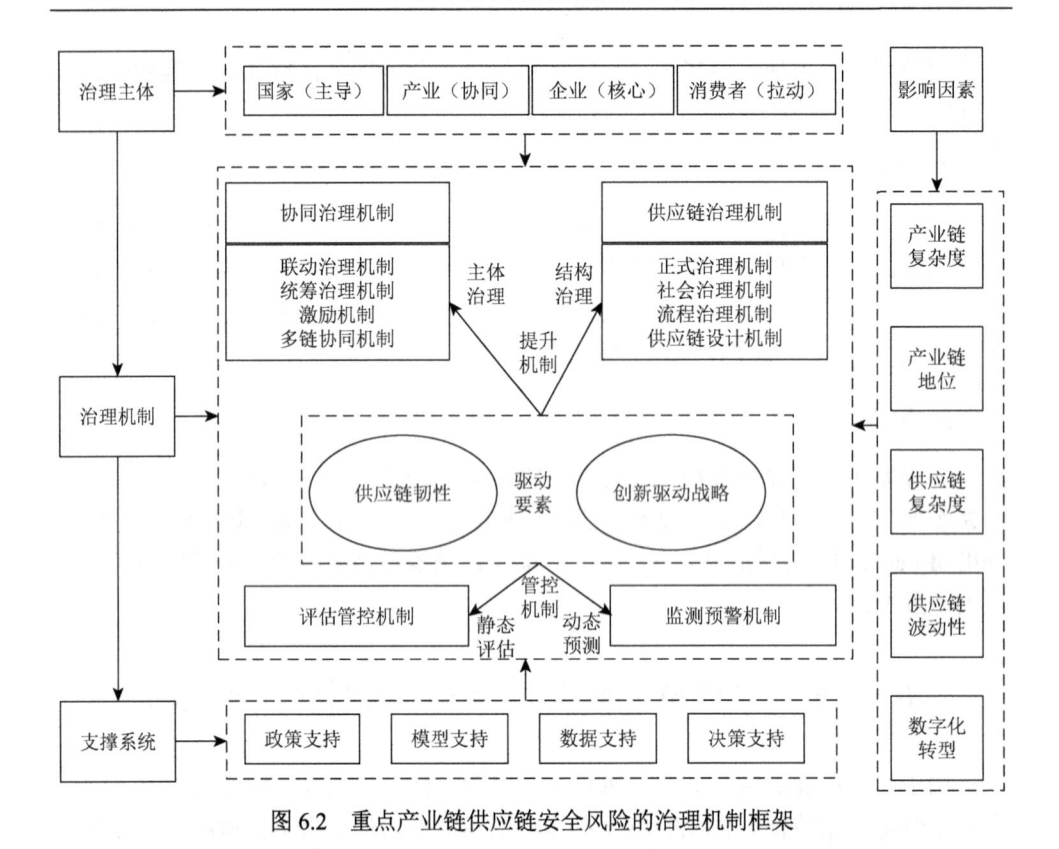

6.5.2 内在需求驱动的国家-产业-企业三位一体的产业链供应链安全风险联动治理机制

1. 在国家层面

从国家、产业、企业三方面构建联动治理机制，确保产业链供应链安全是各主体稳定发展的多目标之一，同时建立产业链供应链安全的评价体系，并将其纳入发展的考核指标，从国家、产业、企业多维度判断产业链供应链安全的发展情况。

2. 在产业层面

推动产业链供应链区域一体化和能力多面化发展，将产业链供应链安全与城市集群的建设和"一带一路"倡议的联合建设相结合，推动构建产业能力互补、供应链稳定多元的区域产业协调机制。

3. 在企业层面

推动企业利用数字化技术改革，借助其所属重点产业链来升级本企业的供应链管理水平。

4. 在市场领域

推动建立产业链供应链管理的服务平台和机构，带动相关服务产业的建设和发展。重点产业链供应链安全风险的联动治理机制及演化关系如图6.3所示。

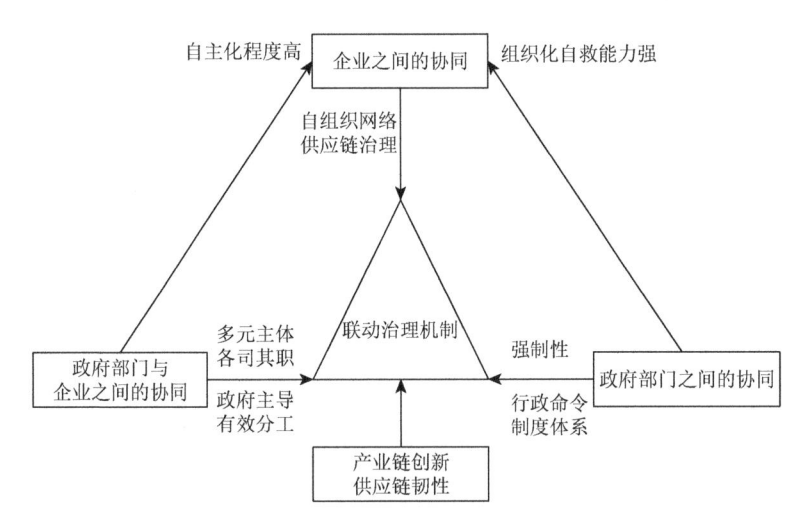

图6.3 重点产业链供应链安全风险的联动治理机制及演化关系

6.5.3 重点产业链供应链安全风险的定期评估与激励机制

通过定期评估我国产业链供应链的安全性、稳定性、韧性，结合风险暴露的阶段进行统筹谋划、精准施策，可以明确短期、中期和长期安全体系建设的重点。要加快推进产业链供应链定期动态评估机制建设，以我国"十四五"发展目标为重点，借鉴发达国家的评估机制建设经验，率先在重点产业试点推广评估工作，掌握我国重要产业的产业链供应链发展实际。在推进动态评估机制的同时，明确短期、中期和长期的产业链供应链现代化建设的战略重点。短期以解决"卡脖子"问题为主，将技术和资源投入到芯片、光刻机、飞机发动机、工业软件等关键领域中，增强对关键技术的控制能力；中期以提升制造业能力和积极参与国际经贸体系为主，积极构建互利共赢的产业链供应链安全合作圈，以《区域全面经济伙伴关系协定》等区域经济协定建设为契机，推动区域内产业链供应链安全治理体系建设，增强区域内产业链供应链的韧性、弹性，通过合作加强区域内的产业竞争优势；长期则以产业链供应链安全体系建设为主，加强产业链供应链安全稳定的顶层设计，动态考评我国全产业链的风险预估、风险预警、风险应对等建设，不断提升我国产业链供应链安全治理能力。

6.6 结论与展望

面对百年变局以及大国博弈带来的不稳定地缘政治，基于全球产业链逆向回流、低贸易壁垒区域转移以及转型升级的新趋势，笔者总结了重点产业链供应链安全风险的特征和类型，同时从提高我国产业链供应链韧性、安全水平与竞争力的角度，提出重点产业链供应链安全风险的治理机制体系。具体而言，笔者以我国重点产业链供应链安全风险治理为出发点，首先界定重点产业链供应链的概念和产业链供应链安全的内涵；其次，识别重点产业链供应链安全风险的新特征，基于产业链供应链安全风险的特征对重点产业链供应链安全风险类型进行梳理分类；最后，从创新驱动的重点产业链供应链的国际竞争力提升、要素驱动的供应链韧性提升以及产业链供应链协同三个方面给重点产业链供应链韧性与安全水平的提升提供了具体实施对策，同时发挥产业链供应链多主体的作用，提出产业链供应链安全风险的联动治理机制，并提出重点产业链供应链安全风险的定期评估与激励机制，为政府和企业的科学决策提供理论依据，推进我国重点产业链供应链实现更高水平的竞争力。

参 考 文 献

柏帅蛟, 井润田, 李璞, 等. 2018. 匹配研究中使用响应面分析的方法[J]. 管理评论, 30（3）：161-170.

陈晨, 秦昕, 谭玲, 等. 2020. 授权型领导：下属自我领导匹配对下属情绪衰竭和工作绩效的影响[J]. 管理世界, 36（12）：145-162.

陈金亮, 林嵩, 刘小元, 等. 2019. 企业家社会团体纽带与新创企业成长：信息处理观权变视角的探究[J]. 管理评论, 31（5）：175-190.

陈文波, 焦会玲, 杜盛芳. 2016. IOS探索性应用、协同知识创造与供应链柔性：市场不确定性的调节作用[J]. 软科学, 30（8）：20-24.

冯华, 李君翊. 2019. 组织间依赖和关系治理机制对绩效的效果评估：基于机会主义行为的调节作用[J]. 南开管理评论, 22（3）：103-111.

冯华, 梁亮亮. 2016. 企业关系资本与供应链能力的相互作用研究：基于信息共享能力与供应链柔性的视角[J]. 中国地质大学学报（社会科学版）, 16（2）：122-133.

冯华, 马士华, 崔元锋. 2006. 战略性转移定价承诺策略与下游创新之间的交互影响研究[J]. 中国管理科学,（1）：61-68.

顾桂芳, 季旭彤, 李文元. 2020. 创新生态系统核心企业权力对伙伴企业情感性承诺的影响研究：以组织间依赖为调节变量[J]. 科学学与科学技术管理, 41（9）：55-68.

霍宝锋, 曹智, 李丝雨, 等. 2016. 供应链内部整合与外部整合的匹配研究[J]. 系统工程理论与实践, 36（2）：363-373.

霍宝锋, 王倩雯, 赵先德. 2017. 供应链复杂性对组织学习和运营竞争力的影响[J]. 系统工程理论与实践, 37（3）：631-641.

简兆权, 李敏, 叶赛. 2018. 企业间关系承诺与信息共享对服务创新绩效的影响：网络能力的作用[J]. 软科学, 32（7）：70-73, 88.

姜翰, 金占明. 2008. 企业间关系强度对关系价值机制影响的实证研究：基于企业间相互依赖性视角[J]. 管理世界,（12）：114-125, 188.

李纲. 2014. 基于制造商-分销商配对样本的供应链企业间知识转移及其影响因素实证研究[J]. 管理学报, 11（7）：1077-1086.

李玲. 2011. 技术创新网络中企业间依赖、企业开放度对合作绩效的影响[J]. 南开管理评论, 14（4）：16-24.

李树文, 罗瑾琏, 梁阜. 2020. 领导与下属性别匹配视角下权力距离一致与内部人身份认知对员工建言的影响[J]. 管理学报, 17（3）：365-373.

李天健, 赵学军. 2022. 新中国保障产业链供应链安全的探索[J]. 管理世界, 38（9）：31-41.

李维安, 李勇建, 石丹. 2016. 供应链治理理论研究：概念、内涵与规范性分析框架[J]. 南开管理评论, 19（1）：4-15, 42.

李雯轩, 李文军. 2022. 新发展格局背景下保障我国产业链供应链安全的政策建议[J]. 价格理论与实践，（2）：96-99，200.

李晓丹，刘向阳，刘洋. 2018. 国际研发联盟中依赖关系、技术知识获取与产品创新[J]. 科学学研究，36（9）：1632-1641.

李宇，唐蕾. 2020. "众乐乐"还是"独乐乐"？"有核"集群的双向技术溢出与集群创新绩效[J]. 南开管理评论，23（2）：39-50.

林梦，李睿哲，路红艳. 2020. 实施供应链安全国家战略：发达经济体样本解析[J]. 国际经济合作，（4）：51-62.

刘晨，罗力，霍宝锋，等. 2014. 3PL整合：关系因素与运营结果[J]. 管理科学，27（6）：1-11.

刘林艳，宋华. 2010. 供应链企业间、企业内协调对供应柔性和企业绩效影响的实证研究[J]. 经济管理，32（11）：147-155.

刘行简，康凯，魏旭光. 2018. IT网络组织对云计算应用绩效影响实证研究：基于组织合法性的中介作用[J]. 工业技术经济，37（6）：138-144.

龙勇强. 2008. 供应链伙伴关系中的信任、供应柔性与供应绩效关系之实证研究[D]. 北京：中国人民大学.

吕鸿江，吴亮，赵兴华. 2020. 正式与非正式管理控制匹配：模式比较与演进规律[J]. 预测，39（1）：17-25.

邱泽奇，由入文. 2020. 差异化需求、信息传递结构与资源依赖中的组织间合作[J]. 开放时代，（2）：9，180-192.

盛朝迅. 2021. 新发展格局下推动产业链供应链安全稳定发展的思路与策略[J]. 改革，（2）：1-13.

宋华，杨雨东. 2022. 中国产业链供应链现代化的内涵与发展路径探析[J]. 中国人民大学学报，36（1）：120-134.

孙卢东，肖东生. 2006. 论风险的产生及风险复杂性的根源[J]. 南华大学学报（社会科学版），（1）：45-48.

陶厚永，曹伟. 2020. 多项式回归与响应面分析的原理及应用[J]. 统计与决策，36（8）：36-40.

王静. 2021. 新发展格局下中国产业链供应链安全稳定战略的逻辑转换[J]. 经济学家，（11）：72-81.

王静. 2023. 协同驱动提升产业链供应链现代化水平的形成机制研究：基于BP-SVM联合优化模型[J]. 中国管理科学，31（6）：196-206.

王永贵，赵春霞，赵宏文. 2017. 算计性依赖、关系性依赖和供应商创新能力的关系研究[J]. 南开管理评论，（3）：4-14.

吴明隆. 2010. 结构方程模型：AMOS的操作与应用[M]. 2版. 重庆：重庆大学出版社.

吴言波，邵云飞，殷俊杰. 2021. 战略联盟双元性对合作创新绩效的影响：一个有调节的中介效应[J]. 科技进步与对策，38（2）：1-10.

谢卫红，单培新，蒋峦. 2012. 信息技术能力与企业绩效关系实证研究：结构柔性的中介效应——以珠三角制造企业为例[J]. 软科学，26（3）：91-95.

徐可，何桢，王瑞. 2015. 供应链关系质量与企业创新价值链：知识螺旋和供应链整合的作用[J]. 南开管理评论，（1）：108-117.

徐梦丹，李兴华，赵树进. 2008. 供应链中跨组织信息系统的研究进展[J]. 科技进步与对策，（5）：196-200.

杨文胜，李莉. 2005. 响应时间不确定下的交货期相关定价研究[J]. 中国管理科学，（2）：56-62.

杨晓艳，顿妍妍. 2017. 关系资本、供应链整合与创新绩效关系[J]. 企业经济，36（7）：87-92.

杨艳玲，田宇. 2015. 信息共享与企业绩效的关系研究：基于战略伙伴关系与客户关系的双重视角[J]. 管理现代化, 35 (3): 64-66.

张杰, 陈容. 2022. 中国产业链供应链安全的风险研判与维护策略[J]. 改革, (4): 12-20.

张婧, 朱苗, 杜明飞. 2017. 组织间关系调节作用下顾客参与对B2B企业营销创新能力的影响[J]. 管理学报, 14 (9): 1332-1339.

张辽, 王俊杰. 2020. 信息化密度、信息技术能力与制造业全球价值链攀升[J]. 国际贸易问题, (6): 111-126.

张群洪, 刘震宇, 严静. 2010. 信息技术采用对关系治理的影响: 投入专用性的调节效应研究[J]. 南开管理评论, 13 (1): 125-133, 145.

张延涛. 2017. 供应商适应行为影响因素的作用机理研究[J]. 管理评论, 29 (2): 168-180.

张子健, 李傲. 2020. 网络脆弱性及网络空间供应链安全弹性投资协调机制[J]. 管理工程学报, 34 (5): 130-136.

中国社会科学院工业经济研究所课题组, 张其仔. 2021. 提升产业链供应链现代化水平路径研究[J]. 中国工业经济, (2): 80-97.

仲伟俊, 梅姝娥, 浦正宁. 2022. 关键核心技术及其攻关策略研究: 基于产业链供应链安全稳定视角[J]. 系统管理学报, 31 (6): 1162-1168.

周驷华, 万国华. 2016. 信息技术能力对供应链绩效的影响: 基于信息整合的视角[J]. 系统管理学报, 25 (1): 90-102.

朱树婷, 仲伟俊, 梅姝娥. 2016. 企业间信息系统治理的价值创造研究[J]. 管理科学学报, 19 (7): 60-77.

庄贵军, 董滨. 2020. IOS还是SM? 网络交互策略对企业间协作的影响[J]. 管理评论, 32 (9): 153-167.

Altman D G. 2003. Statistics notes: interaction revisited: the difference between two estimates[J]. BMJ, 326 (7382): 219.

Alvarez G, Pilbeam C, Wilding R. 2010. Nestlé Nespresso AAA sustainable quality program: an investigation into the governance dynamics in a multi-stakeholder supply chain network[J]. Supply Chain Management, 15 (2): 165-182.

Anin E K, Essuman D, Sarpong K O. 2016. The influence of governance mechanism on supply chain performance in developing economies: insights from Ghana[J]. International Journal of Business and Management, 11 (4): 252.

Asamoah D, Agyei-Owusu B, Andoh-Baidoo F K, et al. 2021. Inter-organizational systems use and supply chain performance: mediating role of supply chain management capabilities[J]. International Journal of Information Management, 58: 102195.

Ataseven C, Nair A. 2017. Assessment of supply chain integration and performance relationships: a meta-analytic investigation of the literature[J]. International Journal of Production Economics, 185: 252-265.

Azadegan A. 2011. Benefiting from supplier operational innovativeness: the influence of supplier evaluations and absorptive capacity[J]. Journal of Supply Chain Management, 47 (2): 49-64.

Azadegan A, Dooley K J. 2010. Supplier innovativeness, organizational learning styles and manufacturer performance: an empirical assessment[J]. Journal of Operations Management, 28 (6): 488-505.

Bai O, Wei J. 2017. Governing knowledge mobility in service innovation network for innovation performance: the interplay of relational and contractual governance modes[R]. 2017 IEEE Technology & Engineering Management Conference （TEMSCON）.

Blonska A, Storey C, Rozemeijer F, et al. 2013. Decomposing the effect of supplier development on relationship benefits: the role of relational capital[J]. Industrial Marketing Management, 42（8）: 1295-1306.

Brown J R, Lusch R F, Nicholson C Y. 1995. Power and relationship commitment: their impact on marketing channel member performance[J]. Journal of Retailing, 71（4）: 363-392.

Cai S H, Jun M, Yang Z L. 2010. Implementing supply chain information integration in China: the role of institutional forces and trust [J]. Journal of Operations Management, 28（3）: 257-268.

Calanni J C, Siddiki S N, Weible C M, et al. 2015. Explaining coordination in collaborative partnerships and clarifying the scope of the belief homophily hypothesis[J]. Journal of Public Administration Research and Theory, 25（3）: 901-927.

Caniëls M C J, Roeleveld A. 2009. Power and dependence perspectives on outsourcing decisions[J]. European Management Journal, 27（6）: 402-417.

Caniëls M C J, Vos F G S, Schiele H, et al. 2018. The effects of balanced and asymmetric dependence on supplier satisfaction: identifying positive effects of dependency[J]. Journal of Purchasing and Supply Management, 24（4）: 343-351.

Cao M, Zhang Q Y. 2011. Supply chain collaboration: impact on collaborative advantage and firm performance[J]. Journal of Operations Management, 29（3）: 163-180.

Cao Z, Huo B F, Li Y, et al. 2015. The impact of organizational culture on supply chain integration: a contingency and configuration approach[J]. Supply Chain Management, 20（1）: 24-41.

Cao Z, Lumineau F. 2015. Revisiting the interplay between contractual and relational governance: a qualitative and meta-analytic investigation[J]. Journal of Operations Management, 33/34（1）: 15-42.

Casciaro T, Piskorski M J. 2005. Power imbalance, mutual dependence, and constraint absorption: a closer look at resource dependence theory[J]. Administrative Science Quarterly, 50（2）: 167-199.

Chae B, Yen H R, Sheu C. 2005. Information technology and supply chain collaboration: moderating effects of existing relationships between partners[J]. IEEE Transactions on Engineering Management, 52（4）: 440-448.

Chang C M, Hsu M H, Lee Y J. 2015. Factors influencing knowledge-sharing behavior in virtual communities: a longitudinal investigation[J]. Information Systems Management, 32（4）: 331-340.

Chang W, Ellinger A E, Kim K, et al. 2016. Supply chain integration and firm financial performance: a meta-analysis of positional advantage mediation and moderating factors[J]. European Management Journal, 34（3）: 282-295.

Charterina J, Basterretxea I, Landeta J. 2016. Types of embedded ties in buyer-supplier relationships and their combined effects on innovation performance[J]. Journal of Business & Industrial Marketing, 31（2）: 152-163.

Chen P Y, Chen K Y, Wu L Y. 2017. The impact of trust and commitment on value creation in asymmetric buyer-seller relationships: the mediation effect of specific asset investments[J].

Journal of Business & Industrial Marketing, 32 (3): 457-471.
Chen Y S, Su H C, Ro Y K. 2016. Can I read your mind? Perception gaps in supply chain relationships[J]. Journal of Purchasing and Supply Management, 22 (4): 311-324.
Cho R K, Gerchak Y. 2005. Supply chain coordination with downstream operating costs: coordination and investment to improve downstream operating efficiency[J]. European Journal of Operational Research, 162 (3): 762-772.
Christopher M. 1993. Logistics and competitive strategy[J]. European Management Journal, 11 (2): 258-261.
Chu Z F, Wang Q, Lai F J, et al. 2019. Managing interdependence: using guanxi to cope with supply chain dependency[J]. Journal of Business Research, 103: 620-631.
Cohen M A, Kouvelis P. 2021. Revisit of AAA excellence of global value chains: robustness, resilience, and realignment[J]. Production and Operations Management, 30 (3): 633-643.
Corbett C J, Tang C S. 1999. Designing supply contracts: contract type and information asymmetry[C]//Tayur S, Ganeshan R, Magazine M. Quantitative Models for Supply Chain Management. New York: Springer Science+Business Media: 269-297.
Crook T R, Combs J G. 2007. Sources and consequences of bargaining power in supply chains[J]. Journal of Operations Management, 25 (2): 546-555.
Daft R L, Lengel R H. 1986. Organizational information requirements, media richness and structural design[J]. Management Science, 32 (5): 554-571.
Du T C, Lai V S, Cheung W, et al. 2012. Willingness to share information in a supply chain: a partnership-data-process perspective[J]. Information and Management, 49 (2): 89-98.
Dyer J H, Chu W J. 2003. The role of trustworthiness in reducing transaction costs and improving performance: empirical evidence from the United States, Japan, and Korea[J]. Organization Science, 14 (1): 57-68.
Dyer J H, Singh H. 1998. The relational view: cooperative strategy and sources of interorganizational competitive advantage[J]. Academy of Management Review, 23 (4): 660-679.
Eckerd S, Sweeney K. 2018. The role of dependence and information sharing on governance decisions regarding conflict[J]. The International Journal of Logistics Management, 29 (1): 409-434.
Emerson R M. 1962. Power-dependence relations[J]. American Sociological Review, 27 (1): 31-41.
Esper T L, Ellinger A E, Stank T P, et al. 2010. Demand and supply integration: a conceptual framework of value creation through knowledge management[J]. Journal of the Academy of Marketing Science, 38 (1): 5-18.
Estrada I, Dong J Q. 2020. Learning from experience? Technological investments and the impact of coopetition experience on firm profitability[J]. Long Range Planning, 53 (1): 1-18.
Fan H, Cheng T C E, Li G, et al. 2016. The effectiveness of supply chain risk information processing capability: an information processing perspective[J]. IEEE Transactions on Engineering Management, 63 (4): 414-425.
Fawcett S E, Jones S L, Fawcett A M. 2012. Supply chain trust: the catalyst for collaborative innovation[J]. Business Horizons, 55 (2): 163-178.
Feng C, Xi N N, Zhuang G J, et al. 2020. The role of interactive practice in business performance[J].

Industrial Management & Data Systems, 120 (8): 1521-1542.

Flynn B B, Huo B F, Zhao X D. 2010. The impact of supply chain integration on performance: a contingency and configuration approach[J]. Journal of Operations Management, 28 (1): 58-71.

Fornell C, Larcker D F. 1981. Evaluating structural equation models with unobservable variables and measurement error[J]. Journal of Marketing Research, 18 (1): 39-50.

Frohlich M T, Westbrook R. 2001. Arcs of integration: an international study of supply chain strategies[J]. Journal of Operations Management, 19 (2): 185-200.

Fu S L, Han Z J, Huo B F. 2017. Relational enablers of information sharing: evidence from Chinese food supply chains[J]. Industrial Management & Data Systems, 117 (5): 838-852.

Fu S L, Li Z W, Wang B, et al. 2018. Cooperative behavior between companies and contract farmers in Chinese agricultural supply chains[J]. Industrial Management & Data Systems, 118 (5): 1033-1051.

Gattiker T F, Goodhue D L. 2005. What happens after ERP implementation: understanding the impact of interdependence and differentiation on plant-level outcomes[J]. MIS Quarterly, 29 (3): 559-585.

Gilbert S M, Cvsa V. 2003. Strategic commitment to price to stimulate downstream innovation in a supply chain[J]. European Journal of Operational Research, 150 (3): 617-639.

Gulati R, Lawrence P R, Puranam P. 2005. Adaptation in vertical relationships: beyond incentive conflict[J]. Strategic Management Journal, 26 (5): 415-440.

Gulati R, Sytch M. 2007. Dependence asymmetry and joint dependence in interorganizational relationships: effects of embeddedness on a manufacturer's performance in procurement relationships[J]. Administrative Science Quarterly, 52 (1): 32-69.

Harman H H. 1976. Modern Factor Analysis[M]. 3rd ed. Chicago: University of Chicago Press.

Harrison J S, Hitt M A, Hoskisson R E, et al. 2001. Resource complementarity in business combinations: extending the logic to organizational alliances[J]. Journal of Management, 27(6): 679-690.

Haruvy E, Katok E, Ma Z W, et al. 2019. Relationship-specific investment and hold-up problems in supply chains: theory and experiments[J]. Business Research, 12 (1): 45-74.

Hayes A F. 2009. Beyond baron and Kenny: statistical mediation analysis in the new millennium[J]. Communication Monographs, 76 (4): 408-420.

Heide J B. 1994. Interorganizational governance in marketing channels[J]. Journal of Marketing, 58 (1): 71-85.

Hibbard J D, Kumar N, Stern L W. 2001. Examining the impact of destructive acts in marketing channel relationships[J]. Journal of Marketing Research, 38 (1): 45-61.

Hofer A R. 2015. Are we in this together? The dynamics and performance implications of dependence asymmetry and joint dependence in logistics outsourcing relationships[J]. Transportation Journal, 54 (4): 438-472.

Hsu C C, Kannan V R, Tan K C, et al. 2008. Information sharing, buyer-supplier relationships, and firm performance: a multi-region analysis[J]. International Journal of Physical Distribution & Logistics Management, 38 (4): 296-310.

Hsu Y H, Fang W C. 2009. Intellectual capital and new product development performance: the mediating role of organizational learning capability[J]. Technological Forecasting and Social Change, 76 (5): 664-677.

Hu L T, Bentler P M. 1999. Cutoff criteria for fit indexes in covariance structure analysis: conventional criteria versus new alternatives[J]. Structural Equation Modeling, 61 (1): 1-55.

Huang F Q, Li H, Wang T W. 2018. Information technology capability, management forecast accuracy, and analyst forecast revisions[J]. Accounting Horizons, 32 (3): 49-70.

Huang M C, Yen G F, Liu T C. 2014a. Reexamining supply chain integration and the supplier's performance relationships under uncertainty[J]. Supply Chain Management, 19 (1): 64-78.

Huang P Y, Pan S L, Ouyang T H. 2014b. Developing information processing capability for operational agility: implications from a Chinese manufacturer[J]. European Journal of Information Systems, 23 (4): 462-480.

Huo B F, Flynn B B, Zhao X D. 2017. Supply chain power configurations and their relationship with performance[J]. Journal of Supply Chain Management, 53 (2): 88-111.

Huo B F, Wang Q, Zhao X D, et al. 2016. Threats and benefits of power discrepancies between organisations: a supply chain perspective[J]. International Journal of Production Research, 54 (13): 3870-3884.

Inauen E, Osterloh M, Frey B S, et al. 2015. How a multiple orientation of control reduces governance failures: a focus on monastic auditing[J]. Journal of Management & Governance, 19 (4): 763-796.

Jeong I J, Leon V J. 2012. A serial supply chain of newsvendor problem with safety stocks under complete and partial information sharing[J]. International Journal of Production Economics, 135 (1): 412-419.

Jia F, Blome C, Sun H, et al. 2020. Towards an integrated conceptual framework of supply chain finance: an information processing perspective[J]. International Journal of Production Economics, 219: 18-30.

Jin Y, Vonderembse M, Ragu-Nathan T S, et al. 2014. Exploring relationships among IT-enabled sharing capability, supply chain flexibility, and competitive performance[J]. International Journal of Production Economics, 153: 24-34.

Johnston D A, McCutcheon D M, Stuart F I, et al. 2004. Effects of supplier trust on performance of cooperative supplier relationships[J]. Journal of Operations Management, 22 (1): 23-38.

Kamal M M, Irani Z. 2014. Analysing supply chain integration through a systematic literature review: a normative perspective[J]. Supply Chain Management, 19 (5/6): 523-557.

Kang B, Jindal R P. 2015. Opportunism in buyer-seller relationships: some unexplored antecedents[J]. Journal of Business Research, 68 (3): 735-742.

Kang M P, Mahoney J T, Tan D C. 2009. Why firms make unilateral investments specific to other firms: the case of OEM suppliers[J]. Strategic Management Journal, 30 (2): 117-135.

Kataike J, Gellynck X. 2018. 22 years of governance structures and performance: what has been achieved in agrifood chains and beyond? A review[J]. Agriculture, 8 (4): 51.

Kim K K, Ryoo S Y, Lee H, 2016. Environmental uncertainty and interorganizational information sharing: accommodating manufacturer and supplier perspectives[J]. Information Development, 32 (5): 1485-1502.

Kim S W. 2009. An investigation on the direct and indirect effect of supply chain integration on firm performance[J]. International Journal of Production Economics, 119 (2): 328-346.

Kim Y H, Henderson D. 2015. Financial benefits and risks of dependency in triadic supply chain relationships[J]. Journal of Operations Management, 36 (1): 115-129.

Klein R, Rai A. 2009. Interfirm strategic information flows in logistics supply chain relationships[J]. MIS Quarterly, 33 (4): 735-762.

Kochan C G, Nowicki D R, Sauser B, et al. 2018. Impact of cloud-based information sharing on hospital supply chain performance: a system dynamics framework[J]. International Journal of Production Economics, 195: 168-185.

Koçoğlu İ, İmamoğlu S Z, İnce H, et al. 2011. The effect of supply chain integration on information sharing: enhancing the supply chain performance[J]. Procedia-Social and Behavioral Sciences, 24: 1630-1649.

Kumar N, Scheer L K, Steenkamp J B E M. 1995. The effects of perceived interdependence on dealer attitudes[J]. Journal of Marketing Research, 32 (3): 348-356.

Lai F J, Chu Z F, Wang Q, et al. 2013. Managing dependence in logistics outsourcing relationships: evidence from China[J]. International Journal of Production Research, 51 (10): 3037-3054.

Lederer P J, Li L. 1997. Pricing, production, scheduling, and delivery-time competition[J]. Operations Research, 45 (3): 407-420.

Lee H L. 2004. The triple-a supply chain[J]. Harvard Business Review, 82 (10): 102-12, 157.

Lee Y K, Cavusgil S T. 2006. Enhancing alliance performance: the effects of contractual-based versus relational-based governance[J]. Journal of Business Research, 59 (8): 896-905.

Lenart R. 2015. Relational capital for managing the uncertainty of the environment[J]. Journal of Science of the Military Academy of Land Forces, 47: 58-68.

Li J J, Poppo L, Zhou K Z. 2010a. Relational mechanisms, formal contracts, and local knowledge acquisition by international subsidiaries[J]. Strategic Management Journal, 31 (4): 349-370.

Li L, Lee Y S. 1994. Pricing and delivery-time performance in a competitive environment[J]. Management Science, 40 (5): 633-646.

Li X H, Wang Q N. 2007. Coordination mechanisms of supply chain systems[J]. European Journal of Operational Research, 179 (1): 1-16.

Li Y, Xie E, Teo H H, et al. 2010b. Formal control and social control in domestic and international buyer-supplier relationships[J]. Journal of Operations Management, 28 (4): 333-344.

Liao S H, Kuo F I. 2014. The study of relationships between the collaboration for supply chain, supply chain capabilities and firm performance: a case of the Taiwan's TFT-LCD industry[J]. International Journal of Production Economics, 156: 295-304.

Lin C W, Wu L Y, Chiou J S. 2017. The use of asset specific investments to increase customer dependence: a study of OEM suppliers[J]. Industrial Marketing Management, 67: 174-184.

Liu Y, Li Y, Shi L H, et al. 2017a. Knowledge transfer in buyer-supplier relationships: the role of transactional and relational governance mechanisms[J]. Journal of Business Research, 78: 285-293.

Liu Y, Li Y, Zhang L N. 2010. Control mechanisms across a buyer-supplier relationship quality matrix[J]. Journal of Business Research, 63 (1): 3-12.

Liu Y, Luo Y D, Huang Y, et al. 2017b. A diagnostic model of private control and collective control in buyer-supplier relationships[J]. Industrial Marketing Management, 63: 116-128.

Long C P, Sitkin S B, Cardinal L B, et al. 2015. How controls influence organizational information processing: insights from a computational modeling investigation[J]. Computational and Mathematical Organization Theory, 21 (4): 406-436.

Lotfi Z, Mukhtar M, Sahran S, et al. 2013. Information sharing in supply chain management[J]. Procedia Technology, 11: 298-304.

Lumineau F, Henderson J E. 2012. The influence of relational experience and contractual governance on the negotiation strategy in buyer-supplier disputes[J]. Journal of Operations Management, 30(5): 382-395.

MacKinnon D P, Fritz M S, Williams J, et al. 2007. Distribution of the product confidence limits for the indirect effect: program PRODCLIN[J]. Behavior Research Methods, 39 (3): 384-389.

Mahapatra S K, Narasimhan R, Barbieri P. 2010. Strategic interdependence, governance effectiveness and supplier performance: a dyadic case study investigation and theory development[J]. Journal of Operations Management, 28 (6): 537-552.

Maloni M, Benton W C. 2000. Power influences in the supply chain[J]. Journal of Business Logistics, 21 (1): 49-73.

Mani D, Barua A, Whinston A. 2010. An empirical analysis of the impact of information capabilities design on business process outsourcing performance[J]. MIS Quarterly, 34 (1): 39-62.

McCarter M W, Northcraft G B. 2007. Happy together?: insights and implications of viewing managed supply chains as a social dilemma[J]. Journal of Operations Management, 25 (2): 498-511.

McCarthy-Byrne T M, Mentzer J T. 2011. Integrating supply chain infrastructure and process to create joint value[J]. International Journal of Physical Distribution & Logistics Management, 41 (2): 135-161.

Mentzer J T, Min S, Zacharia Z G. 2000. The nature of interfirm partnering in supply chain management[J]. Journal of Retailing, 76 (4): 549-568.

Miquel-Romero M J, Caplliure-Giner E M, Adame-Sánchez C. 2014. Relationship marketing management: its importance in private label extension[J]. Journal of Business Research, 67 (5): 667-672.

Mohr J J, Sohi R S. 1995. Communication flows in distribution channels: impact on assessments of communication quality and satisfaction[J]. Journal of Retailing, 71 (4): 393-415.

Molm L D. 1981. The conversion of power imbalance to power use[J]. Social Psychology Quarterly, 44 (3): 151-163.

Moon K K L, Yi C Y, Ngai E W T. 2012. An instrument for measuring supply chain flexibility for the textile and clothing companies[J]. European Journal of Operational Research, 222 (2): 191-203.

Narayanan S, Narasimhan R, Schoenherr T. 2015. Assessing the contingent effects of collaboration on agility performance in buyer-supplier relationships[J]. Journal of Operations Management, 33/34 (1): 140-154.

Nielsen B B. 2010. Strategic fit, contractual, and procedural governance in alliances[J]. Journal of Business Research, 63 (7): 682-689.

Oliver R K, Webber M D. 1982. Supply-Chain Management: Logistics Catches up with Strategy[M]. Berlin: Springer.

Parkhe A. 1993. Strategic alliance structuring: a game theoretic and transaction cost examination of interfirm cooperation[J]. Academy of Management Journal, 36 (4): 794-829.

Pasternack B A. 2008. Optimal pricing and return policies for perishable commodities[J]. Marketing Science, 27 (1): 133-140.

Paulraj A, Lado A A, Chen I J. 2008. Inter-organizational communication as a relational competency: antecedents and performance outcomes in collaborative buyer-supplier relationships[J]. Journal of Operations Management, 26 (1): 45-64.

Petersen K J, Handfield R B, Lawson B, et al. 2008. Buyer dependency and relational capital formation: the mediating effects of socialization processes and supplier integration[J]. Journal of Supply Chain Management, 44 (4): 53-65.

Podsakoff P M, Organ D W. 1986. Self-reports in organizational research: problems and prospects[J]. Journal of Management, 12 (4): 531-544.

Prajogo D, Olhager J. 2012. Supply chain integration and performance: the effects of long-term relationships, information technology and sharing, and logistics integration[J]. International Journal of Production Economics, 135 (1): 514-522.

Preacher K J, Rucker D D, Hayes A F. 2007. Addressing moderated mediation hypotheses: theory, methods, and prescriptions[J]. Multivariate Behavioral Research, 42 (1): 185-227.

Pulkkinen M, Naumenko A, Luostarinen K. 2007. Managing information security in a business network of machinery maintenance services business-enterprise architecture as a coordination tool[J]. Journal of Systems and Software, 80 (10): 1607-1620.

Qiu T J. 2018. Dependence concentration and fairness perceptions in asymmetric supplier-buyer relationships[J]. Journal of Marketing Management, 34 (3/4): 395-419.

Qrunfleh S, Tarafdar M. 2014. Supply chain information systems strategy: impacts on supply chain performance and firm performance[J]. International Journal of Production Economics, 147: 340-350.

Quesada G, Rachamadugu R, Gonzalez M, et al. 2008. Linking order winning and external supply chain integration strategies[J]. Supply Chain Management, 13 (4): 296-303.

Raguseo E, Vitari C. 2018. Investments in big data analytics and firm performance: an empirical investigation of direct and mediating effects[J]. International Journal of Production Research, 56 (15): 5206-5221.

Rhee J H, Kim J W, Lee J H. 2014. Interaction effects of formal and social controls on business-to-business performance[J]. Journal of Business Research, 67 (10): 2123-2131.

Rodríguez-López N, Diz-Comesaña M E. 2016. The mediated effect of formal and informal control on governance forms[J]. Revista De Administração De Empresas, 56 (6): 655-667.

Sabherwal R, Sabherwal S, Havaknor T, et al. 2019. How does strategic alignment affect firm performance? The roles of information technology investment and environmental uncertainty[J]. MIS Quarterly, 43 (2): 453-474.

Saeed K A, Malhotra M K, Grover V. 2011. Interorganizational system characteristics and supply chain integration: an empirical assessment[J]. Decision Sciences, 42 (1): 7-42.

Saldanha T J V, Mithas S, Krishnan M S. 2017. Leveraging customer involvement for fueling innovation: the role of relational and analytical information processing capabilities[J]. MIS Quarterly, 41 (1): 267-286.

Sambasivan M, Siew-Phaik L, Abidin Mohamed Z, et al. 2013. Factors influencing strategic alliance outcomes in a manufacturing supply chain: role of alliance motives, interdependence, asset specificity and relational capital[J]. International Journal of Production Economics, 141 (1): 339-351.

Santhanam R, Hartono E. 2003. Issues in linking information technology capability to firm performance[J]. MIS Quarterly, 27 (1): 125-153.

Scheer L K, Miao C F, Palmatier R W. 2015. Dependence and interdependence in marketing relationships: meta-analytic insights[J]. Journal of the Academy of Marketing Science, 43 (6): 694-712.

Schepker D J, Oh W Y, Martynov A, et al. 2014. The many futures of contracts: moving beyond structure and safeguarding to coordination and adaptation[J]. Journal of Management, 40 (1): 193-225.

Schoenherr T, Swink M. 2012. Revisiting the arcs of integration: cross-validations and extensions[J]. Journal of Operations Management, 30 (1/2): 99-115.

Seggie S H, Kim D, Cavusgil S T. 2006. Do supply chain IT alignment and supply chain interfirm system integration impact upon brand equity and firm performance?[J]. Journal of Business Research, 59 (8): 887-895.

Shahzad K, Ali T, Takala J, et al. 2018. The varying roles of governance mechanisms on ex-post transaction costs and relationship commitment in buyer-supplier relationships[J]. Industrial Marketing Management, 71: 135-146.

Shen L, Wang Y, Teng W B. 2017. The moderating effect of interdependence on contracts in achieving equity versus efficiency in interfirm relationships[J]. Journal of Business Research, 78: 277-284.

Shi K R, Wang J N, Ping W. 2012. Impact of information sharing and buyer dependence among supply chain members on trust and strategic flexibility[J]. The International Journal of Management Science and Information Technology, (6): 43-65.

Shi X P, Liao Z Q. 2013. The mediating effects of interfirm business process integration and joint teamwork on firm performance in supply chains[J]. Asia Pacific Journal of Management, 30(4): 1243-1264.

Shipilov A, Danis W. 2006. TMG social capital, strategic choice and firm performance[J]. European Management Journal, 24 (1): 16-27.

Singh A, Teng J T C. 2016. Enhancing supply chain outcomes through information technology and trust[J]. Computers in Human Behavior, 54 (C): 290-300.

Stevens G C. 1989. Integrating the supply chain[J]. International Journal of Physical Distribution & Materials Management, 19 (8): 3-8.

Subramani M R, Venkatraman N. 2003. Safeguarding investments in asymmetric interorganizational relationships: theory and evidence[J]. Academy of Management Journal, 46 (1): 46-62.

Swink M, Narasimhan R, Wang C. 2007. Managing beyond the factory walls: effects of four types of strategic integration on manufacturing plant performance[J]. Journal of Operations Management, 25 (1): 148-164.

Tangpong C, Hung K T, Ro Y K. 2010. The interaction effect of relational norms and agent cooperativeness on opportunism in buyer-supplier relationships[J]. Journal of Operations Management, 28 (5): 398-414.

Tarifa-Fernandez J, de Burgos-Jiménez J. 2017. Supply chain integration and performance relationship: a moderating effects review[J]. The International Journal of Logistics Management, 28 (4): 1243-1271.

Tsay A A, Nahmias S, Agrawal N. 1999. Modeling supply chain contracts: a review[C]//Tayur S, Ganeshan R, Magazine M. Quantitative Models for Supply Chain Management. New York: Springer Science+Business Media: 299-336.

Turner K L, Makhija M V. 2006. The role of organizational controls in managing knowledge[J]. Academy of Management Review, 31 (1): 197-217.

van Mieghem J A, Dada M. 1999. Price versus production postponement: capacity and competition[J]. Management Science, 45 (12): 1639-1649.

Vijayasarathy L R. 2010. Supply integration: an investigation of its multi-dimensionality and relational antecedents[J]. International Journal of Production Economics, 124 (2): 489-505.

Wang C H. 2014. How relational capital mediates the effect of corporate reputation on competitive advantage: evidence from Taiwan high-tech industry[J]. Technological Forecasting and Social Change, 82: 167-176.

Wang E T G, Tai J C F, Grover V. 2013. Examining the relational benefits of improved interfirm information processing capability in buyer-supplier dyads[J]. MIS Quarterly, 37 (1): 149-173.

Wang E T G, Wei H L. 2007. Interorganizational governance value creation: coordinating for information visibility and flexibility in supply chains[J]. Decision Sciences, 38 (4): 647-674.

Wang L W, Yeung J H Y, Zhang M. 2011. The impact of trust and contract on innovation performance: the moderating role of environmental uncertainty[J]. International Journal of Production Economics, 134 (1): 114-122.

Williamson O E. 1985. The Economic Institutions of Capitalism: Firms, Markets, Relational Contracting[M]. New York: Free Press.

Wong A, Tjosvold D, Zhang P Z. 2005. Supply chain relationships for customer satisfaction in China: interdependence and cooperative goals[J]. Asia Pacific Journal of Management, 22(2): 179-199.

Wu I L, Chuang C H, Hsu C H. 2014. Information sharing and collaborative behaviors in enabling supply chain performance: a social exchange perspective[J]. International Journal of Production Economics, 148: 122-132.

Wu L Y, Chen P Y, Chen K Y. 2015. Why does loyalty-cooperation behavior vary over buyer-seller relationship?[J]. Journal of Business Research, 68 (11): 2322-2329.

Yang Z, Zhang H, Xie E. 2017. Relative buyer-supplier relational strength and supplier's information sharing with the buyer[J]. Journal of Business Research, 78: 303-313.

Yeung J H Y, Selen W, Zhang M, et al. 2009. The effects of trust and coercive power on supplier integration[J]. International Journal of Production Economics, 120 (1): 66-78.

Zelbst P J, Green K W, Jr, Sower V E, et al. 2010. RFID utilization and information sharing: the impact on supply chain performance[J]. Journal of Business & Industrial Marketing, 25 (8): 582-589.

Zhang J J, Keh H T. 2010. Interorganizational exchanges in China: organizational forms and governance mechanisms[J]. Management and Organization Review, 6 (1): 123-147.

Zhang M, Huo B F. 2013. The impact of dependence and trust on supply chain integration[J]. International Journal of Physical Distribution & Logistics Management, 43 (7): 544-563.

Zhang Q Y, Zhou K Z. 2013. Governing interfirm knowledge transfer in the Chinese market: the interplay of formal and informal mechanisms[J]. Industrial Marketing Management, 42 (5): 783-791.

Zhang X M, Chen W, Tong J, et al. 2012. Relational mechanisms, market contracts and cross-enterprise knowledge trading in the supply chain: empirical research based on Chinese manufacturing enterprises[J]. Chinese Management Studies, 6 (3): 488-508.

Zhao G, Feng T W, Wang D. 2015. Is more supply chain integration always beneficial to financial performance?[J]. Industrial Marketing Management, 45: 162-172.

Zhao X D, Huo B F, Flynn B B, et al. 2008. The impact of power and relationship commitment on the integration between manufacturers and customers in a supply chain[J]. Journal of Operations Management, 26 (3): 368-388.

Zhao X S, Pan J Y, Song Y T. 2018. Dependence on supplier, supplier trust and green supplier integration: the moderating role of contract management difficulty[J]. Sustainability, 10 (5): 1673.